Fragmente Zur Deutschen Literatur, Volumes 2-3

Johann Gottfried von Herder, ... Heyne

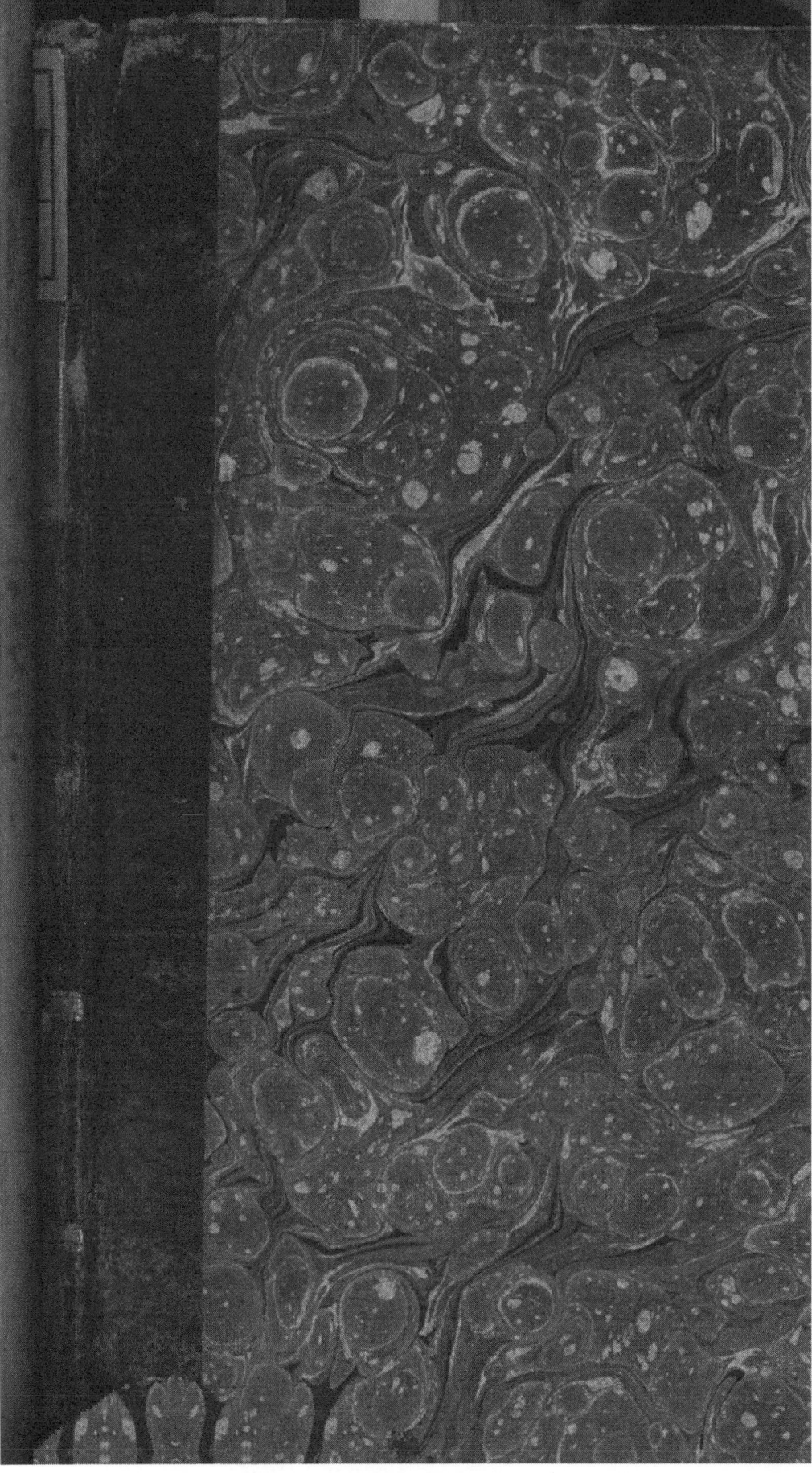

ppp. 493 (2

Johann Gottfried von Herder's

sämmtliche

Werke.

Zur

schönen Literatur und Kunst.

Zweiter Theil.

Mit Kurfürstlich = Würtembergischen und Kurfürstlich = Badischen
gnädigsten Privilegien.

Tübingen
in der J. G. Cotta'schen Buchhandlung.
1805.

Johann Gottfried von Herder's

Fragmente

zur

Deutschen Literatur.

Herausgegeben

durch

Heyne.

Zweite und dritte Sammlung.

Tübingen
in der J. G. Cotta'schen Buchhandlung.
1805.

Inhalt der zweiten Sammlung.

Inhalt der dritten Sammlung.

Fragmente

zur

Deutschen Literatur.

———

Zweite Sammlung.

Vorläufiger Discurs.

Von dem Ursprunge, und den Gesichts=
punkten, in denen der Kunstrichter er=
scheinet.

Der erste Kunstrichter, war nichts mehr, als ein
Leser von Empfindung, und Geschmack. Er weidete
sich an den Schönheiten und den Erfindungen seiner
Vorgänger, den Bienen ähnlich, die den Saft und
das Blut der Blumen trinken, ohne doch, wie die
Raupen, und Heuschrecken, kunstrichterische Gerippe
der Pflanzen zurückzulassen. Er war jenem unschul=
digen Paare gleich, dem sich im Garten des Ver=
gnügens jede Frucht des Schönen und Guten darbot,
ehe es vom philosophischen Erkänntnißbaum genascht
hatte. Es hat in der Literatur auch ein Alter gege=
ben, da die Weisheit noch nicht Wissenschaft, und
Schriftstellerei; die Wahrheiten noch nicht Systeme;
die Erfahrungen noch nicht Versuche waren: statt zu
lernen, was andere gedacht, erhob man sich selbst zum
Denken — vielleicht verdient dies auch den Namen
eines goldenen Zeitalters.

Ein anderer dachte dem Gefallen und dem
Eindrucke nach, den Schönheit und Wahrheit auf
ihn machte; und fing an die Wahrheit seines Schrift=

A 2

stellers in den Leib ihrer Mutter, Erfahrung, und die Schönheit in die Lenden ihres Vaters, des Vergnügens, und Gefühls zurückzuleiten. Vielleicht fühlte er sich selbst zu unfruchtbar, um Vater zu seyn, daß er also wie die Türkischen Verschnittenen ein Kenner und Beobachter der feinen Reize zu werden suchte, die jetzt blos für sein Auge, nicht für den Genuß waren. So ward aus dem Manne von Gefühl ein Philosoph.

Der Philosoph hatte bald das Unglück, Werke zu sehen, die die Erstgeburt ihrer Originale nicht erreichten; er muste also auf die Ursachen dieser Unfruchtbarkeit denken. Bald das noch größere Unglück, völlig schlechte Werke zu sehen; und jetzt fieng er an, die Vorzüge der ersten auf diese anzuwenden: er prüfte, lehrte und besserte. Das war der eigentliche Kunstrichter. Ist es nicht beinahe wahr, daß er so entstanden ist, als sich nach der ältesten und neuesten Philosophie das Lebendige gebiert, aus einer gährenden Fettigkeit: es sey diese der Nilschlamm, oder Chaldäens rothe Erde, das Chaos des Epikurs, oder Needhams faulender Tropfen.

Das bleibt noch immer ein Plan fürs Denken: „wie aus dem, der bisher blos empfand, ein Den„ker; und aus dem Genie ein Weiser wurde? wie „weit jedes von diesen dem andern entgegen gesetzt „sey, und wie weit diese sich einander schwächenden „Kräfte zusammen kommen müssen, um die Tempe-

„ratur des Virtuosen auszumachen? wie aus der Na-
„tur Kunst, aus der Kunst Künstelei, und aus dieser
„wieder Barbarei hat entstehen können?" Die allgemeinen philosophischen Beobachtungen hierüber würden ein Märchen von kritischen Troglodyten,
nach Art des Montesquieu hervorbringen, und
dies Märchen könnte man denn in Geschichte verwandeln und aus Völkern und Staaten bestätigen.

Nun erscheint der eigentliche Kunstrichter —
in welchem Gesichtspunkt? Gegen Leser, gegen
Schriftsteller, und gegen das ganze Reich der
Literatur überhaupt.

Dem Leser erst Diener, dann Vertrauter, dann
Arzt. Dem Schriftsteller erst Diener, dann Freund,
dann Richter; und der ganzen Literatur entweder als
Schmelzer, oder als Handlanger, oder als Baumeister selbst.

Dem Leser setzet er die Speisen in ihrer Lüstern-
heit und Anmuth vor, und sucht durch seinen eigenen Appetit ihren Geschmack zu erregen: dieß
sind die Auszüge, die gemeinen Tagebücher. Der
Leser ist schwach im Verdauen; er gibt ihm Wein
zur Stärkung; er hat einen verdorbenen Geschmack;
daher braucht er jetzt ordentliche Cur. Dies sind die
kritischen Anmerkungen, die dem Leser Gesichtspunkte
im Lesen darlegen, die ihm Erläuterungen, Prüfun-
gen, Anwendungen darlegen — und dieses Talent
gehört immer nothwendig zum wahren kritischen Geist.

Du schreibst, als wenn du für dich schriebest: nein! Kunstrichter! du schreibst für Leser: diese nie aus den Augen zu lassen, dich nach ihren Schwächen, nicht aber Fehlern zu bequemen, dich nach der Verschiedenheit ihrer Fähigkeit, Lust und Absicht zu richten; die Stummen sprechen, die Blinden sehen, und die Tauben verstehen zu lehren; die Seuche eines falschen Geschmacks mit Gegengift zu heilen, oder ihr zuvorzukommen; kurz! Leute von richtigem Gefühl, von Einsicht, von Geschmack zu bilden — das ist dein großer Zweck.

Dem Schriftsteller, was soll der Kunstrichter seyn? Sein Diener, sein Freund, sein unpartheiischer Richter! Suche ihn kennen zu lernen, und als deinen Herrn auszustudiren; nicht aber dein eigner Herr seyn zu wollen*. "Unser Geist nimmt oft eine gewisse „Unbiegsamkeit an, die uns hindert in die Gedan„ken anderer uns gleichsam hineindenken zu wollen, „und folglich sehr oft die unsere dadurch zu verbessern. „Man bemerkt dieses nicht an sich selbst, wenn man „einen andern über eine Materie lieset, über die man „selbst noch nicht gedacht hat. Ist aber dies leztere „geschehen: so fängt die Steifigkeit an sich zu zeigen, „die vermuthlich aus eben dieser Ursache, auch außer „andern, bei alten Leuten häufiger angetroffen wird, „als bei jungen. Es gehört entweder eine besondre „Gabe des Himmels, oder eine anhaltende Kreuzigung

* Lit. Br. Th. 17. p. 107.

„des Fleisches dazu, um weich und beugsam genug
„zu bleiben, und wenn vollends der, welcher Bücher
„lieset, um sie zu beurtheilen, unverdorben bleibt:
„so hat er gewiß eben so viel Lob verdient, als der
„heilige Aldhelmus, der sich nackt und blos zu jungen
„Mädchen ins Bette legte, und doch der Empörung
„der Sinne siegreich widerstand.“ Es ist schwer, aber
billig, daß der Kunstrichter sich in den Gedanken-
kreis seines Schriftstellers versetze, und aus seinem
Geist lese; allein wie wenige Schriftsteller haben den
Stab des Popilius, um uns in diesen Kreis ein-
zuschließen. — Ist der Verfasser von der Art, daß
wir ihm nachdenken müssen; so vergißt der Kritikus immer, daß er mit dem Griffel in der Hand
lieset; läßt er uns aber die Freiheit, mit ihm zur
Seite zu denken; so fühlt der Kunstrichter, er habe
einerlei Polhöhe; und wird also sein Rathgeber und
Beurtheiler. Wenn endlich, wie in den meisten
Deutschen Büchern, die Vorreden Entschuldigungen
und demüthige Komplimente enthalten; so wird der
Kritikus Richter und Gesezgeber. Er darf nicht den
Autor einholen; mit ihm in einer Reihe gehen, will
er nicht; er geht also zuvor und commandiret.

Endlich hat der Kunstrichter eine Beziehung auf
das Reich der Wissenschaften, als Mitbürger. Gemeiniglich hat er schon als Schriftsteller gelesen, und
zeichnet bei den Recensionen die Schattenlänge seiner
untergehenden Autorschaft. Oft reißet er nieder, um

die Aussicht zu verbessern; oft springt er, wie Re-
mus über die Mauer seines Bruders, um seine
Eifersucht zu verewigen: oft läuft er mit ihm in die
Wette, um zuerst vom Ziele den Kranz zu erwischen;
oft wühlet er in Trümmern verfallner und hingeworf-
ner Arbeit, um selbst einen Tempel zu errichten:
und kann er diesen Bau zu Ende bringen und mit
dem Kranze eines vollkommenen Systems, so wird
er auf Rechnung vieler das Orakel. Nicht Kolom,
der hier eine Insel und dort eine erfand, sondern
der ans veste Land trat, gab der neuen Welt seinen
Namen.

Ein kritisches Werk, das in allen diesen drei Absichten groß bliebe: was wäre das für ein Schatz
einer Nation! Die reichste Abwechselung statt der
gewöhnlichen kritischen Monotonie müste entstehen,
wenn der Kunstrichter allen diesen Gesichtspunkten
auflauerte: bald Leser von unverdorbnem Geschmack,
bald solche, die nicht zu lesen wissen, erwischte und
sie zu denen führte, die mit ihm lesen; wenn er nicht
als Despot, sondern als Freund und Gehülfe des
Verfassers liefet, mit ihm, oder ihm nach, oder ihm
vordenket, und alles mit der Sorgfalt liefet, als
wenn er es selbst schriebe. — Ich glaube, es ist
S h a f t e s b u r i in einer seiner leider! noch unüber-
setzten Abhandlungen, der von sich schreibt, daß ihm
beständig ein Freund, oder ein Bild der Einbildungskraft vor Augen schweben, und ihn als Muse

begeistern müsse — Diese Dulcinea hat ein Kunst=
richter mehr als irgend jemand nöthig.

Aber es schleicht dem Kritikus ein Gaukler nach,
der seinen Charakter parodirt: er gibt uns, anstatt
ein Buch bis auf Herz und Nieren zu zergliedern,
krüppelhafte und todte Gerippe von Auszügen: statt
ein Pygmalion seines Autors zu werden, schlägt er
ihm, wie Claudius den Statuen Roms, das Haupt
ab, und setzt das seinige darauf: als ein zweiter
Pluto bewacht er altes angeerbtes Geräth, und ehr=
würdigen Auskehricht der Literatur: er eifert in den
petites maisons der Gelehrsamkeit gegen elende Ueber=
setzer: die Brille eines Compendiums oder das Fern=
glas eines Systems in der Hand, nähert er jetzt
diese Wahrheit, jetzt entfernt er jene, um das Schat=
tenspiel seiner Lieblingsbegriffe nur beständig zu er=
blicken; und eben dies ist ein Kunstrichter nach dem
gewöhnlichen Geschmack: er wird seinen Lesern so
unentbehrlich, als die Zeichen und Wetterprophe=
zeiungen im Kalender den Tagewählerinnen sind: er
wird gelesen, gelobt und vergessen: seine Ephemeri=
den, gleich den Insekten dieses Namens, haben eine
Woche, einen Monat, eine Messe, ein Jahr zu ih=
rem Lebenslauf.

Leser! mit dem ich jetzt spreche, folge diesen
Winken, die nicht Einfälle, sondern oft und leider!
bei den besten Werken gemachte Beobachtungen sind.
Ich lasse dich los, um die vielen Deutschen Journale,

die die Modekrankheit unsrer Zeit sind, in diesen
Aussichten zu betrachten, und wie du es für gut fin-
dest, in der Stille zu ordnen. In der Stille! denn
alle unsere Kritici sind Richter; jedes Journal reimt
sich mit Tribunal: hierinn ist die Deutsche Litteratur
ihrem Vaterlande ähnlich; viele Fürsten und kein
gebietender Oberherr! Man muß also noch so lange
in der Stille urtheilen, bis man die Kunstrichter
auch als Schriftsteller ansehen lernt. ——

Anmerkung.

Die beste Art, einen Autor zu beurtheilen, ist
sein eigner Plan: dieser ist, zu prüfen, zu bessern
und auszumalen. Diese Arbeit charakterisirt und bildet Genies; schwer und nützlich zugleich!

Prüft man blos den Plan allgemein, und sagt
seine Gedanken drüber, ohne den Verfasser nach seinem Plan zu prüfen: so thut man weder dem Ehrgeiz,
noch der Demuth desselben Genüge. Man hält ihn zu
sehr für Kind, wenn man sein Ganzes verwirft, und
zu wenig für Kind, wenn man sein Probstück nicht
ansehen will.

Bei mittelmäßigen Verfassern, deren freilich die
meisten sind, verstehe man die Kunst, die Sokrat
bei Heraklits Schriften anwandte: ein Taucher zu
seyn, um Perlen heraufzuholen.

Die entgegen gesetzte Straße ist, Stellen heraus-
nehmen, um an ihnen zum Ritter zu werden: Oerter

zu ſuchen, wo man ſeine Lieblingsgedanken aus
ſchüttet. Dies unterhält; aber oft auf Koſten des
Autors.

Man muß mehr Kunſtrichter über Fehler, als
Schönheiten ſeyn! inſonderheit Schriftſteller auszubilden. So lange man nicht Werke liefert, bei denen
es ſelbſt ſchwer war, zwei Fehler zu erwiſchen, bei
denen wenigſtens die Schönheiten überwiegend ſind,
bei denen kein falſcher Geſchmack zu merken oder zu
fürchten iſt: ſo kann der Kunſtrichter immer ſich die
leichtere Arbeit wählen, Fehler zu bemerken: eine
Arbeit, die ihm überdem Würde gibt. — Und das
ſelbſt bei guten Verfaſſern! Wo viele Schönheiten
ſind, muß ich auch die kleinſten Fehler rügen: die
Schönheiten findet das Genie ſelbſt, und der Kunſtrichter entfaltet nur die feinſten, die dem Auge ſelbſt
des Genies entwiſchen könnten; die Fehler muß man
auch an Cramers rügen, wenn nicht ihrer, doch der
Baſedows* wegen; damit wer nicht Genie iſt, gewarnt werde gegen

— — maculas, quas aut incuria fudit
Aut humana parum cauit natura — —

Je mehr der Kritikus ſich vertheidigen muß,
deſto minder wird ſeine Gerechtigkeit unwider
ſprechlich. Der alte Syrus hat wohl nicht Unrecht: "Lobe die Freunde öffentlich und tadle ſie insgeheim!„

* Lit. Br. Th. 5. p. 289.

Was Isokrates sich zum Muster nahm: "stumpfes Eisen zu wetzen!„ das ist auch der Zweck der Kunstrichter gegen Schriftsteller, und das Verdienst der Literaturbriefe. Haben sie nicht das Füllhorn der Gratie ganz ausgeschüttet: unde parentur opes; so haben sie doch Blumen gestreut um den Altar der Göttin Literatur — falls nicht schlechte Schriftsteller in gute umschaffen können; doch die elenden etwas zur Furcht und Behutsamkeit gebracht. Die Quelle des guten Geschmacks ist geöfnet: man komme und trinke!

Einleitung.

Seitdem der Nationalstolz einer gewissen Schule in Deutschland sich etwas gebeuget hat: "unser „Deutschland dürfe keinem Volk, es sey alt oder „neu, wenn es nur undeutsch ist, an Werken der „Einbildungskraft etwas nachgeben„ — seitdem die Nachahmungssucht einer andern Sekte auch etwas kalt geworden: man müsse, was nur Orientalisch, Griechisch und Brittisch hieße, durch rauhe Kopien auf Halbdeutschen Boden verpflanzen; seitdem Kunstrichter, durch beide Abwege gewarnt, die Mittelstraße wählten, und auf den Trümmern Gottschedischer Originalwerke und Schweizerischer Nachahmungen, die Deutsche Literatur übersahen: seit der Zeit ist keine Klage lauter und häufiger*, als über den Mangel von Originalen, von Genies, von Erfindern — Beschwerden über die Nachahmungs- und gedankenlose Schreibsucht der Deutschen.

Die Literaturbriefe unterschieden sich gleich vom Anfange durch den eifernden Ton hierüber; man konnte es merken, daß sie über jedes Feld der Deutschen Literatur ihre Aussichten ausbreiten wollten; und da schon das Cirkelrad von Fehlern beinahe herumgetrieben war: da Schweizer und Gottschedianer

* Lit. Br. Th. 1 — 24.

einander möglichst widerstanden, und gleichsam durch
ihre gegenseitigen Kräfte, die in einander wirkten,
eine gewisse ruhige Denkart hervorbringen musten:
so foderte es die Zeit, daß Kunstrichter, die beider
Partheien Ausschweifung sahen, eine mittlere
Schwäche inne werden musten: und auf diesen
Zeitpunkt trafen die Briefe.

Bloßer Tadel macht kleinmüthig; beständige Klagen endlich verdrossen, und ewige Vorschriften matt
und gezwungen: kommt es nun noch dazu, daß der
Tadel nicht immer gründlich, die Klagen wiederholt,
und die Vorschriften zu einschränkend sind: so sieht
man den Schulmeister, der nach der bekannten Fabel,
dem Kinde im Wasser eine Strafpredigt hält, den Philosophen dem Hungrigen vorpredigen: sey nicht hung-
rig! und den Arzt dem Kranken zurufen: sey gesund!

Um also mehr zu thun, als zu klagen: kann
man dreierlei versuchen. Zuerst als Weltweiser,
das Genie, und Originalgeist, und Erfindung zergliedern, seine Ingredienzien auflösen und
bis auf den feinsten Grund zu dringen suchen. Ich
wünsche unserer Zeit zu diesen feinen Untersuchungen
Glück; sie sind ein neuer Begriff unserer Weltweisheit: sie sind von großem Nutzen in der Geister-
lehre, und es ist ein Vergnügen, viele Deutsche ge-
meinschaftlich in einerlei Goldader, aber an verschiednen Oertern graben zu sehen. Sulzers* Abhand-

* Lit. Br. Th. 6. und 22.

lung in den Schriften der Berlinschen Akademie: die Untersuchungen zweier Ungenannten in der Sammlung vermischter Schriften, und in den Breslauer Sammlungen wetteifern, um diesen Begriff ins Licht der Sonne zu stellen.

Allein zur Erweckung der Genies trägt dies Zergliedern nichts bei: bei aller Mühe bleibt die vivida vis animi so unangetastet, als der rector Archaeus bei den Scheidekünstlern: Erde und Wasser bleibt ihnen; die Flamme verflog, und der Geist blieb unsichtbar; allen ihren chymischen Zusammensetzungen können sie nach dem, was sie bei der Scheidekunst gewahr wurden, zwar Farbe, Geruch und Geschmack, nie aber die Kraft der Natur geben. Je mehr Seelenkräfte der Weltweise herzählet, die zum Genie gehören; je mehr Ingredienzien er in diesem Salböl der Geister antrift, je mehr kann ich zweifeln, ob mir nicht eine davon entging: und niemand war groß, der an seiner Größe zweifelte, und jemand höher, als sich schätzte. Je feiner die Regeln sind, die du aus der Natur des Genies herleitest; desto furchtsamer wird der Versuch, der sich endlich nichts höhers vorsetzt, als Fehlerlos zu seyn.

Jener Baumeister im Plutarch, sagte hinter den prächtigen Entwürfen seines Vorgängers: alles, was er gesagt hat, will ich thun! — Und der kann zuerst ein Meister in Israel werden, der andern vorarbeitet: die armen Stümper, quibus

peiore ex luto finxit praecordia Titan, werden ihm
gern nachfolgen. Woher glühet uns bei der Youn=
gischen Schrift über die Originale ein gewisses
Feuer an, das wir bei blos gründlichen Untersuchun=
gen nicht spüren? Weil der Youngische Geist drinn
herrscht, der aus seinem Herzen gleichsam ins Herz;
aus dem Genie in das Genie spricht; der wie der
Elektrische Funke sich mittheilt.

Man kann sagen, daß hiezu mehr Beobachtung,
und zu dem ersten mehr Spekulation erfordert wird:
bei dieser schränket man sich mehr ein, bei der Beo=
bachtung breitet man sich mehr aus. Ist man selbst
Genie, so kann man durch Proben die meiste Auf=
munterung geben, und den schlafenden Funken tief
aus der Asche herausholen, wo ihn der andre nicht
sucht. Man wird auch eher auf die Hindernisse drin=
gen, die das Genie und den Erfindungsgeist aufhal=
ten, weil man sie aus eigner Erfahrung kennet. Und
endlich wird man den Thoren am besten die Original=
sucht ausreden können: wenn man mit der großen
Stimme des Beispiels sie zurükscheucht. Durch seine
Spekulationen ist nie der Geist einer Nation geän=
dert: aber durch große Beispiele allemal; und neben
dieser Hoheit, ein Muster werden zu können, braucht
blos ein gutes Auge, andre zu sehen, und einen gu=
ten Willen, sich mittheilen zu wollen.

Weil es aber gefährlich ist als ein zweiter Pro=
metheus, den Elektrischen Funken vom Himmel
selbst

selbst zu holen; weil es schwerer ist, Künstler, als
ein Sophist über die Kunst zu seyn; weil das Kunst=
richteransehen immer Verminderung befürchtet, wenn
es sich selbst der Beurtheilung unterziehen soll: so ist
der Mittelweg die gewöhnliche Straße: man betrach=
tet die Werke der Andern, um durch sie auf=
zumuntern. Und dies ist die dritte und üblichste
Art, zu der ein gutes Auge zu sehen und zu ver=
gleichen, Aehnlichkeit und Unterschied zu bemerken,
und ein guter Verstand gehört, rathen zu können.

Ich will also die Deutschen Nachahmungen mit
ihren Originalen vergleichen; ihren Werth gegen
einander abwägen, und fragen: warum Apoll den
Deutschen noch immer sagen kann, was er dort durchs
Orakel den Aegidern sagte: ὑμεις Αιγιεις ατε τριτοι,
ατε τεταρτοι. Ich selbst bin zwar nicht ein Vertrau=
ter des Apollo; allein Homer führt den Achill dort
redend ein: "Wohlan! laßt uns einen Wahrsager
„oder Priester, oder Traumdeuter fragen: warum
„Phöbus Apollo auf uns so sehr zürne? denn wahr=
„lich auch der Traum kommt vom Jupiter!„ — Kal=
chas sagte die Wahrheit, und fand folglich den Wi=
derspruch, auf den er sich gefaßt machte. Agamem=
non hieß ihn einen Wahrsager des Unglücks; aber
Lügenprophet getraute sich selbst Agamemnon nicht
zu sagen. *

* Iliade B. 1. V. 64. ꝛc.

Von den Deutsch-Orientalischen Dichtern.

I.

Ein Theil unsrer besten Gedichte ist halb Morgenländisch: ihr Muster ist die schöne Natur des Orients: sie borgen den Morgenländern Sitten und Geschmack ab — und so werden sie Originale. Wenn nicht neue; so liefern sie doch wenigstens fremde Bilder, Gesinnungen und Erdichtungen. Darf man sie prüfen? Es ist mißlich; denn wie oft vermengt man, aus Dummheit oder Bosheit, das, was man an Dichtern tadelt, mit dem, was man in andern Gesichtspunkten gern annehmen will: das, was wir nachahmen, mit demjenigen, was wir glauben. Indeß wage ichs; und kann es wagen, da insonderheit ein großer Mann in Deutschland, der Morgenländische Philologie und dichterischen Geschmack genug besitzt, um hievon zu urtheilen, in einigen Stücken öffentlich Bahn gebrochen hat. *

Können wir die Morgenländer nachahmen? Kön-

* Der große Mann, den ich hier meine, ist Michaelis, ein Schriftsteller, der über mein Lob erhaben ist. Würden wir seine versprochnen Arbeiten, die hebräischen Alterthümer, die Einleitung ins A. T. bald erhalten: so könnte alsdann vielleicht ein Gelehrter von Geschmack, Sprachenkenntniß und

nen wir ihnen in der Dichtkunst gleichkommen? So frage ich, und leite blos den Leſer auf Wege, die er ſelbſt fortſezzen, oder nach Belieben vorbeigehen kann.

Die ſchöne Natur des Orients iſt nicht völlig die unſrige. Wenn David von den brauſenden Tie=ſen des Jordans nahe an ſeinen Ufern ein Trauerlied ſinget: ſo wird ſo ein karakteriſtiſches Ganze darus, als Michaelis im 42ſten Pſalm zeiget. Wenn die bib=liſchen Dichter von den Schneegüſſen des Libanon; vom Thau des Hermon; von den Eichen Baſans; vom prächtigen Libanon, und angenehmen Car=mel reden; ſo geben ſie Bilder, die ihnen die Na=tur ſelbſt vorgelegt hat: wenn unſre Dichter ihnen dieſe Bilder entwenden, ſo zeichnen ſie nicht unſre Natur, ſondern reden ihren Originalen einige Worte nach, die wir kaum nur halb verſtehen. Das vor=trefliche Buch Hiob! woher nimmt es alle ſeine Schätze der Schönheit? Aus inländiſchen, aus Egypti=ſchen Bildern, Erdichtungen und Gegenſtänden! Nun ſage man, wie einer unſrer Dichter, der Egyp=ten oft nicht einmal aus Reiſebeſchreibungen kennt, vom Leviathan und Behemoth ſingen darf? Wie manches Lob Gottes in Deutſchen Gedichten könnte

Philoſophie, aus allen ſeinen Schriften inſonderheit aus ſeinem Lowth die Grundlinien zur Erklärung der Morgenländiſchen Gedichte entwerfen, die ich hier vorbilde; und dieſen könnten die Ueberſetzer folgen.

ich anführen, wo die größten Bilder so übel zusammengesezt sind, daß ein prächtiges, neues, ungewöhnliches — Unding herauskommt: o überließen doch unsere Dichter dergleichen einigen Kanzelrednern, die es sehr gut zu brauchen wissen!

Und wenn wir diese Bilder auch endlich verstehen — erklären, und aus den lebhaftesten historischen und geographischen Beschreibungen ihre Schönheiten ganz fühlen lernen; nie haben diese historischen Beschreibungen, Auslegungen, Erklärungen so viel Eindruck in uns, als die sinnliche Gegenwart dieser Oerter: nie das Leben der Anschauung, als wenn wir sie selbst sähen; als wenn unsere Seele durchs Auge brennende Pfeile empfände, als wenn uns die Muse wirklich ergriffe und weckte; als wenn wir μυσοληπτοι oder μυσοπαταϰτοι würden; und so waren es die Poeten des Orients: „Ich bin der Rede so voll, daß mich „der Othem in meinem Bauch ängstiget; ich muß re„den, daß ich Othem hole: ich muß meine Lippen auf„thun und antworten!„ So muß es jeder großer Dichter seyn:

— — — Poscere fata

Tempus erit. Deus! ecce Deus!

Nie ist die gesunde Einbildungskraft so lebhaft, als die Erfahrung, und nie die ideale Gegenwart der sinnlichen gleich.

Der Verfasser der Jüdischen Schäfergedichte, dem sonst Anlage zur Dichtkunst nicht fehlt, hat meine Warnung durch seinen unglücklichen Flug bestätigt. Diese sowohl, als seine Schilderungen berühmter Gegenden des Alterthums, haben lange nicht die Gewalt, uns in diese Gegenden zu versetzen: seine Einbildungskraft kämpft, um — lauter alte Züge zu wiederholen, Norden nach dem Orient zu verpflanzen; alles, was er gesehen und gelesen, aufzubieten; alle vier Welttheile zu vereinigen, um — etwas Unbestimmtes, und Schlechtes zu liefern. Seine Einbildungskraft und seine Sprache — alles sichert ihn vor dem Verdachte, beschnitten zu seyn: er verläßt sein Land, um in der Fremde zu betteln. Die poetischen Gemälde aus der heiligen Geschichte * verlieren in diesem Betracht immer viel von dem ungeheuren Beifall, den ihnen einige gegeben: indessen ziehen sie sich unter poetische Empfindungen zurück, und als solche mag ich sie nicht betrachten.

Singen wir überdem Occiendtalische Gegenstände, und mit Tönen dem Morgenlande entwandt: so wird ein solch Gemisch daraus, als jeder in Horazens Bilde auslachet — Und doch lachen wenige, wenn der Jordan und Hermon, und Cherubs u. d. gl. neben dem Rhein und dem Harz stehen: wenn sich die Orientalischen Tiger mit unsern Lämmern gatten. „Wir können Vergleichungen mit diesen Ge-

* Th. 6. p. 247.

„genständen allerdings nutzen!„ Wir könnten Bilder
borgen, um sie für uns anzuwenden; aber uns nicht
durchgängig ihnen überlassen, nicht in dieser fremden Bildersprache durchgängig reden: nicht sie mit der
unsern ungeschickt vermischen: nicht uns den Glanz
der Mittagssonne rauben, um den Schein einer Lam-
pe zu geniessen; oder diese gar in das Sonnenlicht tragen.

Käme es nur erst so weit, daß niemand schriebe,
was er nicht verstünde: befleißigten wir uns mehr,
den Orient zu beschauen, die heiligen Gedichte zu verstehen, und wirklich erklären zu können: so würden
wir es gewiß verlernen, mit Orientalischen Mastkäl-
bern zu pflügen; wir würden uns, wenn wir ihre
Kunst nur ganz einsehen, zu Schilderern unserer eigenen Natur ausbilden. Nicht Armuth, sondern Un-
schicklichkeit oder Bequemlichkeit hindern uns daran,
unsere Schätze zu brauchen, und lieber, wie Horaz
sagt, pauperes nostro in aere zu seyn.

2.

Auch die Vaterlandsgeschichte der Morgenländer ist nicht die unsere. So sehr sich immer Vol-
taire, und die seines Theils sind, beklagen, daß wir
ein eckles dummes Volk aus einem Winkel der Erde
so sehr erheben; so wahr es ist, daß ihre Geschichte
allerdings mehr Platz in unserer Historie und Aufmerksamkeit einnimmt, als sie an sich verdienen möch-

te: so fehlt uns doch noch immer zu viel, unsern dichterischen Stoff bis auf kleine Nüancen aus ihrer Geschichte zu borgen. Unser Publikum, das die Juden
blos aus einem Hübner oder Iken kennet, wird
einen ewigen Commentar nöthig haben, und Schönheiten, die für das Auge dastehen, mit dem Fernglase
ansehen müssen. Und der Dichter selbst wird Mühe
genug haben, in den Orientalischen Gedichten die beständigen feinen Anspielungen auf ihre Rettungen von
Feinden, auf ihre Urväter, auf die Aegyptische Er-
rettung, auf ihre Reise durch die Wüste u. s. w. nur
überall bemerken zu können; nur höchstens die Hälfte
von ihnen zu verlieren. Sie ganz besitzen zu wollen,
ihre Schilderung selbst zu übernehmen — das thut
nur der, so das Lächerliche einer halbgetroffenen Nachahmung nicht einsieht. Wer hätte uns eher den
Moses im Heldengedichte singen können, als Michaelis; und dennoch ließ er ihn liegen, nach der
weisen Horazischen Regel:

Si quae desperas tractata nitescere posse, —
                            relinque.

Könnten wir doch nur erst ihre Gedichte aus ihrer
Nationalgeschichte ganz erklären; alsdenn übersetzt
und ahmet nach! Was ist z. E. der 68ste Psalm,
wenn ihn der Ausleger des Lowth erklärt, und was
ist er bei Cramer?

Gesetzt, wir könnten alles dies wissen; singen wir
denn für Juden? die sich für das einzige Volk Got-

tes hielten? die von dem feurigsten Nationalstolz belebt wurden? Jedem Volk gießet bei seiner ersten Bildung der Patriotismus Flammen in die Adern — bei keinem aber hat er dies gährende Blut länger erhalten als bei diesem. Von allen Völkern der Erde abgesondert, brachte es seinem Schutzgott Nationalgesänge; erlöset von Feinden, die sie anspieen, sangen sie Triumphslieder, die ihr patriotischer Geist belebte: entfernt von Fremden, die ihnen unrein waren, sangen sie bei Nationalfesten — wer kann ihnen nachsingen? Unser GOtt ist ein Vater der Menschen, nicht eines Volks, ein GOtt der Christen, nicht einer christlichen Religion! — "Aber werden einem „Juden diese Gegenstände nicht eben so alt geworden „seyn, als uns?„ Ich gebe es zu: und habe doch nicht meine Parallele verlohren. Ihnen ward es mit der Zeit gleichgültiger; aber uns noch ungleich eher und stärker; weil alle diese Geschichten für uns fremder und entfernter sind. Man sey unpartheiisch; wer kann wohl bei uns den besten Cramerischen Dankpsalm mit der Entzückung singen, wenn er Nationalwohlthaten betrift, als Israel in seinem Heiligthum? Wer singet die Cantate des Zachariä mit eben der Theilnehmung, als Mirjam und Moses die ihrige am rothen Meere? Es kann immer seyn, daß „ein Genie im Talmud als in einer Wissenschaft „seine völlige Nahrung finden könne,„* aber ein

* Litter. Br. Th. 2. p. 256.

poetiſches Genie, das nach Materialien zur Dicht:
kunſt gräbt? Schwerlich! wenn es unſerm Natio:
nal: oder Seculargeiſt ſich bequemen will.

3.

Mit dieſem Nationalgeiſt ſind auch die Natio:
nalvorurtheile ſehr genau verbunden; Meinungen
des Volks, über gewiſſe ihnen unerklärliche Dinge:
Fabeln, die ſie ſogleich mit dem Stammlen der Spra:
che von ihren Erziehern lernen, die ſich alſo aus den
älteſten Zeiten von den Stammvätern herunter erben:
die ſich bei einem ſinnlichen Volk, das ſich ſtatt
der Weisheit und Wiſſenſchaften, mit dem Hirtenle:
ben, dem Ackerbau, und den Künſten abgiebt, ſehr
lange Zeit erhalten können, und dem Dichter alſo vie:
len Stoff darreichen, zu Erdichtungen, die das Herz
des ſinnlichen Volks ſinnlich rühren können. Er weckt
das auf, was in ihnen ſchläft, er greift ihre Seele
bei der ſchwächſten Seite an, und erinnert ſie an
ihre Begriffe der Erziehung, mit denen ſich ihre Ein:
bildungskraft gleichſam zuſammen geformt hat: an
die Traditionen ihrer Väter, die alſo auch ihre Lieb:
lingsvorurtheile geworden ſind, weil ſie ſich nach dem
Naturell ihres Denkens, ihres Clima und ihrer Spra:
che richten. Daraus entſtehet alsdenn für die Dich:
ter eine heilige Mythologie, die national iſt, und
ihnen jederzeit eine Zauberquelle war, um Fiktionen
zu ſchöpfen, und Bilder zu erheben, in die ſie, die

zu den erſten Zeiten des Volks auch Propheten und
Richter waren, ihre ſinnreiche Weltweisheit, Tu=
gend= und Lobſprüche einkleideten.

Alle Morgenländer haben an dieſen geerbten Mähr=
chen einen ſehr reichen Ueberfluß; wie alle Reiſebe=
ſchreibungen zeigen; ihre Dichter bedienen ſich deſſel=
ben alſo ſo ſorgfältig, als Homer und Virgil ſich
bekanntermaaßen auf alte Sagen und Ueberlieferun=
gen gründeten. Die Juden, ein ſinnliches Volk,
hatten auch keinen Mangel daran, und warum ſollten
ſich ihre Dichter nicht dieſer unſchuldigen Kunſt
bedienen, um über ſie zu ſiegen? Ein großer Glaube
über Träume, Zaubereien, Erſcheinungen und Beſiz=
ungen iſt dem Dichter ſo vortheilhaft, als er dem
Weltweiſen ein Dorn im Auge iſt; und mit welcher
Mühe ſuchte GOtt dieſen in Judäa auszurotten? Be=
ſchwörungen, Zaubereien durch Schlangen; dieſe Mei=
nung hätten ſie mit den Morgenländiſchen Völkern
gemein; wie die öftern Stellen ihrer Dichter bezeugen.
Aus Aegypten hätten ſie einen ganzen Schatz dieſer
Nationalmeinungen herübergeholt: von denen Mi=
chaelis einige, wie aus einem Herkulähum, gezo=
gen hat.

Für uns ſind dieſe Fabeln halbverloren, oder
fremde, oder tödt; da unſere mehr wiſſenſchaft=
liche und denkende Lebensart ſie ausgetilget, oder ge=
läutert hat. Die ſchrecklichen Donnerwetter, die au
dem Meere aufſtiegen, und über ihr Land nach Ara

bien hinzogen, waren in ihren Augen Donnerpferde, die den Wagen Jehovahs durch die Wolken zogen; ihnen hat David also so viel große Bilder, und insonderheit den vortreflichen 29ſten Pſalm geweihet. Bei uns ſind die Cherubim nicht eigentlich mehr lebende Idole der Phantaſie; noch glauben zwar Kinder und Weiber das, was unſer Dichter ſingt: „Gott „fährt in den Wolken, um Donnerkeile zu ſchleudern;" der Weltweiſe aber und ſein Bruder, der philoſophiſche Dichter, wird, ſeitdem Prometheus den elektriſchen Funken vom Himmel ſtahl, eher den elektriſchen Blitzfunken, als ſo oft wiederholte Bilder ſingen. Wo iſt bei uns der Engel des Todes, mit ſeinem flammenden Schwerte, deſſen Gefolge und Verrichtungen jene ſo gut kannten? Er iſt entweder ein Unding, oder nach den Idolen unſers Pöbels ein Gerippe! Wo ſind die Engel des Herrn, auf Flügeln der Winde, und auf den Flammen des Feuers? Es ſind Diener der Natur, die unſere Einbildungskraft ſelten perſonificirt! Was iſt die Veſte des Himmels, wo der Thron Gottes ruhet? Luft! Was der Regenbogen, der ſich zu ſeinen Füßen wölbet? Bei den alten Skaldern die Brücke, auf der die Rieſen den Himmel ſtürmen wollten, die noch jetzt ein flammender Weg zum Schrecken erſcheint; aber für unſern Dichter, ein Farbenſpiel. Solcher Nationalvorurtheile könnte ich eine große Menge anführen: und die meiſten haben ſich entweder in unſerer erleuchteten

Zeit schon verlohren, oder verfeinert, oder sind nach dem Unterschiede unsers Klima und unserer Denkart ganz anders. Die Religion der Skalder*, die Odin aus den Morgenländern brachte; wie sehr veränderte sie sich auf dem rauhen Scandinavischen Grund und Boden? Ihr Himmel und ihre Hölle, ihre Weltentstehung durch Frost, und ihre Riesen, ihr großer Wolf, und der Bändiger desselben, ihre Zaubereien und Heldenthaten sind mit solchen Localfarben aus Norden gemahlet, als in verschiedenen andern Gegenden, hier Drachen und dort Elephanten, das Paradies und die Hölle der Araber, die Brücke Poul-Serra der Perser, und die Schildkrötengeschichten der Amerikaner gezeichnet sind. Es wäre ein angenehmer und nützlicher Versuch, diese Nationalvorurtheile vieler Völker zu sammlen, zu vergleichen, und zu erklären.

Für den Dichter sind dieses Nationalvorurtheile, die ihm nicht immer entwandt werden können, ohne ungereimt, oder lächerlich zu werden. Miltons Brücke über das Chaos mag freilich im Munde eines Arabers, des Sadi, besser klingen, als in dem seinigen: Klopstocks Oefnungen am Nordpol, seine ätherischen Wege, seine Sonnen im Mittelpunkte der Erde dürften vielleicht zu sehr die Wirbelwelt der Leser verrücken, sie mögen ehrlich Ptolemäisch, oder Copernikanisch denken; diese Erdichtungen scheinen selbst

* Mallet Geschichte von Dänemark, Th. 1.

einer finnlichen Denkart entgegen. Und überſieht man
überdem die Erdichtungen, die die Schweizer in ihre
Morgenländiſchen Gedichte eingewebet; (vom Blute
des unſchuldigen Abels, bis auf das Blut des Za-
charias, Barachiä Sohn) ſo kann man ſich bei ihren
Engeln und Teufeln, und Schlangen und Ungeheuern
oft, wenn man gleich nicht als Philoſoph leſen will,
kaum jener Frage erwehren, die der Cardinal von
Eſte an ſeinen Arioſt that: mein lieber Lud-
wig, wo habt ihr alle das närriſche Zeug
herbekommen?

Möchte man doch bedenken, daß der Geſchmack
der Völker, und unter einem Volke der Geſchmack
der Zeiten ſehr genau ſeinen Fortgang mit Denkart und Sitten habe: daß alſo, um ſich dem
Geſchmack ſeines Volks zu bequemen, man ihren
Wahn und die Sagen der Vorfahren ſtudiren müſſe:
und, um auch dem Gott der Zeit ein Opfer zu bringen, man dieſe und fremde Meinungen nach der herrſchenden Höhe des ſinnlichen Verſtandes paſſen müſſe.
Von beiden gebe ich ein Exempel. Der Romaniſche
Geſchmack der Spanier und Italiäner iſt ein
Zweig von dem Aberglauben der Morgenländer, den
man ziemlich genau dort aus der Mauriſchen und hier
aus der Saraceniſchen Ueberſchwemmung herleiten
kann. Er ward in beiden Ländern gemein: in beiden
vermiſchte er ſich mit dem Gothiſchen Ritter- und
Rieſengeſchmack: nachher miſchte ſich der katholiſche

Hang zu Kreuzzügen, und heiligen Abentheuern
dazu! — und nun sehet! wie sehr Lopez di Vega,
Pulci, Ariost und Tasso dieses Gemisch zu
brauchen gewust; aber freilich zu nichts mehr und
minder, als Nationalstücken. Wer es also beklagen
möchte, daß keine solche Morgenländische Invasion
nicht auch bei uns den Saamen poetischer Fabeln gestreut hat; dem rathe ich, diese dichterischen Schweiß-
tropfen der Cultur seines Bodens zu widmen. Er
durchreise, als ein Prophet in Ziegenfellen, die Mythologien der alten Skalder und Barden sowohl, als
seiner eignen ehrlichen Landsleute. Unter Scythen
und Slaven, Wenden und Böhmen, Russen, Schwe-
den und Polen gibt es noch Spuren von diesen Fußstapfen der Vorfahren. Würde man, jeder nach seinen Kräften, sorgsam seyn, sich nach alten National-
liedern zu erkundigen; so würde man nicht blos tief
in die poetische Denkart der Vorfahren dringen, sondern auch Stücke bekommen, die, wie die beiden
Lettischen Dainos, die die Literaturbriefe* anführ-
ten, den oft so vortrefflichen Ballads der Britten, den Chansons der Troubadoren, den Ro-
manzen der Spanier, oder gar den feierlichen
Sagoliuds der alten Skalder beikämen; es
möchten nun diese Nationalgesänge Lettische Dainos, oder Cosakische Dummi, oder Peruanische,
oder Amerikanische Lieder seyn. Will aber jemand

* s. Lit. Br. Th. 2.

dieß nicht thun, wohl! der bequeme sich nach seiner
Zeit, da das Licht der Philosophie die heiligen Schatten der Dichterei vertrieben, und singe für unsern
reinen Verstand.

***

4.

Der Geist der Religion hat sich verändert.
In den Zeiten, da die Dichtkunst blühete, herrschte
noch eine gewisse wilde Einfalt, nach der Gott auch
die Religion einrichtete, die die Bändigerin der damaligen Zeiten war. Ich zeige hiezu nur drei Gesichtspunkte. Sie begriff mehr unter sich, sie hatte
einen andern Zweck, sie gieng einen andern Weg,
als unsere.

Sie begriff mehr unter sich.) Es ist bekannt
genug, daß sie sich ins Detail der kleinsten Gesetze,
Veranstaltungen und Ceremonien einließ: daß sie
eben sowohl auf den Märkten, als in dem Heiligthum
die Theokratie eines Schutzgottes regierte, der Propheten und Dichter und Richter in einer Person auf-
weckte, und begeisterte. Daher waren alle ihre Poesien heilig; sie mochten prophetische Gesänge, oder
Lasten von Flüchen, oder Trostlieder, oder Gesetze
und Sprüche enthalten. Unsere Religion hingegen
sondert sich von der politischen Regierung und den
Richterstühlen ab: sie ist nichts minder als theo-
kratisch, und der prophetische Geist schweigt.

Jene hatte einen andern Zweck.) Ein wildes un-

gebildetes Volk im Zaum zu halten, das über dem
Acker und Landweiden wenig seinen Geist erhob. Hier
war eine sinnliche Dichtkunst das Mittel, ihre Seele
etwas aufmerksam zu machen. Gesänge von zeitlichem
Glück und Unglück, schallten von jenen Bergen Gri-
sim und Ebal: der größte Theil der Psalmen beschäftigt sich mit dem zeitlichen Zustande des Volks und
kann meistens blos durch erbauliche Accommodationen
und Katachresen etwas geistliches bedeuten. — Unsere
Religion hingegen ist geistig, und mit den erhaben-
sten Zwecken auf eine glückliche Ewigkeit.

Jene war sinnlich und lange nicht so moralisch,
als die unsere.) Das Volk war noch nicht zu der feinen Moralität tüchtig, die unsere Religion fodert;
es muste also mit sinnlichen Gebräuchen unterhalten
werden. Reinigungen und Opfer, Gebräu-
che und Sazzungen, Priester und Tempel;
alles beschäftigte ihr Auge, alles füllete ihre Gedichte
mit Anspielungen, die sie darauf ziehen sollten. Die
ganze Sprache hat sich also verändert, und beinahe
auch die ganze Reihe von Begriffen. Ihr Engel
des Todes war nicht unser Teufel: es war ein un-
moralisches Wesen, das Gott sandte; die andern Engel hatten nicht so unabtrennbar einen Begriff der
moralischen Güte mit sich: ihr Gott selbst muste ihnen in den stärksten Leidenschaften geschildert werden,
damit er sie rührte; sie sahen auch bei ihren heiligen
Gedichten nicht immer darauf, ob jedes Gleichniß
tugendhaft

tugendhaft und wohlanſtändig wäre; wenn es nur
ſchilderte — Unſere Religion hingegen iſt keine Tochter der Einbildungskraft, ſondern eine Schweſter der
Vernunft und moraliſchen Güte. —

Und nun! ſind alle Gedichte, die bei ihnen Stücke
der Religion waren, es auch für uns? Ich glaube
nicht! und wenn man ſie alſo nachahmen wollte? So
müßte es ſeyn, "als wenn David z. E. chriſtliche
„Pſalmen ſchreiben würde." Freilich iſt dies der
Zweck, der bei Klopſtocks Liedern in der Vorrede ſteht, den aber im Ganzen ſeine Lieder nicht erreichen möchten. Wirklich etwas zu viel Orientaliſcher
Schaum, und chriſtliche Gegenſtände Orientaliſch behandelt — Und worinn denn? Ich ſchätze dieſe Lieder
ſehr, denn ſie wirken mehr auf das Herz, als einige
andere. Und darnach beurtheile ich den Werth eines
Liedes. Aber zu viel morgenländiſche, bibliſche
Sprache, als daß ſie immer nach unſern Ideen beſtimmt genug ſeyn ſollte: gewiſſe morgenländiſche
Wiederholungen, die ſtatt zu ſeufzen gähnen machen:
und dann nicht die gehörigen Beweggründe und Rei-
zungen zu den Empfindungen, die ſie erwecken ſollen.
Klopſtock, der ſelbſt eine empfindungsvolle Seele
zeigt, hat ſich gewiſſe Gegenſtände der Religion,
inſonderheit bei den Martern des Erlöſers einige
Nuancen, ſo eingedrückt, daß, wenn er auf ſie geräth, er ſich verweilt, und in Empfindungen ausbricht,
die er bei dem Leſer nicht genug vorbereitet hat: und

bei denen also mancher nichts empfindet. Wenn unsre ganze Einbildungskraft in Arbeit ist: so kann sich aus dem ganzen rührenden Gemälde ein Zug (nicht immer der bedeutendste) am tiefsten eindrucken, der nachher jedesmal das ganze Gemälde zurückbringt, und also auch durch die Einbildungskraft die ganze Empfindung wieder aufregt — aber dies letzte geschieht bei einem fremden Leser nicht durch den einzelnen Zug, sondern durch das treue Ganze, das man ihm also vormalen muß. Um dies mit einem Beispiel zu beweisen: so habe ich einen frommen, redlichen Greis gekannt, der in seinen letzten schwachen Jahren, bei seinem Unterricht und Gebeten nie so sehr bewegt wurde, als wenn er auf den Zug im Leiden Jesu stieß: er hieng (nach seinen Provinzialismen) Mu-ter-Faben-nackt am Kreuz: bei diesem an sich unwichtigen Umstande, der sich aber seiner Phantasie in den ersten Jahren vorzüglich eingedruckt hatte, stand er stille, ergötzte und beruhigte er sich, da sein Zuhörer indessen jähnte. — Uebrigens weiß Klopstock die menschliche Seele genau zu treffen; manche Ge-sänge sind Muster einer stillen andächtigen Empfin-dung, insonderheit wenn sie zu den sanften gehört, und nichts glückt ihm mehr, als seine Todesbetrach-tungen.

Es ist mir lieb, daß ich über viele ältere bib-lische Gedichte nicht urtheilen darf; was hat man nicht aus vielen Charakteren gemacht? Ein völliges lächerliches Unding, das dem Charakter seines Volks, seiner Zeit, und seiner Religion widerspricht: Gerade, wie diejenigen, die eine ganze Straße niederreißen, um darauf einen einzigen Pallast zu bauen; die nichts darnach fragen, wie viel andre sie umbringen; zufrieden, wenn sie, ohne alle Rücksicht auf Mütter, Weiber und Kinder, auf Nation, Zeit und Geschmack, einen Menschen darstellen können.

Compos'd of many ingredient Valours
Iust like the Manhood of nine Taylors,

                  wie Hudibras singt.

5.

Ueberhaupt hat sich die ganze poetische Sphäre bei beiden Nationen geändert. Die gesittete Freiheit, in der wir leben, läßt Künste und Wissenschaften blühen; die etwas rauhere, die mit Gährungen des Staats, und mit Unterdrückungen kämpft, läßt, wie bei den Römern und Griechen, die Beredsamkeit ihre Wunder thun; aber wilde Einfalt ist das Feld der Dichter. In dieser haben die Hebräer sehr lange gelebt, beständig treu dem Ackerbaue und der Viehzucht, den sinnlichen Begriffen, und ihrem Vaterlande: nie hat also die Zeit der Beredsamkeit ihre Blüthe erreichen, ja die Periode der Weltweisheit kaum anbrechen können.

Daß die Hebräer nie große Redner gehabt

haben, beweiſet der Herausgeber des Lowth in ſei=
ner Vorrede; der überhaupt durch ſeine Noten und
Epimetre mehr als Lowth ſelbſt geworden, und
viele Dinge hingeworfen hat, die durchaus verdienen
angewandt, erklärt und fruchtbarer gemacht zu wer=
den. Wir können alſo nach einem Jeſaias ohnmög=
lich unſre große Redner bilden.

Nie haben ſie alſo auch einen völlig ausgebildeten
Rednerperioden gehabt; ihre Poeſie hat einen
Rhythmus, den die Chöre und Jubelſprünge geboh=
ren haben, der von zu ſtarker Declamation war, als
ein Sylbenmaas zu halten, der durch Muſik und Tanz
belebt wurde. Welch ein Unterſchied iſt es nun, in
einer durchaus proſaiſchen und philoſophiſchen Sprache,
deren Accente lange nicht ſo tönend ſind, wo man
ſchreibt, geleſen zu werden, wo, wenn die Muſik
ſich mit der Poeſie verbindet, jene die herrſchende
wird, in dieſer Sprache eine Orientaliſche Poeſie
durch poetiſche Proſe nachzuahmen, die unſrer Spra=
che Gewalt anthut. Inter mulierum ſaltantium choros adolevit poeſis orientalis: carmina rarius ſcri-
bebantur, recitabantur cantabanturque frequen-
tius. — — Inter ſaltantium choros, non ſemper
pios, natam poeſin Hebraicam dixerim, cum mo-
tum corporis canticis haecque illi accommodarent:
cui poëſis origini verſuum parallelismos acceptos
fero. Nun bleibt es doch wohl immer unnatürlich,
Lieder, die dort nach lermenden Chören eingerichtet

waren, wie sie sind, nachahmen zu wollen, und sein
eignes Chor zu seyn.

6.

In der Poesie wird vieles von der Sprache
bestimmt: und ich glaube, aus diesem unperiodischen
Melodischen der Hebräischen Gedichte zum Theil den
kurzen parabolischen Ton erklären zu können, der
Weisheit in ein Bild kleidet, ohne dies Bild aus-
zuputzen, und periodisch ordnen zu wollen. Nein!
kühne Vergleichungen, und wenig ausgeführte Gleichnisse; aber desto öftere Wiederholung desselben Bil-
des, desselben Gleichnisses. In keiner hohen Hebräischen Ode findet man den abgemeßnen Schwung, der
eine Griechische, und noch mehr eine Römische charakterisirt: in keiner die ausgemalten Pindarischen
Bilder, die hier immer Stückweise erscheinen, abbre-
chen und wieder kommen: in keiner Elegie, die däm-
mernde Stimme, die durch ihren sterbenden Fall
und anhaltendes Wimmern, allmählich rührt: —
überall mehr der wiederholte Schlag, der eine Saite
des Herzens nach der andern plötzlich trift, und eilt,
um eine andre zu treffen. — Man hat diesen innern
Charakter aus ihrer Hitze der Einbildungskraft herleiten wollen; allein ein Hurone in einer unperiodischen Sprache muß so, wie sie, singen.

Wir aber, in einer periodischen Sprache. Wir
müssen also jene zerstückten Bilder, die sich wiederho-

len, zu einem Ganzen ordnen, und sie in einem ge=
bildeten poetischen Perioden mehr in der Perspektiv
eines Gleichnisses zeichnen; der uns eigne poetische
Ton malt überdem sonst mehr Begriffe als Bilder,
und unsre selbst dichterischen Gleichnisse zeigen sich,
nach jenen zu rechnen, mehr in dem Lichte eines Be=
weises. Ein Muster der Nachahmung hierinn ist der
Klopstockische Psalm auf den König von Dänemark.
Wirklich die Hebräische Zerstückung der Sprache,
und doch die Griechische Zusammensetzung der Bilder;
hie und da kleine Wasserfälle; doch aber bleibts im=
mer ein sanfter Strom, der über klare Steine rollet.
Ein Gemälde, ein Wort entwickelt sich aus dem an=
dern, und macht es vollkommner; — Vielleicht Klop=
stocks schätzbarstes lyrisches Stück! Eben so weiß
er in seinen Kirchenliedern oft den Orientalischen
Parenthyrsus zu Kirchencadenzen herunter zu stim=
men, und im Meßias ist sein Wechselgesang zwi=
schen Mirjam und Debora schön; Orientalisch in
Sprache und Bildern; und Deutsch in der Anord=
nung derselben.

Man erinnere sich aus meinem vorigen Frag=
mente, daß der Reichthum einer Sprache sich gleich=
sam mit der Haushaltung der Menschen verändere,
daß uns unser Wohlstand viele Freiheiten entzogen,
die jene genossen; daß unser Stadtleben es noth=
wendig verhindert, daß unsre Poesie nicht botanisch
seyn kann, wie Michaelis die morgenländische nennet,

daß unsere politischen Wörterbücher unserer sinnlichen
Sprache Würde entzogen haben u. s. w. man erinnere
sich dessen, und vergleiche den Charakter unsrer Sit=
ten und Zeiten mit jenen, so wird man finden:

Der poetische Sinn ist nicht mehr derselbe. Jener
wirkte schnell und heftig; nicht aber eben zart und
dauerhaft. Die Saite ihrer Empfindung des Poe=
tisch Schönen (ich will nicht wie Montesquieu bis
auf ihr Fasergewebe, und auf das Temperament
ihres Klima zurückgehen) wird ihren Sitten und Zeit
gemäß heftig getroffen, und bald verlassen. Unser
poetischer Sinn ist mehr langsam und überlegend,
als brausend; selbst das sanfte Griechische Gefühl
wird unter unserm Himmel nicht reif; wie sollte er
denn die übermäßig frühzeitigen Früchte der Morgen=
länder reifen? Unsre Saite der poetischen Empfin=
dung giebt nach: wir bleiben kälter, als die Griechen
mit zarten, oder die Morgenländer mit heftigen Sin=
nen: wir bleiben selbst im poetischen Fluge, wie
die Strauße, dem Boden des Wahren treuer, und
kommen zur Rührung oft durch den Weg der Ueber=
legung.

Ahmen wir also nach, wie es uns gefällt: so wird
vielleicht ein unpartheiischer Fremder, der den Orient
kennet, ohne ihn von Jugend auf blos als ein Erb=
stück der Religion zu kennen, der Geschmack genug
hat, um unsre Nachahmungen mit jenen Originalen
zu vergleichen, vielleicht folgenden Charakter angeben:

„und doch von Gesicht kennen sollten: sie ist ein Mu-
„ster einer Nachahmung, die Original bleibt. Sollte
„sie also auch nicht das Glück haben, neue und wirk-
„lich neue Genies zu erwecken: so wird sie doch we-
„nigstens den Nach- und Nebenbuhlern ausländischer
„Götzen eine Wand von Dornen vorziehen, daß sie
„ihrer Steig nicht finden. Sie wird sie ergreifen,
„zurückreißen, und sagen: Siehe, hier deine Natur
„und Geschichte, deine Götzen und Welt, deine Denk-
„art und Sprache: nach diesen bild dich, um der
„Nachahmer dein selbst zu werden. Und willst du
„von einer der vorzüglichsten Nationen ihre Schätze
„nützen: siehe hieher! Ich suche dich mit der Kunst
„bekannt zu machen, wie sie Geschichte und Religion
„in Gedichte zu wandeln wusten; raube ihnen nicht
„das Erfundne, sondern die Kunst zu erfinden, zu er-
„dichten, und einzukleiden!„

Wo ist ein Uebersetzer, der zugleich Philosoph,
Dichter und Philolog ist: er soll der Morgenstern
einer neuen Epoche in unsrer Literatur seyn! Aber
leider! Arabische Wurzeln wachsen gern auf dürrem
Grund und Boden: ich werde vielleicht ein pium
desiderium hingeschrieben haben. Es sey! Vortheil
genug, wenn dies mein Fragment nur einem einzigen
Schriftsteller die Feder aus den Händen windet, wenn er
uns neue Heldengedichte im Orientalischen Geschmack
liefern will! Vortheil genug, wenn es einen einzigen Hexametristen vermöchte, sein Gedicht nach den

vorgelegten Gesichtspunkten zu verbessern; auch schon Vortheils genug, wenn es einen Kunstrichter bilde=te, über Werke dieser Art besser zu urtheilen.

Ich kann nicht wichtiger schließen, als wenn ich das erhabenste Orientalisch=Deutsche Werk: den Meßias, kritisch prüfe, über den man, wie ich glaube, noch nicht eine so genaue Untersuchung hat, als es dieses große Stück verdienet. Einige haben nicht über ein Fragment * urtheilen wollen, weil es noch kein Ganzes wäre! Wunderbar! Kann ich denn nicht über den Geist der Theile, über jede Erdichtung in demselben, als über ein Ganzes urtheilen, ohne ein Prophet seyn zu dürfen, oder dem Verfasser Unrecht zu thun?

Ueber Fragmente, denke ich, soll man am ersten urtheilen, um dem Verfasser zu helfen, oder wenig=stens seine Stimme auch zu geben; dadurch, und da=durch allein arbeitet ein Künstler vor den Augen des Publikums: er hat ein unvollendetes Tagewerk hin=gestellt, und steht hinter demselben, um nach den Ur=theilen der Kenner begangene Fehler zu verbessern, und künftigen zuvorzukommen. Hätte Klopstock gleich im Anfange, statt eines posaunenden Lobred=ners, einen kritischen Freund gefunden: hätte er nicht gleich so viel blinden Beifall, und noch blindere Nach=ahmung gesehen: vielleicht würde manches in seinem vortreflichen Gedicht noch vortreflicher seyn.

* Th. 19. p. 155 rc.

Aber so gehts! Ueber kleine Geister, über Lehr-
linge und Gesellen, die Versuche machen, sind Kunstrichter gleich in Menge da; sie sind Fliegengötter,
auf die auch immer die Variante dieses Namens
(Beelzebub und Beelzebul) passen mag! Aber
es tritt ein Genie auf, wie Pallas aus dem Gehirn
des Jupiters! „Sogleich erbebt von ihrem mächtigen
„Geschrei der Himmel und die Mutter Erde: Apoll,
„der Erleuchter der Menschen, befiehlt ihnen das nütz-
„liche Geschäft an, der Göttin zuerst einen Altar
„zu bauen, und durch ein heiliges Opfer den Vater
„Zevs und seine gewafnete Tochter zu ergötzen!„

Freilich urtheilten auch viele, wie jener Schuster
am Bilde Apelles: allein die rechne ich nicht: sie
hätten schweigen sollen: auch Klopstock hat sie nicht
gerechnet. — „Und wird er deine Anmerkungen rech-
„nen?„ Das weiß ich nicht: aber menschlich und billig aufnehmen, das wird er. Jeder urtheilt, was
seine Augen sehen. * Die meisten aber sehen doch einerlei. Sollte also auch mancher Klopstockianer mir entgegen rufen, was Nicomachus dort zu jenem sagte,
der das Bild der Helena, von Zevxis gemalt,
tadelte: „Nimm meine Augen: und sie wird dir
„eine Göttin scheinen!„ Ich schreibe doch, vielleicht,
was viele bei sich gedacht, oder gar ein Genie, das
sich bei Klopstocks Meßias so findet, als Alexander
am Bilde Achills, was dies Genie schön dunkel in
seiner Seele fühlet.

* Th. 1. 10. 13. 16. 17.

Wer könnte die Jüdische Seite dieses Gedichts am besten beurtheilen? Ein Rabbi, der für sein Volk Patriotismus, Känntniß seiner Gebräuche, und eine morgenländische Einbildungskraft hätte! Und wer die Christliche Seite? Ohne Zweifel ein Christ, der für seine Religion Patriotismus, Känntniß ihres Umfanges, und christliche warme Empfindungen besäße! Beide können sich widersprechen, von entgegengesetzten Seiten die Sache betrachten, um das Urtheil einigermassen vollständig zu machen. Ich lasse sie sprechen!

Gespräch
zwischen
einem Rabbi und einem Christen
über Klopstocks Meßias.

Der Rabbi. Ich habe Ihr Verlangen erfüllt, und Klopstock gelesen! Ich habe ihn zweimal und mit neuem Vergnügen gelesen. Kaum hätte ich einem nördlichen Deutschen die reiche morgenländische Einbildungskraft zugetrauet, die er bewiesen.

Der Christ. Nun! habe ich also nicht Recht, daß er auf Deutscher Erde ein Orientalisches Denkmal gebauet hat, das die Ehre unserer Nation wäre, wenn es vollendet würde? —

Rabbi. Allerdings: und daß er sich über die

Mythologie der Griechen so glücklich zu schwingen gewußt, fodert viel Genie!

Christ. Und daß er überall aus sich selbst die Lücken hat ausfüllen können, um aus einer kurzen Geschichte, Gedicht, Epopee, und eine christliche Epopee zu machen — fodert noch mehr!

Rabbi. Nicht ganz aus sich hat er sie ausgefüllet: die heilige Geschichte liefert ja dazu Stof genug; ich wünschte also, daß er diesen Stof mehr gebraucht hätte; auch einige Rabbinische Züge hat er glücklich anzuwenden gewußt und —

Christ. Nur nicht, daß diese Anwendung auf Kosten seiner Originalerfindung gehe. Auch aus Milton hat er Züge genommen: wer sie aber so glücklich wie er nimmt, und anwendet, hat sie selbst erfunden.

Rabbi. Wir scheinen ohngeachtet unsers verschiedenen Gesichtspunktes so ziemlich ähnlich zu sehen; einmal haben Sie schon mein: ich wünschte! gehört, das zweitemal es unterbrochen — wollen wir uns nicht näher unsre Zweifel sagen?

Christ. Eben das habe ich von Ihnen erwartet: bei einem Meßias muß man sich nicht blos vergnügen, sondern auch unterrichten. Dazu hat der Verfasser seine Abhandlung von der heiligen Poesie vorausgeschickt.

Rabbi. Nicht völlig dazu! wenn wir sie zum Maasstabe des Meßias annehmen müßten, so hätten wir die Richtigkeit dieses Maasstabes vorher selbst zu prüfen. Klopstock sagt so hier, als in allen seinen prosaischen Discoursen viel; aber immer bleiben auch Unterscheidungen, Bestimmungen, Zusätze für den Leser übrig.

Christ. Gut! so wollen wir die Prüfung frei vornehmen: begegnen wir uns mit dem Verfasser manchmal: um so viel besser! haben wir etwas gegen ihn, den Kritiker: so wollen wirs auch nicht ver-schweigen.

* * *

Rabbi. Nun dann! Kommt Ihnen ein Meßias, wie der seinige, wohl als ein recht behandeltes Su-jet zur tragischen Epopee vor? Mir nicht! Die Wuth seiner Feinde wäre ein Unding, wenn er in dem Glanze völlig gewandelt hätte, in dem ihn K. erblicket. Hätte er ihn nicht in Umstände setzen sollen, wo man sein Verhalten gegen die Feinde selbst sähe? aus dem sie, seiner Unschuld unbeschadet, einigen Schein zur Wuth gegen ihn, um das ganze Volk aufzubrin-gen, ziehen könnten. Was Jesus ihnen ärgerliches gethan hat, wird erzählt, nicht aber im Anfange des Gedichts handelnd zum Grunde gelegt: so sehen wir Effekt, ohne die Ursache selbst gesehen zu haben: der Epopee entgeht etwas an poetischer Wahrscheinlichkeit.

Christ. Ich gebe Ihnen einigen Beifall, aber aus andern Gründen. Der Meßias erscheint nach den Weißagungen des A. und den Erzälungen des

N. Testaments viel menschlicher, als ihn K.
malet. Die Epopee fodert nicht ein Ideal, was über-
menschlich wäre, sondern was die höchste Rührung
verursacht: nun entgeht aber dem Gedichte des K.
viel von diesem Leben, weil wir den Heiland zu
wenig menschlich sehen; und es bleibt doch immer
wahr: nichts bewegt eine menschliche Seele, als was
selbst in ihr vorgehen kann. Sähen wir öfter unsern
Bruder, den größten Menschenfreund; so würde dies
eher das Ziel erreichen, „die ganze Seele zu bewegen
„und jede Saite der Empfindung zu treffen.„

Rabbi. Wie? wenn unser Jesaias den Meßias
gesungen hätte? — Warum hat K. nicht mehr den
erhabnen prophetischen Ton ins Epische um-
gestimmt? Hat er wohl durchgängig den Geist,
der die Haushaltung des ganzen A. Testaments belebte, angewandt, da Jesus doch einem
Volke erschien, das ihn unter diesen Bildern erwartete? Gesezt, sein Meßias wäre der Vorausverkün-
digte; so zeige ihn auch K. in diesem ganzen Lichte.

Christ. Hätte unser Johannes, der ihn bis an
seinen Tod begleitete, und sein Plato ward, mit
dem feurigen Pinsel der Apokalypse ihn schildern wollen; so hätte er ihm so viel individuale Bestimmung gegeben, daß jeder rufen müste: „das ist er!
„Johannes hat ihn gesehen!„ Nun hat ihn freilich
K. nicht gesehen; aber als Schöpfer hätte er ihm
Wesen und Leben geben sollen: „Der Dichter studirt
den

„den Grundriß seiner Geschichte, malt ihn nach den
„Hauptzügen aus, die er in ihm gefunden zu haben
„glaubt, und muß uns durch seine mächtigen Künste
„dahin bringen, daß ich zu der Zeit, da ich ihn lese,
„und auch noch länger, vergesse, daß es ein Ge-
„dicht ist. „

Rabbi. Wenn der Schauplatz und die meisten
Auftritte in einem Christlichen Gedichte nicht recht
Jüdisch sind, so wundere ich mich nicht eben; ein Christ
wie die meisten sind, halten unsern Staat, Sitten
und Gebräuche für zu niedrig, als sie zu studiren,
und sie müssen doch studirt werden, weil sie von dem
Geiste der heutigen Zeit sich so weit entfernen. Aber
Klopstock, der wider dies Jüdische Costume nie offenbar handelt, und der es oft in seinen Zügen bemerkt,
diesem wünschte ich, daß er Nationalgeist und
Jüdische Laune durchgängig in sein Gan-
zes gebracht hätte. Dazu gehört viel, aber das zeugt
von Genie und zaubert uns mitten unter andre Völker.

Christ. Mir ist eure Pünktlichkeit und euer
Talmudischer Stolz in Ceremonien zu fremde, um
darüber urtheilen zu können; aber was sollte sein
Meßias eher und würdiger seyn, als ein Lied des
Ursprunges unsrer Religion. Jeder Christ
fodert es, und kann es fodern, daß sein Meßias als
ein Gesandter Gottes erscheine, der ganz und gar
mit dem großen Gedanken sich beschäftigt, über die
Völker zu herrschen; daß sein Erlöser als ein Pro-

phet erscheine, der der Welt Licht und Freiheit und
Seligkeit gebracht hat, der jetzt seine angefeindete
Lehre mit Märtirerblut besiegelt, und mit diesem
Blut des neuen Bundes in den Himmel geht, um
König über ein neues Reich der Gnade zu seyn. Bei
seinen lezten Augenblicken sollte es ihm mehr am Herzen liegen: „was seine Heerde, seine Brüder, sei-
„ne Familie um ihn und für ihn leiden würden!„
Wenn der heilige Dichter in seiner Art das thut,
„was ein andrer thut, der aus den nicht historischen
„Wahrheiten der Religion, Folgen herleitet;„ wenn
„unsre Lehrbücher aus der Religion ein Gerippe ge-
„macht haben *: so sollte jener der Offenbarung fol-
„gen, um sie in einem gesunden männlichen Körper
„darzustellen.„ Alsdann muß Klopstocks Meßias
die Pflanzung der Kirche, mit ihren Schicksalen
und Wanderungen, mehr im Auge behalten, als Virgil die Gründung des Römischen Volks und Kaiser-
thrones behalten konnte: dadurch eben bekam es bei
einem Römer, bei einem August und Oktavia
Interesse.

Rabbi. Und dann hätte K. seine Apostel nicht
sowohl nach seinem weichen Herzen, als liebe gute
Jünglinge malen sollen: sondern ihnen mehr mit
großen Fehlern auch das Große göttlicher Propheten geben —

Christ. Oder sie wenigstens als Schwache

* s. Klopst. Abhandl. von der heil. Poesie.

malen follen, die einſt zu Säulen der Kirche be=
ſtimmt ſind, und bei denen er wenigſtens die An=
lage zu ihrer künftigen Größe im Vorgrunde zeich=
nen ſollte.

Rabbi. Aber überhaupt iſt in ſeiner Epopee zu
viel Gerüſt und zu wenig Gebäude; zu viel
Rede und zu wenig Handlung. Wie vieles da=
von kann man wegnehmen, ohne Schaden, ja vielleicht
zur Schönheit des Ganzen. Euer Jeſus wird ent=
weder über der Menſchheit geſchildert, oder mit dem
vollen weichen Herzen, das da ſpricht, und dul=
det, aber zu wenig handelt. Wer ihn nicht zum Vor=
aus aus den Evangeliſten kennet: wird ihn aus dieſem
Gedicht nicht in ſeiner ganzen Größe kennen lernen.

Chriſt. Vielleicht haben Sie noch zu viel Ge=
ſchmack an dem Parenthyrſus in Bildern, den man
Ihrer Nation vorwirft; vielleicht iſt die Hoheit Je=
ſu mehr eine ſtille Größe! Nur freilich dörfte
ſich dieſe mehr im Antlitz, in Mienen und Geſprä=
chen, als in den menſchlichen charakteriſtiſchen Hand=
lungen zeigen, die eben nicht Wunder ſeyn dörfen.

Rabbi. Sind nicht ſeine Engel gröſtentheils
das im Gedichte, was ſie in den Kupfern ſind: wei=
biſche zarte liebe Knaben, die ſchweben und umher=
flattern, ohne recht in den Kerninhalt des Stücks
eingeflochten zu ſeyn: Maſchinen, die ihr poetiſcher
Schöpfer nicht zu brauchen weiß. Wenig von dem
Hohen, was ein Engel hat, wenn er nach dem A.

D 2

K. auch nur der Fürst eines Elements, der Regent eines Landes, und der Statthalter Gottes in einem wichtigen Auftrage ist.

Christ. Freilich macht K. zwar einen Unterscheid, „zwischen einem Gedicht, das aus gewissen Geschich„ten des ersten Bundes genommen würde, und einem, „so das Innere der Religion näher angeht, und zwar „einen Unterschied in Absicht auf die Weltlichkeit, „wie ers nennet:„ allein dem unbeschadet kommt es mir vor, daß er bei dem Innern zu sehr das Aeussere vergessen, und da er sein Hauptaugenmerk nur immer auf Moralität gerichtet, es mit seinen Engeln manchmal vergißt, was er selbst sagt*: „Ein „Engel soll mehr als ein Jupiter seyn, „der eben gedonnert hat.

Rabbi. Ueberhaupt hat K. das System des alten Bundes bei seinen Engeln beinahe ganz verändert, und wirklich zum Schaden eines sinnlichen Gedichts, das sich nach dem Orientalischen Geschmack bequemen soll. Er meint, „man müsse der „Religion, nicht aber der Schreibart der Offenba„rung nachahmen; es sei denn die Propheten, so „fern ihre Werke Meisterstücke der Beredsamkeit „sind.„ Sind ihre Werke Beredsamkeit, so sind sie gewiß nicht Meisterstücke; als Meisterstücke alter Orientalischer Gedichte hätte er ihnen

---

* Nord. Aufseh. Th. 3. St. 110.

nachahmen sollen, sonst ist sein Gesichtspunkt ganz verwerflich.

Christ. Und seine Hölle! — Immer wird es mir schwer, blos reine Geister zu gedenken (die wenigstens nicht so sinnlich als wir sind) die aus einem innern giftigen Principio des Neides, gegen einen Gott, den sie zu sehr kennen, und gegen einen Meßias, von dem sie zu wenig wissen, aus Grundsätzen, so unvernünftig, und ohne wahrscheinlich gemachte Triebfedern so boshaft handeln werden. Alles, wozu er jetzt die Teufel braucht, hätte er aus der menschlichen Seele und das mit mehrerer sinnlichen Rührung hervorwickeln können. Aber er wird sie brauchen, um den Triumph Jesu über sie zu zeigen.

Rabbi. Aber um eben diesen zu zeigen, hätte er sie mehr sollen unternehmen lassen. Zu der poetischen Bosheit, die er ihnen beilegt, gehört auch mehr Klugheit und Sphäre zu wirken; und die legt ihnen unser Gesez auch immer bei. Das wäre ein Triumph, wenn der Teufel mehr der Gott dieser Welt, der Herr der Elemente, der Gewalthaber über Tod und Unglück wäre (wie ihn doch das A. T. und selbst die Meinungen des damaligen Zeitpunkts darstellen), den nachher Jesus überwände.

Christ. Hier hätte kein Milton vor K. seyn sollen; so wäre die ganze Hölle nach andrer Bauart angerichtet; nicht im Anfange so prächtig eröfnet, um immer Episode zu bleiben; nicht so viel Himmel und Gesandschaften. K. zeigt gegen den Britten, was ein Philosoph mit Grunde behauptet: „Wenn „ein Engländer und Deutscher das Erhabne schildert; „wird jener es furchtbar und schreckhaft zeichnen; dieser aber auf die Pracht verfallen.„

Rabbi. Ueberhaupt hätte Klopstock sich mehr nach Nationalmeinungen, dem poetischen Sinn des A. T. und dem Geschmack der damaligen Zeit Mühe geben sollen. Befriedigen hat er eure Orthodoxie doch nicht können, und warum hat er sich denn nicht einige Schritte weiter von ihr entfernen wollen, der Poesie wegen. Sagen Sie mir es, Christ! mit einem Worte: „wozu leidet K. Meßias?„ mit einem Worte? Sie sind wirklich in Verlegenheit! —Sein Leiden vor Gott* ist mir nicht sinnlich begreiflich gnug; und dies ist doch der Mittelpunkt seines Gedichts.

Christ. Das war freilich auf gut Jüdisch! Aber, mein heterodoxer Rabbi! erinnern Sie sich an jenes: Ne ultra! — Es mag immer wahr seyn, daß K. oft das Erhabene und Moralische auf Kosten des Episch=rührenden treibt; aber das ist schon theils die Schwäche, theils die Mode unsrer Zeit, oder beides zusammen. Wer kann davor, daß K. es für den lezten Endzweck der höhern Poesie hält, nicht „alle unsre sinnliche Kräfte zu bewegen,„ sondern

* s. Messiade 5 Ges.

„die moralische Schönheit.„ Sie sey das wahre Kennzeichen des Werths von jener.

Rabbi. Ja des sittlichen Praktischen, nicht aber
des dichterischen Werths; ein Kennzeichen der
Güte freilich; nicht aber der Schönheit und der höchsten Schönheit. Ueberhaupt verdient in vielen Stücken
die Klopstockische Abhandlung von der heiligen Poesie
gründlich geprüft zu werden; und vielleicht sage ich
Ihnen ein andermal meine Gedanken darüber!

Christ. Und vielleicht zeige ich Ihnen künftig
den Grundriß, den ich bei dem dritten Lesen des
Meßias entworfen. Jezt haben wir nur immer Abwege oder Lücken, Fehler oder Schwächen gezeigt;
mehr kann die Kritik nicht; aber das Genie ists, was
jene Abwege und Fehler vermeiden, und auch Lücken
und Schwächen vollfüllen muß.

Rabbi. Desto lieber für mich, wenn ich Ihren
Embryon vom Plan sehe! Vielleicht hat er mit den
Fehlern auch die Schönheiten K. vermieden, unter
denen seine Fehler ganz verschwinden. Nirgends ist
K. größer, als wenn er, ein Kenner des menschli-
chen Geistes, jezt einen Sturm von Gedanken und
Empfindungen aus der Tiefe der Seele holt und ihn
bis zum Himmel brausen läßt: Wenn er einen Stru-
del von Zweifeln, Bekümmernissen, und Aengsten
erregt; wie Philo, der verzweifelnde Ischarioth,
Petrus und insonderheit das große Geschöpf seiner
Phantasie, Abadonna, zeigt.

Chrift. Und im Zärtlichen sieht man K. immer sein Herz schildern: Benoni, Lazarus und Cidli, Maria und Porcia, Mirjam und Debora; alles vortrefliche und liebenswürdige Scenen. Ueberhaupt würde unser Gespräch, wenn es die Schönheiten aus einander setzen wollte, sehr spät zu Ende kommen; alles ist bei K. in Theilen schön, sehr schön, nur im Ganzen nicht der rechte epische Geist.

Rabbi. Mir gieng es eben so! So lange ich las, hatte ich sehr selten eine Kleinigkeit wider K. Hätten Sie mich damals um mein Urtheil gefragt; so würde ich schwerlich haben richten können, weil ich mich ergözte, weil ich empfand. Freilich aber kam mir nachher das Ganze —

Chrift. Wir vergessen aber, daß dies Ganze nur noch Fragment ist.

Rabbi. Nun dann! so wünsche ich ihm eine solche Vollendung, als der Sohar vom Liebe der Lieder sagt: „an dem Tag, da es vollendet ist, ist „die Vollkommenheit und Schönheit selbst geboren!"

Von der Griechischen Literatur in Deutschland.

(Wie weit kennen wir die Griechen?)

Die Griechen, die Lieblinge der Minerva, haben sowohl in der Kunst, als in den schönen Wissenschaften mit solchem Glücke gearbeitet, daß das Ideal ihrer Werke und die schöne Natur selbst beinahe ein Bild ausmachen sollen. Wie Thucydides die Stadt Athen, das Museum und Prytaneum der Griechen nannte: so ist aus Griechenland der Tempel und Hain der schönen Natur geworden, aus dem die meisten Nationen Europens, die nicht Barbaren geblieben, Gesetze und Muster bekommen haben.

Hier floß der Pierische Quell, aus dem Homer trank, und der Ungeweihten einen blassen Schauder einjagt: hier rauschen die Thyrsusstäbe dithyrambische Begeisterung in die Vertrauten des Dionysus, daß ihr Lied, mächtig wie der Gott, Tiger bezwang und Löwen bändigte: hier tanzen Nymphen und Grazien, und Amors schweben um ihren Anakreon in sanftem Fluge dahin und jede seiner Melodien wird wie ein himmlischer Kuß der Liebesgöttin: Olympische Kränze fliegen um die Scheitel der Sieger, und ihr Laub hüpfet nach dem Dorischen Saitenspiel

Pindars: hier wetteifern die Hirten, und lauschend entkleidet die ganze Natur ihre Schönheit: hier tanzen die Chöre des Sophokles: hier das Odeum, die Gefilde der Musen —

Odi profanum vulgus et arceo
Fauete linguis! Carmina non prius
 Audita Musarum sacerdos
 Virginibus puerisque cantat!

Ja, sie sind der Nachahmung werth, die Griechen mit ihrem feinen poetischen Sinne: sie, deren schönes Ideal ein Abglanz der Natur ist, wie die Sonne sich im klaren Bache spiegelt; deren dichterischer Grundriß von der Göttin Eunomia gezeichnet, und von ihrer Tochter, der himmlischen Grazie, ausgemalet worden; deren Bilder sich in den Glanz der Morgenröthe hüllen, deren Mund Melodie spricht, sie sind der Nachahmung werth.

Aber ehe wir sie nachahmen, müssen wir sie erst kennen. Wo sind die Lieblinge der Muse, die die Griechischen Blumen und Früchte auf den Boden Deutschlands zu verpflanzen suchen? Welches sind die Schutzengel der Griechischen Philologie? — Der unsterbliche Geßner, Ernesti, und Kloß: ich will nur diese drei nennen, die viele Verdienste haben, die Griechen unter uns bekannter zu machen; aber meistens für das Große in Deutschland, blos durch Ausgaben. Der erste ist Deutschland leider entrissen: der zweite hat sich, nach den Fußstapfen des erſtern, den Weg kritiſcher Genauigkeit gewählt, und arbeitet in andern Bezirken: der dritte, von dem Deutſchland noch weit mehr erwartet, als er ge= liefert hat, iſt ein feiner Kenner der Griechen, ein genauer Kunſtrichter, er hat Verdienſte durch ſeine Ausgaben, und durch ſeine Urtheile; aber wie gerne wünſchet man mehr eigne Arbeiten von ihm über die Griechen.

Wo iſt ein Schuzengel der Griechiſchen Litera= tur in Deutſchland, der an der Spize von allen zeige, wie die Griechen von Deutſchen zu ſtudiren ſind? Studiren heißt freilich zuerſt den Wort= verſtand erforſchen, und das ſo gründlich, als es zu folgenden Stücken gehört: man ſuche aber auch mit dem Auge der Philoſophie in ihren Geiſt zu bli= cken: mit dem Auge der Aeſthetik die feinen Schön= heiten zu zergliedern, die den Kritikern ſonſt gemeinig= lich nur im Uebermaas erſcheinen, und dann ſuche man mit dem Auge der Geſchichte Zeit gegen Zeit, Land gegen Land, und Genie gegen Genie zu halten.

Diderot erdichtet ſich eine Geſellſchaft Menſchen, jehweder mit einem Sinn: und jeder iſt ein Narr des andern: ein Bild deſſen, ſagt er, was täglich in der Welt geſchieht! — und am meiſten, kann ich dazu ſezen, in der kritiſchen Welt: jeder hat einen Sinn und urtheilt vom Ganzen. Der Franzoſe zergliedert höchſtens einige Schönheiten flüchtig, bil= det ſeinen Autor nach dem Geſchmack ſeines Landes,

und glaubt sich alsdann schon als den besten Kunstrichter: den Wust Lateinischer Wortkritiken sieht er
für Schlamm an, wobei er sich verekelt. Wiederum
der Holländische und Deutsche Wortgelehrte sieht jenes seine französirenden Anmerkungen für noch etwas
ärgers als Schlamm an; der Franzose sagt: ja,
davon wuchsen Blumen und Früchte! und der Deutsche: das meinige ist nicht fruchtbar, aber reinigend!
Jeder schließt nach seinem einzigen Sinn.

Aber warum hat man denn nur einen? Wie?
wenn viele Wortrichter schon vorgearbeitet — wenn
die Franzosen ihre ästhetische Bon-Mots nun
denn oft genug wiederholt, und durchgearbeitet —
wenn die Britten die historische Seite in Erklärung der Alten noch mehr werden erleuchtet haben;
wird alsdann nicht ein Zeitpunkt für die philosophischen Deutschen kommen, die Vorarbeiten aller
dieser zu nützen, und ein ganzes philosophisches
Gemälde über sie zu entwerfen? Jene haben schon
viel vorgearbeitet; wir auf unserm Geschäfte, bleiben etwas nach: und vielleicht dürften folgende drei
Bemühungen uns näher bringen.

Wie? wenn uns jemand das Geheimniß der
schönen Wissenschaften so aus den Griechen
aufschlösse, als Baumgarten es aus den Latei-
nern zu eröfnen anfing, und Home es aus seinen
Engländern gethan? Nicht blos die Veränderung und
Neuheit des Gesichtspunktes würde der Aesthetik ge-

waltig nützen: sondern der Verfasser würde auch,
wenn dies Buch, in welchem die Baumgartensche
Aesthetik sehr genützt werden könnte, auf Akademien
zum Grunde läge, viel zur Umbildung des Ge=
schmacks beitragen: es würde die Lehrbücher verban=
nen, die die Französischen oder Deutschen Scribenten
zu ihren Grundfaden wählen, durch die sie Anmer=
kungen nach der Mode durchschlagen: es würde eine
Liebe zur Philologie einflößen, auf den Griechischen
Parnaß völlig aufzuklimmen, an dessen Fuß man
schon so schöne Blumen findet: es würde zu einem
philosophischen Geschmack gewöhnen, der in Lesung
der Alten sehr nützlich und nothwendig ist.

Eine zweite höhere Stuffe: wenn sich Ueberseßer
fänden, die nicht blos ihren Autor studirten, um den
Sinn der Urschrift in unsre Sprache zu übertragen:
"sondern auch seinen unterscheidenden Ton fänden, und
„die sich in den Charakter seiner Schreibart seßten,
„uns die wahren unterscheidenden Züge, den Aus=
„druck und den Farbenton des fremden Originals,
„seinen herrschenden Charakter, sein Genie und die
„Natur seiner Dichtungsart richtig ausdrückten.„—
Dies ist freilich sehr viel; aber für mein Ideal eines
Ueberseßers noch nicht genug. Die meisten Ueberseßer
wollen doch gern ein Wort mitreden, in der Vor=
rede, in kritischen Noten, oder im Leben ihres Au=
tors, und die meisten reden in der Vorrede Compli=
mente, oder von den Ausgaben ihres Autors: in

den Noten aber oft langweilige Erklärungen, die dem Leser keinen guten gesunden Hausverstand zutrauen; oder Zänkereien, die ihn noch weit weniger angehen, oder ein Kram von philologischer Gelehrsamkeit. Endlich wird das Leben des Autors dazu übersetzt: und so ist ein Buch fertig: für den Uebersetzer Tagelohn, für den Verleger Meßgut, für den Käufer ein Buch in seine Bibliothek: für die Literatur? nichts! oder Schade! Null oder negative Größe. Aber —

Wenn uns jemand den Vater der Dichtkunst, Homer, übersetzte: ein ewiges Werk für die Deutsche Literatur, ein sehr nützliches Werk für Genies, ein schätzbares Werk für die Muse des Alterthums und unsre Sprache, ja so wie Homer lange Zeit die Quelle aller göttlichen und menschlichen Weisheit gewesen, so wie er der Mittelpunkt der Griechischen und Römischen Literatur wurde, auch das größte Original für die unsere —— alles dies kann eine Homerische Uebersetzung werden, wenn sie sich über Versuche erhebt, gleichsam das ganze Leben eines Gelehrten wird, und uns Homer zeigt, wie er ist, und was er für uns seyn kann. Wie sehr haben uns die Engländer hier schon vorgearbeitet? Thomas Blackwells Untersuchung über das Leben und die Schriften Homers (und leider! ist dies schätzbare Buch, das in England so hoch aufgenommen ward, kaum halb ins Deutsche übersetzt), eine Untersuchung, die sich den hohen Satz aufgibt: "welch ein Zusammenfluß von natür-„lichen Ursachen konnte den einzigen Homer hervor-„bringen?„ die diesen Satz aus den Geheimnissen der Griechischen Literatur-Geschichte mit wahrem kritischen Geist erklärt, und zum Homer ein Schlüssel ist — Diese Abhandlung sollte statt Einleitung seyn: eine Einleitung, die fast nie so nothwendig ist, als wenn wir uns dem ältesten, dem göttlichsten, dem unübersetzbaren Homer nähern. Nun folgen die wichtigsten Untersuchungen der Alten über den Homer: und was er bei ihnen alles geworden ist? Was er bei uns seyn kann und soll? Wie wir ihn, ohne Mißbrauch nützen müssen, ohne doch jemals Homere werden zu können?

Dieß ist der Eingang, und die Uebersetzung? Beileibe muß sie nicht verschönert seyn, wie noch jetzt die neue Bitaube'sche als ein Greuel der Verwüstung dastehet. Die Franzosen, zu stolz auf ihren Nationalgeschmack, nähern demselben alles, statt sich dem Geschmack einer andern Zeit zu bequemen. Homer muß als Besiegter nach Frankreich kommen, sich nach ihrer Mode kleiden, um ihr Auge nicht zu ärgern: sich seinen ehrwürdigen Bart, und alte einfältige Tracht abnehmen lassen: Französische Sitten soll er an sich nehmen, und wo seine bäurische Hoheit noch hervorblickt, da verlacht man ihn, als einen Barbaren. — Wir armen Deutschen hin-

gegen, noch ohne Publikum beinahe, und ohne Vaterland, noch ohne Tyrannen eines Nationalge-
schmacks, wollen ihn sehen, wie er ist.

Und die beste Uebersetzung kann dies bei Homer
nicht erreichen, wenn nicht Anmerkungen und Erläuterungen in hohem, kritischen Geiste dazu kommen.
Wir wollen gern mit dem Uebersetzer diese Reise
thun, wenn er uns nach Griechenland mitnähme,
und die Schätze zeigte, die er selbst gefunden. Als
Leute, die dieses Reisens nicht sehr gewohnt, zum
Theil daran vereckelt sind, mache er uns aufmerksam, führe uns als Kundschafter umher, die sich
nicht um Schulgeschichten und Wortklaubereien, sondern um das ganze große Staatsgeheimniß der Griechischen Literatur bemühen. Man weiß, was Französische Anmerkungen des Geschmacks über die Alten
sind: meistens Zergliederungen einzelner, und oft
unwesentlicher Schönheiten, die ihrem Publikum
zur Zerstreuung, Erholung und Ergötzung geschrieben sind. Man weiß, wie Schulmänner die Alten
erläutern. Man kennet die Grimmischen Noten
zum Anakreon; und die Ebertschen zu Young;
man kann also aus einer Morgenröthe auf den völ-
ligen Sonnenanbruch schließen, wie durch Homer
ein Publikum könnte gebildet werden, nach Griechi-
schem Geschmack. Ich würde nicht gerne Poesie und
Hexameter bei dieser Uebersetzung vermissen; aber
Hexameter und Poesie im Griechischen Geschmack;
sollte

sollte es auch nur Gelegenheit geben, uns immer aufs
merkſam zu machen, wie weit unſre Sprache und
Poeſie hinten bleibe. — Es iſt viel, was ich auf=
gebe, aber durch alles dieſes werden die Schönheiten
kaum einigermaaßen erſetzt, die im Homer unüber=
ſetzbar bleiben.

Um dies mehr ins Licht zu ſetzen, füge ich ein
Urtheil des Geſchmacks über einige neuere Ueber=
ſetzungen der Griechen, und alſo zuerſt über Stein=
brüchels Ueberſetzung des Sophokles und Eu=
ripides dazu. Ich kann ſie nehmlich, um voll=
ſtändig davon zu urtheilen, jungen tragiſchen Ge=
nies, Liebhabern der Griechen, und Deut=
ſchen Sprachrichtern in die Hände geben; was
werden dieſe darüber urtheilen?

Den Genies, die blos ätheriſch leſen, iſt
ſie eine ſichere Handleiterin zu einer klaren Quelle.
Sie ſehen den tragiſchen Geiſt der Griechen, ler=
nen das Eigenthümliche ihrer Denkart und ihrer Rüh=
rung: können ihre Einfalt und ihre Zuſammenſetzung,
ihre Anlage und Fortleitung bis zur Erreichung des
Zwecks verfolgen; aber wo wird in ihnen der Grie=
chiſche Geiſt der Tragödie aus ihren patrony=
miſchen und mythologiſchen Geſchichten
entwickelt? und wo iſt dies mehr nöthig, als in den
Chören, die ganz in die Griechiſche Laune verwebt
ſind? Bei allem Schweizeriſchen Schwulſt hört ein
Genie wohl die wahre Sprache des Griechiſchen K o=

thurns, in ihrer ganzen Schreibart, und in den
Bindungen, die dem poetischen Ohr im Griechischen
so stark tönen, als sie sich im Deutschen in die Prose
verlieren? Entgeht uns bei den Chören nicht das
Colorit, der Schwung, der theatralische Tritt, die
musikalische Harmonie ihrer Originalsprache völlig,
von denen sich noch eins und das andre durch das
Klopstocksche freie Sylbenmaas hätte retten lassen?
Ein Deutsches Genie versuche es nach Steinbrü-
chel, tragische Chöre nachzubilden, werden sie wohl
im Griechischen Geiste seyn? Indessen gebe ich's zu,
daß St. durch seine Uebersetzung weit mehr Original ist, da er Deutschland mit den größesten tragischen Poeten bekannt macht, als wenn er uns zehn
mitleidige Schweizertragödien nach Griechischer Manier gegeben hätte. Von den Griechen hat unser
Theater noch am wenigsten, oder lieber gar nichts
gelernt.

Die Liebhaber der Griechischen Literatur legen ihn aus der Hand! Man sucht vergebens
etwas, das uns das Genie der Griechen, ihres Theaters, und den Charakter seines Autors zu kosten
und zu schmecken giebt.

Und die Sprache? ist freilich in ihrem Dialekt
unangenehm; nicht blos die Schweizerwörter werden
unausstehlich: sondern das Colorit der Griechischen
Einfalt soll durch eine übermäßige Farbengebung,
die oft den Perioden verzerrt, ersetzt werden: da

bleibt Sophokles gewiß nicht mehr die Sirene Griechenlands, wie ihn das Orakel nannte. — Aber die
Kühnheit des Ueberſetzers verdient Aufmunterung,
„die Griechiſche Wortfügungen unſrer Sprache an-
„paßt;„ nur muß ſie keine blinde Nachfolger haben,
die ein Exempel ſogleich zur erlaubten Gewohnheit
machen; und gerechte Richter müſſen ſeyn, die das
claßiſche Anſehen ſolcher Verſuche beurtheilen.

St. fahre alſo in ſeinen Bemühungen fort, und
laſſe ſich die Kritiken blos zur Hülfe dienen. Auch
Pindar — ein für die Deutſchen ſo verſchloßnes Buch,
der den Griechiſchen Nationalgeiſt ſo ſehr in ſeiner
Stärke zeigt, und für unſre Doriſche Sprache und
Genies bildend genug ſeyn könnte — auch Pindar*
muntre ihn auf, ein großer Ueberſetzer, aber auch
zugleich im Griechiſchen Verſtande, ein Dollmetſcher
deſſelben zu werden. In tantis voluiſſe, laboraſſe,
ſudaſſe, ſat eſt. Kühmlich kühn iſt die Muſe,

    Pindarici fontis quae non expalluit hauſtus.

Statt daß ich jetzt ein Verzeichniß hinſetzen ſollte:
„welche Griechen und aus welchen Gründen ſie zu
überſetzen wären„ will ich lieber die Ueberſetzung
des Tyrtäus,* und noch mehr Daphnis und
Chloe aus dem Longus mit dem verdienten Lobe
nennen. Auch mir thut es Leid, „daß die ungenann-
„ten Ueberſetzer nicht daran gefallen ſind, den Grie-

* Lit. Br. Th. 2.
* Lit. Br. Th. 17. p. 11.

„chiſchen Text beidrucken zu laſſen. Man ſollte wirk=
„lich alle Gelegenheit ergreifen, bei unſrer Nation
„die faſt verloſchene Liebe zur Griechiſchen Sprache,
„deren Schriftſteller die reinſten Quellen des Ge=
„ſchmacks ſind, in etwas wieder anzufachen. Wie
„rühmlich wäre es auf alle Art, wenn wir die Eng=
„liſche Nation lieber in dem Studio der Griechiſchen
„Sprache, als in gewiſſen andern Dingen nachahmen
„wollten. „ *

Wo iſt aber noch ein Deutſcher Winkelmann, der
uns den Tempel der Griechiſchen Weisheit und Dicht=
kunſt ſo eröfne, als er den Künſtlern das Geheimniß der
Griechen von ferne gezeigt? Ein Winkelmann in
Abſicht auf die Kunſt konnte blos in Rom aufblühen;
aber ein Winkelmann in Abſicht der Dichter kann
in Deutſchland auch hervortreten, mit ſeinem Römi=
ſchen Vorgänger einen großen Weg zuſammen thun.

Dieſe Geſchichte der Griechiſchen Dichtkunſt
und Weisheit, zwei Schweſtern, die nie bei ihnen
getrennt geweſen, ſoll den Urſprung, das Wachs=
thum, die Veränderungen und den Fall derſelben
nebſt dem verſchiedenen Stil der Gegenden, Zeiten
und Dichter lehren, und dieſes aus den übrig ge=
bliebnen Werken des Alterthums durch Proben und
Zeugniſſe beweiſen. Sie ſei keine bloße Erzählung
der Zeitfolge, und der Veränderungen in derſelben,
ſondern das Wort Geſchichte behalte ſeine weitere

* p. 16.

Griechische Bedeutung, um einen Versuch eines Lehr=
gebäudes liefern zu wollen: Man untersuche nach ihrem
Wesen die Dichtkunst der Griechen: ihren Unter=
schied von den übrigen Völkern: und die Gründe ihres
Vorzugs in Griechenland: hier würde sich ein Ocean
von Betrachtungen darbieten, wiefern ihr Himmel,
ihre Verfassung, Freiheit, Leidenschaften, Regie=
rungs = Denk = und Lebensart, die Achtung ihrer Dich=
ter und Weisen, die Anwendung, das verschiedne
Alter, ihre Religion und ihre Musik, ihre Sprache,
Spiele und Tänze u. f. w. sie zu der hohen Stuffe
erhoben haben, auf der wir sie bewundern. Man
zeige uns das wahre Ideal der Griechen in jeder ihrer
Dichtarten zur Nachbildung, und ihre individuelle,
National = und Localschönheiten, um uns von solchen
Nachahmungen zu entwöhnen, und uns zur Nach=
ahmung unsrer selbst aufzumuntern. Der Ausdruck,
die Proportion, das Aeußere ihrer Werke werde er=
klärt, und mit unserm Stil verglichen. Alsdann
von den verschiednen Zeiten der Griechischen Poesie;
wiederum mit einer pragmatischen Anwendung auf
unsre Zeit: wie die Römer von den Griechen gelernt
haben, und wie wir von ihnen lernen sollen. — Ein
Ocean von Betrachtungen, in den sich blos ein Ken=
ner der Alten, ein Weltweiser, ein geschmackvoller
Kunstrichter, und ich möchte beinahe sagen, selbst ein
Dichter wagen kann: ein Ocean, aus dem die meisten
unsrer Weisen nur Tropfen kosten; An dem die meisten

Dichter nur so trinken, als die zum Siege bestimm=
ten Streiter Gileads: und die Kunstrichter? —
bringen dem Götzen ihres Aeons mit demüthigem
Stolze eine Handvoll Wasser aus demselben dar, wie
jener Bettler dem Persischen Monarchen.

Ein Werk von dieser Art muß die Griechen
unter uns bekannter machen, die wir so wenig ken=
nen; es muß den Quell des guten Geschmacks öfnen,
und uns von elenden Nachahmern der Griechen be=
freyen: den ganzen Knoten muß es entwickeln, wie
weit kamen sie? und warum so weit? — wie weit
sind wir ihnen nach? wie viel weiter können und
sollen wir? — was werden wir nie erreichen? und
warum nicht? —

Zufolge der Bemerkungen der Literaturbriefe über
das Ideal*, und die vollkommenen dramatischen
und epischen Charaktere, (Bemerkungen, die ich sehr
schätze) hatte ich hier eine Abhandlung über das Ideal
der Griechen in jeder Dichtart eingerückt, und
mit dem Ideal unsrer ausgearteten Zeit verglichen:
bei der zweiten Umarbeitung meiner Fragmente ver=
mehrte ich sie; allein bei der dritten — ließ ich sie
aus, weil sie mir noch selbst auf Seiten der Griechen
zu wenig genug that, und auf Seiten unsrer noth=
wendig hie und da frei werden muste. Ich fahre
also lieber im Tone meiner Fragmente fort und frage:

* Lit. Br. Th. 7. p. 124. 125. Th. 9. p. 49. Th. 14. p. 252.

2.

(Wie weit haben wir sie nachgebildet?)

Wie weit sind wir denn im Nachbilden der Griechen? Vielleicht haben einige Deutsche Genies in der Stille blos unter dem Angesicht ihrer Muse die Alten studirt, vielleicht in der Stille ihnen Werke nachgebildet, die für uns Griechische Schönheiten enthalten. Vielleicht* ist Bodmer unser Homer, Gleim unser Anakreon, Geßner unser Theokrit, der Grenadier unser Tyrtäus, Gerstenberg ein Alciphron, Karschin unsre Sappho, der Dithyrambensänger unser Pindar! Sehet da! ein glänzendes Siebengestirn, vielleicht vortreflicher, als jenes am Hofe des Philadelphus.

Bodmer und Homer! Nein, ich wage es nicht, über zwei so ehrwürdige Greise zu urtheilen; Noah mag heiliger seyn, er mag moralischer seyn; ich finde doch nicht Antrieb, ihn in irgend etwas mit Homer zu vergleichen; und zum Glück besinne ich mich, daß er älter sey, als der Zeitpunkt, über den ich schreibe.

Aber Homer und Klopstock! Wo hat Kl. ein Homer seyn wollen? Nach seiner Abhandlung von der heiligen Poesie, scheint er mehr vom Virgil zu machen, und ist auch eher Virgilianisch als Homerisch. Vielleicht besingt er, als ein heiliger Virgil, die Gegenstände des Orients; und vielleicht reizt

* Lit. Br. Th. 1. p. 34.

eben dieſes Virgilianiſche mehr, als das Seltene
in ſeinem Gedichte. Aber Homer? Ja! wenn ich
Klopſtocks Inhalt der Geſänge läſe; ſo denke ich
(wer wird dies nicht für wunderlich halten?) bei den
Summarien denke ich noch an den Rhapſodiſten; aber
bei dem Gedichte ſelbſt nicht mehr. Der große Reichthum von Worten, von ſchönem Ausdruck, von
Malereien auf der Oberfläche, von ausgeführten
Gleichniſſen, reißt mich fort, daß ich nicht Auffor-
derung genug habe, jenen Griechiſchen Sänger in ihm
zu ſuchen, der arm an Worten und reich an Handlung war; der jede Schönheit ſeiner Bildung tief
eindrückt, und ſeine Ideen nicht malt, ſondern mit
lebendigen Körpern umhüllet, die von Morgenröthe
ſtralen. Villeicht iſt es für K. die gröſte Ehre, wie
ich deßhalb an das Zeugniß eines Franzoſen mich erinnere *, gar kein Homeriſches Bild gebraucht zu haben:
vielleicht iſt es unſrer geiſtigern Zeit gemäßer,
daß er ſeine Bilder gleichſam unſichtbar in die Seele
malet, ſo wie die ſinnlichen Griechen ſich an ihrem
ſinnlichen Homer ergötzten; vielleicht übertrift das
Moraliſche im K. alles ſchöne Sinnliche im
Homer; ja vielleicht iſt ſein großes Talent, die Seele
zu ſchildern, mehr werth, als alles im alten Griechen —
alles dieſes vielleicht ſey meinethalben gewiß; eine
ſo nützliche Unterſuchung mag eine poetiſche Bibliothek zur Ehre der Deutſchen anſtellen. **

* Bitaubé in ſeiner Ueberſetzung Homers.
** Lit. Br. Th. 19 p. 155. 156.

Ich schweife hier lieber auf den Machtspruch eines Kunstrichters aus: „Homer ward eben so wenig von „allen Griechen verstanden, als K. von allen Deut„schen!" Die wahren Kenner der Dichtkunst sind zu „allen Zeiten in allen Ländern eben so rar, als die „Dichter selbst gewesen! So ist es wirklich!" Ohngeachtet dieses Wirklich hier als ein Amen stehet; so will ich doch eben nicht im zweiten Chor antworten: Amen! sondern etwas ausnehmen.

Daß alle Griechen den Homer verstanden, wer wird dies behaupten, der jemals die Griechen auch nur von ferne gesehen? der da weiß, daß jede Sprache alle Viertheil Jahrhunderte sich merklich verändert, und der die Zeit des Homers kennt, wo die Griechischen Staaten sich erst zu bilden anfiengen, und also nothwendig mehr und wichtigere Veränderungen in der Sprache erfuhren, als wir in einer gebildeten Sprache, und einem ruhigen Staat. Man muß also nothwendig eine Zeit festsetzen, wann wurde der Homer so und so wenig verstanden? Wie er sang? Nun! da sang er als αοιδος, und nothwendig also, wenn es damals καλυς κ'αγαϑυς gab, die gute hübsche Leute bedeuteten, diesen verständlich. Ist das Leben Homers wahr, das man dem Herodot zuschreibt, so zog er umher; fand in einigen Städten Beifall auf den Märkten, und Ehre in den Staaten: seine Sprache war göttlich, neu; aber im Ganzen verständlich; weil

* Lit. Br. Th. 1. p. 49.

damals noch nicht ein Unterſchied zwiſchen der Sprache
der Weiſen und des Volks, zwiſchen der Denkart
der Vornehmen und Geringen war; was Homer ſang,
war die Sprache der Götter und zugleich eine veredel=
te Sprache des Pöbels. Nur in einigen Republi=
ken, wo die Mundart ſchon mehr politiſch geworden
war, da war ſeine Sprache fremde, ungewöhn=
lich. In dieſer poetiſchen Zeit betrachtet, möchte
alſo das eben ſo wenig, das der Kunſtrichter be=
hauptet, nicht genau eintreffen: damals war ſeine
Sprache eben die Sprache des Volks, die Kenner
der Dichtkunſt waren häufiger, und die Dichter ſelbſt
— wer die Dichterei der alten ραψωδων und αοιδων
kennet, wird ihre Dichtkunſt unmöglich mit der unſ=
rigen vergleichen.

Meint aber der Kunſtrichter die Zeit, da Ho=
mer geleſen wurde: ſo trift es eben ſo wenig ein.
Die Glieder des Dichters wurden erſt in der 61.
Olympiade geſammlet, da er doch nach der gemeinſten
Rechnung immer vor den Olympiaden gelebt hat.
Hier muß man nun ausmachen, wer wären die Alle,
die den Homer verſtehen ſollten? Ich nehme eine
mittlere Größe an: laß es gute hübſche Leute gewe=
ſen ſeyn (καλοι καγαθοι)! Nun! weiß ja aber, wer
im Plato auch nur bis in die Mitte ſeines erſten
Geſprächs gekommen, daß Hipparchus, der Sohn
des Piſiſtratus, unter vielen andern Proben der Weis=
heit, auch des Homers Bücher zuerſt nach Athen

gebracht, und die Rhapsodisten angetrieben, sie bei
den öffentlichen Spielen zu lesen; eine Gewohnheit,
die nicht blos bis an Platons Zeiten reichte. Wo
sind nun die Panathenäa, wo unser Homer unserm
Volk vorgelesen und erkläret wird? — Ich sage: erklärt ward: denn dies zeigt Platons ganzes
Gespräch: Jo — eine Unterredung, deren Name schon
genug ist, daß jeder, der sie gelesen, das vorige
eben so wenig einschränken wird. Mit welchem
Enthusiasmus sprach Jo, im Namen aller Rhapsodisten, vom Homer? Konnte er ihn nicht bis auf ein
Wort auswendig? War es nicht alle seine Arbeit,
sein ganzer Lebenslauf vor dem Tode, und auf dem
Leichensteine, dieser hat den Homer auswendig gewußt,
am besten deklamiren, am gründlichsten erklären können! Was richtete nicht seine Rhapsodie bei dem
Volke aus? — Und das alles, ohne Homer mehr
zu verstehen, als unser Volk den Klopstock? Ich
glaube, die Parallellinien neigen sich von einander; und
sie entfernen sich merklicher. Daß Homer in den
Schulen bei den Griechen gelesen wurde, sagt Xenophon, — doch nein! hier stoße ich auf eine Stelle,
die vielleicht zwischen Wieland und Fll. Gelegenheit
zum Streit über καλος κ'αγαθος gegeben; ich setze
also lieber das Zeugniß eines Griechischen Rammlers hin, des sorgfältigen Isokrates: οιμαι δε
και την Ομηρε ποιησιν μειζω λαβειν δοξαν, οτι
καλως τες πολεμησαντας τοις βαρβαροις ενεκωμιασε.

Και δια τυτο βυληθηναι τυς προγονυς ημων εντιμον
αυτυ ποιησαι την τεχνην, ετι τοις της μυσικης
αθλοις, και τη παιδευσει των νεωτερων. Ινα πολ-
λακις ακυοντες των επων εκμανθανωμεν την εχ-
θραν την προς αυτυς υπαρχυσαν. *

Wo wird nun in unſern Schulen unſer Homer
in dieſem Zwecke geleſen? Das Geſchichtchen vom
alten Homer weiß ein Knabe wohl aus ſeinen hi-
ſtoriis ſelectis, daß Alcibiades jenem Schulmeiſter eine Ohrfeige gab, der nicht den Homer in der
Schule hatte: Dummkopf, ſagte er, auch deine Schüler willſt du zu Dummköpfen machen?** Dies Geſchichtchen hat nun wohl ein Knabe geleſen, aber
Deutſche Homere? Viel eher, ſage ich, in der Angſt,
den Griechiſchen ſelbſt. Und noch weniger gilt der
Einwurf, den der Kunſtrichter wider die Bekannt-
ſchaft Homers aus dem Xenophon macht, und, wie
ich faſt dazuſetzen kann, myopiſch macht. Man warf
dem Sokrates vor: er habe Stellen aus dem
Homer angeführt, nicht die an ſich gefährliche Lehren enthielten, ſondern die er in einem für den damaligen Athenienſiſchen Staat gefährlichen Zweck
angeführt. Nicht, als hätte ihn Sokrates gramma-
tiſch oder poetiſch mißgedeutet; ſondern politiſch übel
angewendet. Daß ich nicht nach meinem lieben Eigen-
ſinn deute; ſondern, daß es Xenophon ſelbſt ſagt,

* Iſocrates in Panegyr.
** Plutarch. in vit. Alcibiad.

zeigen seine Worte augenscheinlich: "Sokrates,
"so sagte sein Ankläger, pflegt auch oft Homers
"Gedichte anzuführen: daß z. E. Ulysses den Vor-
"nehmern mit freundlichen Worten zugesprochen:
"wenn sich aber ein Geringerer unnütz machte, so
"schlug er ihn mit seinem Scepter, und befahl ihm
"ruhig zu seyn. Dies hat er so ausgelegt, als wollte
"der Poet, man sollte die Geringern blos mit Schlä-
"gen ziehen; allein, setzt Xenophon dazu, das hat
"Sokrates gar nicht gemeinet: sondern, 2c.*" Und
was folgt hieraus? Daß Homer Lehren wider den
Staat enthielte? Gar nicht! sondern, daß Sokrates
seine Lehren wider den Staat aus einem bei dem
Volke so viel geltenden Dichter zu bestätigen suche!
Sagt der Ankläger, daß Homer die geringern und
ärmern Leute zu schlagen rathe? Nicht! sondern
Sokrates mache dieses den geringern und armen
Leuten glaubend!

Diesen geringern und ärmern Leuten konnte ja
ein Sokrates leicht was glaubend machen, und Me-
litus muste, als ein Verehrer des Homers, eben
dagegen am meisten eifern, daß Sokrates seine
Lieblinge, die Dichter, so mißbrauchte. Die aufge-
brachten Richter verurtheilten, ohne daß sie im Homer
nachsahen, ob dies der wahre Verstand sey (das that
hier ja nichts zur Sache); sondern weil er den Staat
störte: wenn sie auch Leute gewesen wären, mit de-

* Im ersten Buch der denkw. Reden.

nen man in der Jugend den Homer gelesen, so be-
traf es ja hier keine moralische Lehre, und noch weniger poetische Schönheit, sondern eine politische
Situation. Und ich kann noch weiter gehen, wenn
ich den fruchtbaren Folgerungen, die dieser Fll. bei
seinen kritischen Streitigkeiten sonst reichlich bewiesen
hat, nachahme: eben weil die Richter den Lieblings-
dichter ihrer Jugend in Sokrates Munde so gemißhandelt sahen; eben weil sie viel von dem Ansehen
eines Poeten zu befürchten hatten, den jeder für
göttlich hielt, den die καλοι κ'αγαθοι auswendig
wüsten — so nahmen sie die Sache so ernsthaft.

Ueberhaupt zeigt dieser ganze Prozeß, daß wir
keinen Homer mehr haben können, dem die Eh-
rennamen: Vater der Weisheit, der Tapferkeit, der Dichtkunst, im hohen Griechischen
Sinne zukommen könnten; keinen Homer, der für
uns so ein Original nach Sprache, Sitten, Geschichte, Fabeln und Melodie seyn kann, als es jener
für die Griechen war: jene liebten Heldenerzählungen
von ihren Vorfahren aus einer alten Sage: Mythologien von Göttern, die ihre Väter, die Häupter
ihrer Familien, die Stifter ihrer Staaten, und die
Ueberwinder ihrer Erbfeinde waren — Unsere Leser
der Deutschen Homere gehen vermuthlich in Bein-
kleidern oder langen Röcken nach Französischem
Schnitt: sie lesen statt Mythologien Gellertsche
Fabeln, und statt Hexameter und Rhapsodien singen

sie Kirchenlieder. Nach der Bekanntschaft und Bildung des Geschmacks ist entweder Gellert unser Homer; oder er soll noch geboren werden. Denen, die darüber staunen, wie Gellert und Homer zusammen kommt, schreibe ich eine Stelle ab, die richtig genug ist: *

"Für ganz Deutschland ist es, ohne Widerspruch,
"Gellert, dessen Fabeln wirklich dem Geschmack
"der ganzen Nation eine neue Hülfe gegeben ha-
"ben. (Fragt die erste, die beste Landpredigerstoch-
"ter nach Gellerts Fabeln? die kennt sie — nach
"den Werken andrer unsrer berühmten Dichter? kein
"Wort.) — Nach und nach haben sie sich in die Häu-
"ser eingeschlichen. Daburch ist das Gute in der Dicht-
"kunst in Exempeln und nicht in Regeln bekannt,
"und das Schlechte verächtlich gemacht worden. Denn
"der Geist und der Geschmack einer Nation sind nicht
"unter ihren Gelehrten und Leuten von vornehmer
"Erziehung zu suchen. Diese beiden Geschlechter ge-
"hören gleichsam keinem Lande eigen. Aber unter
"dem Theile der Nation liegen sie, der von frem-
"den Sitten und Gebräuchen und Kenntnissen noch
"nichts zur Nachahmung sich bekannt gemacht hat."
Das ist nun Gellert in Absicht des Geschmacks —
aber was war Homer in Absicht der Religion,
der Künstler, der Dichter, der Redner, der
Weisen, der Sprache, der Sitten, der

* Abbt vom Verdienst, p. 367. 77.

Erziehung, für die καλυς κ'αγαθυς der Grie‐
chen?

Dies böse Griechische Wort verfolgt mich, so
sehr ich vor ihm fliehe, und mein Knoten ist nicht
eher aufgelöset, bis es bestimmt ist. Denn so fragt
der Kunstrichter*: "Ist es wahr, daß die alten
„Griechen ihre Jugend aus dem Homer Weisheit
„lehrten? Und wurde Homer auch nur von allen de‐
„nen verstanden, welchen das Beiwort καλοι κ'αγα‐
„θοι zukam?„ — Seine Frage ist so viel als Nein!
meine Antwort aber Ja! Aemilius Scaurus
leugnet; Valerius bejahet; wem von beiden
glaubt ihr Römer?

Ausser dem, was ich schon angeführet, kann ich
mein erstes Ja mit folgender Stelle aus Xeno‐
phons Schmause gültig machen: "Mein Vater,
„sagt Niceratus, der mich zum tüchtigen, redli‐
„chen Mann (αγαθος) machen wollte, hielt mich
„an, alle Gedichte Homers auswendig zu lernen, so
„daß ich noch jetzt die ganze Iliade und Odyssee her‐
„sagen kann.„ — Hier war ein guter, hübscher Mann,
der seinen Sohn auch dazu machen wollte, und ließ
ihn also Homer lernen: so wurde also Homer mit
der Jugend getrieben: so wurde er gewiß von denen
verstanden, die gute, hübsche Leute waren, denn
sie waren durch ihn dazu gebildet.

Aber heißt καλος κ'αγαθος ein guter, hübscher
Mann

* Lit. Br. Th. 1. p. 46.

Mann, oder ist es ein Schweizer-Virtuose? Beide Partheien können Recht behalten, wenn sie sich anhören wollen, und wenn sie Staub unter die Augen streuen*, hat es vielleicht keiner von beiden. Mehr als ein guter, hübscher Mann, und weit weniger als ein Shaftesburischer Virtuoso, nach dem hohen Geschmacke unsrer Zeit. Ich erinnere mich, die Abhandlung eines Grammatikers über dies Wort gesehen zu haben; und weil ich nicht gern thun mag, was ein andrer vor mir gethan, so will ich nicht ein Register von den Stellen machen, wo dies Wort vorkommt. Ich schreibe aus dem Gedächtniß.

In jeder Sprache müssen sich alle Wörter verändern, die den eigentlichen Charakter des Zeitalters ausdrücken, und eben dies dünkt mich von $\varkappa\alpha\lambda o\varsigma$ $\varkappa'\alpha\gamma\alpha\vartheta o$. In den ältesten Griechen erinnere ich mich nicht, es gelesen zu haben: es ist ein Wort aus dem Zeitalter der schönen Prose und der feinen politischen Sitten. In den Zeiten, da $\alpha\varrho\varepsilon\tau\eta$, Tugend, noch allein Tapferkeit des Körpers und Geistes bedeutete: galt blos ein braver Mann, $\alpha\gamma\alpha\vartheta o\varsigma$. So wissen im Homer die Helden kein besser Wort ihrer Würde, als wenn sein Agamemnon oft genug sagt: $\alpha\gamma\alpha\vartheta o\varsigma$ $\gamma\alpha\varrho$ $\varepsilon\iota\mu\iota$. So wenig hier das $\alpha\gamma\alpha\vartheta o\varsigma$ eine moralische Güte bedeutet, zu einer Zeit, wo Tapferkeit über alles galt: so wenig litte dieses Zeitalter $\varkappa\alpha\lambda o\varsigma$ $\varkappa'\alpha\gamma\alpha\vartheta o\varsigma$ im feinen Verstande des Shaftesbury.

* Lit. Br. Th. I. p. 52.

Auch das Wort καλος hat diesen Ursprung gehabt: und wurde von den ανδρασιν αγαθοις gesagt, die in der Schlacht ευ und καλως (tapfer) stritten. Aber mit der Zeit verfeinerte sich der Geist der Sitten: das Wort αρετη hieß Brauchbarkeit: das Wort αγαθος und καλος hieß ein tüchtiger Mann in Geschäften, und selbst der Ehrenname ανηρ verlor etwas von seiner Mannheit. Weil in der damaligen Zeit die Weisheit auch noch allein eine Dienerin des Staats war: so übernahmen es sich also die Weisen, solche brauchbare Männer zu bilden, die redliche Menschen und tüchtige Bürger waren: so sagt Xenophon den Sokrates im Diogenes Laertius: sage mir, wie kann man ein καλος χ'αγαθος werden? und dieser führt ihn in seinen Unterricht. So sagt Nicerat in der angeführten Stelle: mein Vater, der mich zum tüchtigen Mann (αγαθος) machen wollte, ließ mich den Homer lernen. So trugen es die Athenienser, die vorzüglich nach dieser politischen Cultur strebten, beständig im Munde (καλος χ'αγαθος); und es war bei ihnen, wie ein Scholiast sagt: summa omnis laudationis! Und also gewiß nothwendig mehr, als ein guter, hübscher Mann bei uns.

Der Recensent will auch nur einen einzigen Beweis, daß καλος χ'αγαθος etwas mehr, als dies bedeute? Wohl! es sey eben die Stelle*, in der er

* Lit. Br. Th. 1. p. 52.

nichts, als den guten, hübschen Mann finden will;
Schade, daß ich mehr darinn finde, und eben die
Beschreibung des καλυ κ᾽αγαθυ. Sokrates frägt den
jungen Theages im Plato: τι υν; υκ εδιδαξατο
σι ο πατηρ και επαιδευσεν απερυθαδι οι αλλοι
παιδευονται, οι των καλων καγαθων πατερων υιεις;
οιον γραμματα τε, και κιθαριζειν, και παλαιειν,
και την αλλην αγωνιαν; Können hier καλοι κ᾽αγα-
θοι füglich gute, hübsche Leute bedeuten, wie
wir dies Wort brauchen? Nein! sie ließen ihre Söhne,
um sie auch zu καλοις καγαθοις zu machen, Wissenschaften (nicht blos das A B C lesen und schreiben), die Musik, die nach der Griechischen Denkart weit mehr schöne Kunst, als bei uns, und von
der Dichtkunst unzertrennlich war, und schöne Lei-
besübungen erlernen. Wer also seinen Verstand,
seinen schönen Geschmack und seinen Körper
ausgebildet hatte: der war ein Attischer καλοκαγαθος: er war weder ein Weiser, noch Dichter, noch
Fechter; aber Anlage hatte er, Weiser, Dichter und
Olympischer Sieger zu werden. Wer einen Griechischen καλος κ᾽αγαθος in seinem ganzen Glanze sehen
will: der lese, obgleich nicht das Wort selbst als Ueber-
schrift drüber stehet, einige Pindarische Oden auf seine
Griechischen Jünglinge, die doch mehr als gute, hübsche Jungens waren.

Aber freilich auch nicht Virtuosen im Wielandi-
schen hohen Gusto! oder lieber gleich im Geschmacke

des Shaftesbury: dem Wieland nicht bloß den
Begriff des Virtuosen, sondern auch die Analogie
mit καλος κ'αγαθας abborgt. Dieser Weltweise,
der den Platonismus nach dem Modegeschmack seiner
Zeit einkleidet, und endlich auch in Griechenland diesen Lieblingsgeschmack findet, bestimmt seine Virtuosen so*: the real fine Gentlemen, the Lovers
of Art and Ingenuity; such as have seen the
World, and informed themselves of the Manners
and Customs of the several Nations of Europe,
search'd into their Antiquities and Records; consi-
der'd their Police, Laws and Constitutions; ob-
serv'd the Situation, Strength and Ornaments of
their Citys, their principal Arts, Studies and Amu-
sements; their Architecture, Sculpture, Painting,
Musick, and their Taste in Poetry, Learning,
Language and Conversation. Mit diesem Begriffe
vergleicht er nachher das honestum, pulcrum, καλον
der Alten, und philosophirt in seiner liebenswürdigen Laune Seiten fort. — Ob es nun gleich in Athen
freilich auch ein Zeitalter gab, da die Liebhaberei
der Künste, der Geschmack an Dichtkunst, und den
schönen Wissenschaften, der feine Ton im Umgan-
ge, und der Urtheilsgeist über Policey und Alterthümer, die herrschende Mode war: so kann ich
mich doch nie überreden, daß die καλοι κ'αγαθοι in
dem weiten Verstande des Shaftesbury damals ge-

---

* Characteristiks Vol. 3. Miscell. Reflex. p. 156. 182.

blühet. Es scheint vielmehr dieser Philosoph sich selbst zu malen, und den Geschmack, der damals am Hofe Carls des zweiten galt, bis zu einem gewissen Ideal zu erhöhen und zu verfeinern, das immer in den neuen Zeiten ein Muster eines brauchbaren, geschickten, angenehmen Mannes seyn kann, aber den Begriff des Griechischen Worts immer umbilden muß, selbst wie es Plutarch und die neuern Griechen brauchen. Shaftesbury fodert zu seinem Virtuosen, wenn er in Griechenland existirte, freilich das Lesen des Homers, und das zwar als das erste A B C; aber ein moralisches Lesen des Homers? Ein himmelweiter Unterschied!

Wozu aber so viel über ein Wort? Ueber ein Wort, das immer der Ausdruck ihres Charakters, und der Gipfel ihrer Lobsprüche war, kann man nie zu viel sagen: die Erklärung solcher Wörter schließt uns Denkart und Policey, Laune und Sitten, kurz das Nationalgeheimniß auf, ohne das wir immer von einem Volke schief urtheilen, schief lernen, und unleidlich nachahmen. Ich würde es als einen Beitrag zur Griechischen und Römischen Geschichte der Literatur einem Manne von Philologie, Geschichtskänntniß und Geschmack empfehlen, der Metamorphose genau nachzuspüren, die im Griechischen die Worte: ανηρ, ανθρωπος, αγαθος, καλος, φιλοκαλος, καλοκαγαθος, κακος, επιχειραγαθος: im Lateinischen: vir, homo, bonus und melior und optimus, honeſtus, pulcher und liberalis, ſtrenuus und dergleichen Nationalnamen erlitten haben, die die Ehre oder Schande ihres Zeitalters waren, und ſich mit demſelben änderten — So lernt man Völker kennen, und nußen. *

Ich will es hier nicht unterſuchen, wie weit einige Schweizer, z. E. Wieland, Iſelin, Wegelin, Mably, uns wirklich Griechen zeichnen;** wenn ſie ihre Erziehung und Politik uns anpreiſen. Beinahe vom Diogenes dem Laertier an, findet man in den Griechen, was man in ihnen finden will: verſchönerte Geſichter, unerträgliche Idole, halb Ideal, halb Griechiſch, halb nach neuerer Form. Freilich können wir den Griechen vieles ablernen; freilich ſie zum Muſter nehmen; aber Nachbildungen unſrer Zeit gemäß machen: ſonſt wird alles Carrikatur! — Schon Plato und Xenophon malen uns den Sokrates verſchieden; aber, wenn Wieland*** auftritt und ſagt: "Seht! den Kopf des „Sokrates!„ — Hier kann man, wie Marcell, dreuſt antworten: Wie? das iſt Sokrates? jener

---

* Man wird dies wirklich zu kühne Urtheil in den Schranken nehmen, in denen es der Verfaſſer ſagt: auch Irrthümer können verjährt werden; und welche Begeiſterung iſt verzeihbarer und ſchöner, als die für die Griechen? Vielleicht iſt der Verfaſſer ſelbſt in ſie verfallen. (Aus den Zuſätzen am Ende des dritten Fragments. Samml.)

** Lit. Br. Th. 1. p. 44. 50.

*** Lit. Br. Th. 7.

liebenswürdige Widerſprecher, jener ehrwürdige Un-
wiſſende, jener feine ironiſche Geiſt, und der red-
lichſte Bürger, kurz! der Weiſeſte unter den Weiſen
Griechenlands — das ſollte Ihr Sokrates ſeyn?
Nein! mein Herr! dieſer unausſtehliche Diſputirer
mit vollem Munde, dieſer lächerliche Weisheit- und
Tugendkrämer, dieſer grobe Zänker, und miſanthro-
piſche Schimpfer iſt ein Geſchöpf neuerer Zeit, ein
Weiſer aus Schweizeriſchen Republiken. — Und doch
hat W. ja wirklich die Griechen geleſen? — quid
fures faciant, audeant cum talia domini? — So
ſehr die Griechen ihren Homer nutzten, ſo wenig
brauchten ſie ihn auf Wieland'ſche Art: denn Shaf-
tesburys Geiſt und Schriften herrſchten damals
wahrſcheinlich noch nicht bei der moraliſchen Bildung
der Jugend; und die Art, wie Sokrates aus dem
Homer lehrt, und man ihn bei der Bildung der
Helden und brauchbaren Jünglinge anwandte, iſt ja
augenſcheinlich ganz was anders! und in vielen Stücken was anders, als wir heut nachahmen können,
wenn wir auch Homere hätten?

2.

Pindar und der Dithyrambenſänger.*

Homere dürften wir alſo nicht eben haben,
aber einen Pindar? Die Zeit hat dem Pindar

* Wenn in meiner Parallele das Raiſonnement über den Charakter der Alten nicht vollſtändig iſt: das thut nichts

feine beſten Kronen, und unter andern auch den ſie=
benfachen Epheukranz der Dithyramben geraubt.—
einer von unſern Dichtern ſezt ſich ſelbſt dies Sie=
geszeichen auf, und ruft: Macht Raum, Mänaden!
Iſt er der Vater Bacchus, oder trägt er blos den
Thyrſusſtab, um es zu ſeyn?

Zum Voraus ein Wort in einer Parenthese. Ich
glaube, wenige Beurtheilungen der Literaturbriefe
ſind ſo ſchielend, und gebrechlich, als dieſe*, die
einem Lehrmeiſtertone ſich nähert: die bei dem Ge=
räuſche arm, bei aller Pracht von Belesenheit und
kritiſcher Einſicht kurzſichtig, und bei allen Planen
und Vorſchlägen dürre ſeyn möchte. Die angebohr=
ne Lebhaftigkeit des Recenſ. verſpricht dem Dithyram=
bendichter ſcharf zuzuſetzen, und zuckt jedesmal zu=
rück, um ſich in Präceptorpredigten zu verlieren.
Was ſoll die Frage heiſſen: Kann man Deutſche
Dithyramben machen? Kann man nicht Deutſche,
ſo kann man auch keine Malabariſche Dithyramben
machen, was die Sprache betrifft; und bei Dithyram=
ben dörfte dieſe nur zulezt in Betracht kommen. Was
darf es der Recenſ. mit ſo vieler Gelehrſamkeit be=
weiſen, daß wir keine Dithyramben übrig haben? der
Verfaſſer dörfte dieſes ja aus dem lieben E. Schmid

zur Sache. Treu muß die Vergleichung ſeyn, und nach den
Quellen ſchmeken, ſo iſt der Zweck der Fragmente erreicht.
(Aus den Zuſätzen am Ende des dritten Fragments. Samml.)
* Lit. Br. Th. 21. p. 39.

allenfalls wiſſen! Und womit beweiſet es der Kunſt⸗
richter denn, daß wir nach den überbliebenen Nach⸗
richten keine Dithyramben machen k ö n n e n; — höch⸗
ſtens! daß der Verfaſſer keine gemacht. Womit be⸗
hauptet er es, daß jeder neue Geſchmack verkehrt ſeyn
muß, der von den Regeln des weiſen Alterthums
abgeht? Warum iſt ein Deutſches Heldengedicht, eine
Ode, eine Dithyrambe ohne Griechiſche und Lateini⸗
ſche Muſter denn an ſich unmöglich? Was thun die
Pindariſchen Oden des Leipziger Profeſſors hier zur
Sache? In welcher Claſſe muß denn der Dithy⸗
rambiſt ſitzen, wenn er den Pindar intus et in cute
kennen lernen, den ganzen Poeten in ſuccum et ſan⸗
guinem vertiren, und abſolut erſt nach 20 Jahren
Imitationen nach der Pindariſchen Digreſſion über den
Berg Aetna machen ſoll? Welch ein Schulton herrſcht
ſo durchgängig, ſo inſonderheit S. 59 — 61. Welche
Sammlung von Pindariſchen Beiwörtern ſoll man
(p. 70.) Friedrich geben? Wie lange muß noch der
Dithyrambiſt Mythologie lernen, um nicht ihr Sy⸗
ſtem niederreiſſen zu wollen? Iſt es wahr, daß Pin⸗
dar ſich keine Inverſionen des Fabelſyſtems erlaubt,
und alles ſo ſtehen läßt, wie es ihm vom Präceptor
diktirt worden iſt? — Und nun endlich die beſte und
geiſtigſte Anmerkung wider die windichten, eitlen,
jungen Menſchen, die ihrem Mädchen zu gut Ge⸗
dichte herausgeben — wobei freilich der Beweis man⸗
gelt, daß der Verfaſſer der Dithyramben ſo ein win⸗

dichter, eitler, junger Mensch sey, der eine Straf=
predigt über sein Mädchen 6 Seiten lang anhören
muß. Womit kann es der Recenf. beweisen, daß
Pindar in seinen verlornen Hyporchematen und Di=
thyramben in einem ernsthaften philosophischen Ton
trunken geraset? Wie mag ein Compliment lassen,
das man nicht aus freiem Willen, sondern aus Muß
im Vorbeigehen macht? Und wie viel nimmt der Re=
censent für ein Collegium, darinn er zeigt, wie man
Pindars ganze Manier zu malen bis auf seinen Ad=
ler lernen soll, damit unser Deutscher Horaz auch für
den Dithyrambisten eine Ode weihen müßte? —
Meine Parenthese wird lang; aber dem Recensenten
würde die Antwort auf meine Fragen noch länger
seyn, die ich auch, „aus einer mir angebohrnen Leb=
„haftigkeit, thue; nicht als Kritiken, sondern als
„eine kleine Hülfe, mich selbst auf den Weg zu brin=
„gen, und, was ich denke, zu sagen.„

Ich bin nichts minder, als der Verfasser oder
der Vertheidiger der Dithyramben; ich habe selbst
mehr wider sie, als die Literaturbriefe, aber, wie ich
hoffe, aus andern Gründen, und mit weniger Schul=
ton. Ohnmöglich kann diese Beurtheilung von einem
Verfasser der Literaturbriefe seyn; vermuthlich ist sie
eingeschickt; weil ihr Ton gewiß zu merklich abweicht.
— Aber genug! meine Parenthese ist zu Ende.)
Können wir Dithyramben machen, Griechische Dithy=
ramben im Deutschen machen? Originaldithyramben
machen?

Woher mag der Dithyrambe bei den Griechen entstanden seyn? Darf ich eine Hypothese versuchen? — Hypothesen muß man versuchen, wo man keine Nachrichten hat: wäre Demosthenes περι διθυραμβοσοιων, oder Aristotels größter Theil der Dichtkunst nicht verloren, so würden wir wissen, statt zu rathen.

Ein Volk in seiner Wildheit ist in Sprache, Bildern und Lastern stark: Trunkenheit und Gewaltthätigkeit sind die Lieblingslaster einer Nation, die noch Mut̄heit (αρετη) für Tugend, und trunkne Raserei für Vergnügen hält. Alle die feinen Schwachheiten waren damals noch nicht, die heut zu Tage unsere Güte und Fehler, unser Glück und Unglück bilden, die uns fromm und feige, listig und zahm, gelehrt und müßig, mitleidig und üppig machen. Diese Trunkenheit gebar wilde Vergnügen, den ungezähmten Tanz, eine rohe Musik, und nach der damaligen ungebildeten Sprache auch einen rohen Gesang.

Nicht an Altären, sondern in wilden Freudentänzen entsprang also die Dichtkunst, und so wie man die Gewaltthätigkeit mit den schärffsten Gesetzen bändigte, so suchte man die trunknen Neigungen der Menschen, die jenen entwischten, durch Religion zu erhaschen. Ihre Götter trugen damals Keulen und Blitze: die sanften Grazien waren noch nicht geboren; man verehrte die Kräfte der Natur: rauh war ihr Got-

tesdienst, wie ihre Natur, durch Opfer und Trun=
kenheit — und unter den ältesten Göttern war immer
auch ein Oenotrius, ein Weingott, man heiße ihn,
wie man wolle.

Jezt wurde also die trunkne Dichtkunst an die Al=
täre zur Entsündigung geführt. Hier befahl die Re=
ligion ihnen Trunkenheit in Wein und Liebe, und
ihre Trunkenheit bequemte sich also wieder der Re=
ligion: ihr Gesang war voll von der thierisch=
sinnlichen Sprache des Weins, und der Wein er=
hob sich wieder zu einer gewissen mystisch=sinnli=
chen Sprache der Götter: ein heiliger Gesang in dop=
peltem Verstande. Die Priester, zugleich Dichter
und Staatsleute, webten aus Nationalsagen eine My=
thologie zusammen, die sich zu ihren rauhen Ge=
sängen bildete, mit denen sie als mit einem Zaume,
mit einem Stük des Gottesdienstes, mit einem Zeit=
vertreibe und Vergnügen das Volk lenkten.

Linus, den wir im fernsten Schatten als den Va=
ter der Dichtkunst erblicken, schrieb noch mit Pelas=
gischen Buchstaben den Feldzug des Bacchus. An=
thes, der Böotler, sang Bacchische Hymnen: Or=
pheus, der Bezähmer der Griechen durch Gesetze
und Gottesdienst, weihte die Trunkenheit in seine
Eleusinischen Heiligthümer ein, um sie zu be=
zähmen, daher er auch ihr Opfer wurde. Musäus
und sein Sohn Eumolpus sangen ebenfalls den
Bacchus — Kurz die ältesten Namen der Dichter,

die beinahe selbst Fabeln sind, alle haben sich mit Bacchus beschäftigt.

Wozu sage ich alles dieses? Um zu zeigen, daß der Dithyrambe aus den Zeiten der Wildheit und Trunkenheit seinen Ursprung und Leben ziehe, daß wir also von ihm auch nach Beschaffenheit dieses Zeitalters urtheilen müssen. Entsprungen unter berauschten Tänzen des Volks führte man ihn in die Tempel, um ihn zu zähmen. Sein Inhalt, seine Sprache, Sylbenmaas, Bearbeitung, Musik, Deklamation, alles zeugt von der Zeit, die ihn hervorgebracht hat: er mag nun in Theben, oder dem wollüstigen Korinth von einem oder dem andern erfunden seyn: genug, es war noch eine Zeit, da sich die Delphine von dem Arion, dem angegebenen * Erfinder, bezaubern liessen. Ich sage: sein Inhalt: denn da er den Vater des Weins, von seinem Blitzstrale getroffen, mit brausendem Munde sang, und in einer ehrwürdigen heiligen Trunkenheit sang: so paßt er am meisten auf den Abgrund der Zeiten, da man aus Aberglauben die Kraft einer göttlichen Gegenwart fühlte, da man, mit starken sinnlichen Empfindungen begabt, den Eindruck der Jugendlehren und Nationalsagen beinahe zu einer wirklichen Anschauung erhob, da man aus Unwissenheit nicht blos die Fabelgeschichten als Wahr-

---

* Wie Herodot anführt, den ich für mehr, als Fabelschreiber halte,

heiten glaubte, sondern mit der Einbildungskraft sie
bis zum Leben ausmalte, und also die Begeisterung
schmeckte, die Apoll über die Pythisse, Jupiter über
die Sibyllen, Cybele über die Galler, und Bacchus über die Dithyrambenfänger ausgoß. Daher
naheten sich die Leztern der Entzückung, die einer
Raserei glich, Διονυσοιο αϱαϰτος ϰαλον εξαϱξαι
μελος οιδα διθυϱαμβον, οινῳ συνϰεϱαυνωϑεις φεϱ-
ϱας: daher fing er gemeiniglich mit dem begeisterten:
αμφι μοι αναξ, an: daher jene Ausbreitung der
Seele, die im Parenthyrsus der Trunkenheit und der
Beschauung himmlischer Dinge ausrief:

> Auditis an me ludit amabilis
> Insania? Audire et videor pios
> Errare per lucos:

daher jene göttliche Wuth:

> — — — immanis in antro
> Bacchatur vates, magnum si pectore possit
> Excussisse Deum: tanto magis illa fatigat
> Os rabidum, fera corda domans, fingitque
> premendo.

Und von dieser sinnlichen Begeisterung wurde die ganze
Bearbeitung so belebt, daß Plato dem Dithyramben sogar die Nachahmung absprechen will.
Voll kühner Bilder und großer Anspielungen folgte
er keinem weitern Plan, als den innerlich die Einbildungskraft malte, äußerlich zum Theil das Auge
sahe, und der Tanz foderte: und so ward er ein Ge-

mälde der Einbildungskraft aus der Bacchischen Geschichte, des Bacchischen Gottesdienstes, und des Tanzes: wo nüchterne Seelen wenig Verbindung, viel Uebertriebenes, und alles ungeheuer finden mußten. Und diese Bearbeitung, welcher Zeit war sie am angemessensten? Vermuthlich jener, da die Satyren Possenstücke, die Komödien Satyren, und Oden und Tragödien noch nicht geboren waren. Vor den regelmäßigen Stücken im schönen Stil muste das große wüste Unregelmäßige voran gehen.

Und eben diesem Zeitalter ist auch die dithyrambische Sprache gemäß, die in Worten neu, kühn, und unförmlich; in Construktionen verflochten und unregelmäßig war: eine Sprache, wie sie vor ihrer Ausbildung ist. Alsdann hat noch jeder Sänger das Recht, neue Worte zu machen, weil man von ihnen noch keine gehörige Anzahl hat; sie können kühn zusammengesezt seyn, weil Form und Lenkung nicht genug bestimmt ist. Hingegen eine völlig gebildete Sprache ist nicht dithyrambisch, sondern vernünftig und mit Gesetzen umschränkt.

So auch das Sylbenmaas: Gesezlos, wie ihr Tanz und die Töne der Sprache; aber nothwendig desto polymetrischer, tönender und abwechselnder.

So auch die Musik: Die Phrygische Musik, die rasend machte, die Steine belebte, zum Treffen und Siege rief, und Empörungen in der Brust anrichtete: die nachher abgeschafft wurde, weil sie die

Musik verdarb, die Plato aus seinem Staat und Aristoteles aus seiner Erziehung verbannte — Kurz! die älteste und roheste Tonkunst.

Alles also, was zum Διθυραμβωδες gehörte, Inhalt und Form, und Sprache und Musik und Sylbenmaas trägt Spuren des sinnlichen Zeitalters mit sich, wo alles dies, und dies allein bey dem rohen Volke seinen Zweck erreichte, und hier ist die Erklärung des Proklus: Διθυραμβος εςι κεκινημενος και πολυ το ενθουσιωδες μετα Χορειας εμφαινων, εις παθη κατασκευαζομενος, τα μαλιςα οικεια τυ Θευ.

So war der Dithyrambe, ehe er völlig Nachahmung wurde. Als aber die Griechen in ein gesittetes Zeitalter übergiengen; so ward ihre Religion über das Sinnliche mehr erhoben: ihre Begeisterung sank: ihre mehr gebildete Sprache entfernte sich von dithyrambischen Freiheiten: ihr Sylbenmaas ward bestimmter und gebundener: ihre Musik Dorisch. Das wahre Διθυραμβωδες war also vorbei, und man suchte es nachzuahmen. Daher kann Aristoteles den Dithyramben unter die nachahmende Poesie sezzen, ohne doch dem Plato zu widersprechen, der das Gegentheil, wiewohl in ganz andrer Verbindung, sagt. Es blieb noch immer ein festliches Vergnügen, sich in ihre Väterzeiten zurückzusetzen, und die Sprache, das Sylbenmaas, die Musik, die Denkart eines oder einiger erlebten Zeitalter zu gebrauchen.

In

In dieser mittlern Zeit, da sich das Dithyrambische gemildert hatte, mag es also die besten Gedichte
dieser Art gegeben haben, die daher die Anfangsstücke
verdrängten. Nachher aber trieben die folgenden die
Kühnheit immer höher, um ihre Vorgänger übertreffen zu können; sie mischten (nach Platons Zeugniß
in seiner Republik) alles unter einander: und gingen
verloren, weil die damaligen Zeitalter zu sehr den
Geschmack der Dichtkunst, den Geist der Religion,
die Stuffe der Sitten und Sprache verändert hatten.

Daher legten sich auch, nach der wahrscheinlichsten
Lesart im Cicero, die Römer weit minder (minus)
auf die Dithyramben; bei denen der Atys des Catulls
nur ein weitläuftiger Verwandte der Dithyramben-
Kühnheit ist. Der Himmel der Römer war nicht eigentlich mehr für diese Dichtungsart: ihre Religion
war geistiger und politischer: ihr Bacchus lange nicht
der mächtige König der Griechen: ja selbst ihre käl-
teren Adern fühlten nicht mehr so stark den Blizstral
des Weins: sie ließen also die Reste der Dithyramben untergehen. Aristoteles bestätigt meine ganze
Hypothese, durch die wenigen Worte, die er in seiner Dichtkunst vom Dithyramben einmischt, in dessen Stelle die Tragödien getreten seyn sollen.

Sollen wir also die Dithyramben zurückfinden?
Erst beantworte man die kleine Frage: Könnten wir
denn Dithyramben machen, wenn wir die Griechischen noch hätten? Von dieser Kleinigkeit

hängt, wie ich glaube, alles ab; und ein Kenner der Griechen würde darüber den Kopf noch ziemlich schütteln. Wo ist bei uns eine Religion, die Bacchus zum Gott und seine Gesänge ehrwürdig, heilig, göttlich macht? Der Griechische Dionysius würde die Trauben unsres Landes, und unsre Dithyramben wegwerfen, und ausrufen: procul profani! Wo ist bei uns der Geist eines Zeitalters, da eine Bacchische Begeisterung durch Wein und Aberglauben sinnlich gewiß, oder wenigstens wahrscheinlich würde? Die Begeisterung der Muse konnte bei einem Griechen so mächtig seyn, als sie bei uns oft lächerlich wird, than Jugglers talking to Familiar. — Wo sind unsere Bacchische Gegenstände, die Heldengeschichten, die bei den Griechen von Jugend an, durch Unterricht, und Gedichte und Gesänge und Denkmale ihre Seele belebten? Unsere Trinker wird der Rausch auf ganz andre Gegenstände führen, als auf eine Mythologie vom Bacchus, die für uns das Große, das Poetischwahre, das dem Nationalgeist Eigne, und darf ich dazu setzen, fast ganz das Licht der Anschauung verlohren hat! Wo ist die Bilderwelt, die Welt voll Leidenschaften, die Griechenland in seiner Jugend um sich sahe? Wir wandeln in einer politischen Wüste. Wo ist die Dithyrambensprache? Die unsre ist viel zu philosophisch altklug, zu eingeschränkt unter Gesetze, und zu abgemessen, als daß sie jene neue, unregelmäßige, viel

sagende Sprache wagen könnte. Wo die dithyrambischen Sylbenmaaße? da unsre Sprache und alle neueren selbst zum Hexameter, noch minder zu den Sylbenmaaßen des Pindars und der Chöre vieltrittig
genug ist und gegen Griechische Dithyramben völlig
ungelenkig laßen müste. Wo sind denn bei uns die
Tänze, die trunknen Bacchussprünge, an Freuden-
festen? Der Dithyrambe gehörte ja sowohl zur mimischen, als lyrischen Poesie : und wie könnten wir
ihn also nachmachen, da wir die hohe Tanzkunst der
Alten nicht haben, nicht kennen, und sogar selbst bei
allen Nachrichten der Alten, nicht durchgehends
begreifen können — Und von ihr bekam er doch
Geist und Leben.

Aber wenn wir ihn alsdenn blos als eine Sache
der Nachahmung betrachteten, bei der wir zwar
nicht eben die Ursachen, Zwecke, und Hülfsmittel
des Originals hätten, aber doch eine neue, eine bessere Art der Gedichte bekämen? — Kaum!
Dithyramben, nach dem Griechischen Geschmack nachgeahmt, bleiben für uns fremde. Das trunkne
Sinnliche, was bei ihnen entzückte, wäre vielleicht
für unsre feine und artige Welt ein Aergerniß; das
Rasende in ihnen wäre uns allerdings dunkel, verworren und oft unsinnig, weil der Dithyrambist, der
Weißager und Unsinnige mit zusammengeschlungenen
Händen zu gehen scheinen, und ein elektrischer Funke
nach ihren verschiedenen Körpern auch unterschiedene

Wirkungen hervorbringt. Ihre Ungebundenheit
würde für unsere grammatischen und ästhetischen Ge-
setzgeber wider die Regeln scheinen: die Einbildungskraft würde der gesunden Vernunft und dem Sens-
commun unsres lieben Zeitalters Eintrag thun —
Vielleicht trug alles dies dazu bei, daß die Dithyramben verloren gingen; und gäbe es Dithyrambensänger
zu unsrer Zeit — wir würden ihnen einen Stier
geben, um ihren βονλαται zu bezahlen und sie reisen
zu lassen. Weß aber sollte der Stier seyn, den wir
ihm geben? — Des Volks nicht, denn er schriebe
ja Dithyramben, nicht zu tanzen und mimisi-
ren; sondern zu lesen! Der Grammatiker auch nicht;
die würden vielmehr wider ihn schreyen! Der schönen Geister auch nicht; deren schönes Ideal möchte
dadurch verletzt werden! Der ernsthaften Kunstrichter
auch nicht — Er mache sich also fertig, ohne Stier
nach Hause zu reisen.

Aber wie? er singe nach dem Geschmacke seiner
Zeit, mit einem kältern Feuer, ohne Gott Bacchus,
ohne die dithyrambische Kühnheit und Sprache,
Deutsche Dithyramben? Deutsche Dithyramben sind
ein Unding, gegen die Griechen betrachtet; und gegen unsre schon bekannten Dichtarten nichts neues!
Ein solcher Dithyrambe nach dem richtigen Geschmacke
unsrer Zeit, ohne Bacchus, ohne Tanz, ohne Begeisterung, ohne dithyrambische Sprache, in einge-
zognen Sylbenmaaßen, gehört so wenig in den Bac-

chustempel, als jene Geschenke in den Tempel des
Mars nach einem Griechischen Sinngedicht:* „Wer
„hing diese glänzende Schilde, diese Blutlose Waf-
„fen, diese unversehrte Helme hier auf? Dem Men-
„schenwürger Mars solchen häßlichen Schmuck? Will
„ihn nicht jemand aus meinem Tempel werfen? Ich
„erröthe ganz! Solche Verzierung gehört in eine
„Brautkammer, an den Hof, in die Trinksäle feiger
„Säufer; nicht an den Altar des Mars! Blutige
„Waffen, zerbrochne Schilde, durchstochne Helme,
„die sind mein Vergnügen!„ Alsdann sind solche
Deutsche Dithyramben nach einem feinen Ideal unsrer
Zeit — entweder hohe Oden der Einbildungskraft —
oder begeisterte Trinklieder; sie mögen seyn, wie sie
wollen. Alsdann sind Uz, Leßing, Weiße, Ge-
stenberg in seinem Gedicht: Cypern; Schmid
in seinem Noah, dem Weinerfinder; der Verfasser der ersten Cantate zum Scherz und Vergnügen, unsre Dithyrambendichter, oder vielmehr
unsre alten Trinkbrüder, die sich einen willkührlichen
Namen geben.

Ich verzweifle also beinahe an Dithyramben, selbst
wenn wir die Griechischen hätten — nun aber ist alles
bis auf die wenigen Nachrichten verloren, die nicht
einmal einen unterscheidenden Begrif von ihnen bestimmen. Ein Scholiast hat den andern ausgeschrieben, denn je weniger man weiß, desto mehr wieder-

* s. Anthol. 1. B.

holt man das wenige und ertappet vielleicht den Dithyrambendichter, so wie ten Cometen, blos in seiner grösten Eccentricität. Horaz in seiner Ode
über Pindar hat ja keine Definition geben wollen,
und gewiß daran gar nicht gedacht, daß jemand einmal jedes von seinen Worten auffädeln, und sich
aus seiner Strophe einen Plan abzirkeln, einen Grundriß abzäunen würde, um in ihm künstlich zu ra-
sen, nüchtern zu taumeln, bei Wasser ein regelmäßiges Evan! zu rufen. Die meisten Poetikenschreiber halten sich bei der πολυπλοκία der Worte
auf, gleich als wenn dies ein Hauptstück und nicht
eine nothwendige Folge des Dithyrambengeistes wäre.

Und überhaupt, da es schon eine kalte Begeisterung ist, die blos aus Beispielen aufgewärmt wird:
so ists lächerlich, sich ohne Beispiele, durch
Regeln, oder vielmehr ohne Regeln durch kleine Nachrichten, entzücken zu wollen; über Flick-
nachrichten sich einen Weg zur Begeisterung bahnen,
aus Lappland über Zembla nach dem Pindus reisen:
da hat der dithyrambische Hegesander recht:

μἡραχιεξαπαται, και συλλαϐοπευσιλαϐηται
Δοξοματαιοσοφοι, ξητπρετησιαδαι.

Genug von diesen dithyrambischen Anmerkungen. Ich muß hier den Plan eines Freundes verrathen, der zu Christlichen und Deutschen Dithyramben Risse und Versuche gemacht hatte, die er aus dem

Innern unsrer Religion und Nation gezogen, die trunkne Gesänge einer heiligen Religions- und Staatsbegeisterung seyn sollten. Es erschienen unvermuthet Dithyramben: die zwar gar nicht in seinen Plan fallen, die ihm aber doch Gelegenheit zur Prüfung gaben, und ihm bei seinen Arbeiten das nonum prematur in annum riethen. Ich liefere also von diesem Freunde nicht seine paradoxen Dithyramben, sondern sein Urtheil über die erschienenen eines Ungenannten: es ist frei, aber nirgends hinterhaltend.

Das Titelblatt verspricht uns Dithyramben: die Vorrede verspricht sie nur halb: und das Buch selbst liefert gar keine.

Zuerst: Der Kunstgrif, uns seine Sammlung von Liedern, als ein Ganzes in die Hände zu spielen, geht von der Einfalt der alten Dithyrambisten völlig ab. Und von der Wahrheit selbst: denn sind diese Stücke Theile zum Ganzen, weil sie auf einander folgen? So ist ja alles, was ich in einen Band binden lasse, auch ein Ganzes; aber kein Odenganzes. Ich glaube doch nicht, daß, um einen Sprung zu thun, Sicilien mit Johann Sobieski und dieser mit Peter gränzet. Der soll mein großer Apoll seyn, der mir zwischen diesen Stücken Zusammenhang nach Zeit, oder Ort, oder Inhalt, oder nach den Gesetzen der Einbildungskraft, findet. Vermuthlich aber nach den Gesetzen der Ein-

bildungskraft — denn die erste Dithyrambe soll die
Begeisterung wahrscheinlich machen. Nun! so hätte
sie auch an die Jungfer Maria gerichtet seyn können,
um (alles zugegeben) die folgenden Gegenstände
zu besingen. Dies wäre noch wenigstens ein erbau-
licher Standpunkt gewesen, um nachher Kirchenseuf-
zer an die heilige Mutter zu schicken — aber jezt ist
es widersinnig, daß eine trunkne Mänade an dem
Wagen Bacchus jezt Erdbeben, jezt eine Entsez-
zung der Vestung, jezt die Schöpfung eines Reichs,
jezt Krieg, jezt Frieden singet, 9 Uhrwerke ablau-
fen läßt, und alsdann vom Bacchus höflich Abschied
nimmt. Folgt es wohl aus der Begeisterung des
Bacchus, Krieg und Helden, bald dies, bald jenes
zu singen, was oft gar nicht in den Mund eines
Säufers gehört? Die Mänade wird abentheuerlich,
die sich jezt an den Wagen des Bacchus dränget,
den Augenblick am Hebrus und Rhodope, den
Augenblick drauf bei Naxos ist, wo sie; (die Weit-
sehende!) Tokay und den Rhein sieht, wo sie schwärmt,
wo sie singen will, hochfahrend, wie die Schwingen
der Windsbraut, wo sie, vom Bacchus begeistert,
ausruft: hört! und an ihren Begeisterer und an seinen Wagen nachher niemals denkt, kaum an ihn einmal im Vorbeigehen denkt, da er durch einen Zufall
eben über Meißens Gebürge spazieren fährt, bis sie
sich ihm endlich empfiehlt und mit ihrer Daphne fort-
eilt: nun Vater! Bacchus hilf! — eine Mänade mit

der Daphne! eine Liebe zwischen zwei Mädchen! — die gute Mänade muß sich vor dem Namen eines Bacchanten schämen.

Kein Ganzes also! und noch weniger ein Bacchisches Ganzes! Das Begeisterte αυδι μοι xυγε der alten Dithyramben, schallt nie in unsern Ohren; nie singt die Mänade, als wäre sie am Wagen des Weingotts: gar kein Standpunkt, den die erste Dithyrambe angeben will, in allen Stücken. Ist es Bacchus, der da begeistert, oder bist du, liebe Muse,

Thou that with Ale, or viler Liquors
Didst inspire *Wythers*, *Pryn* and *Vickars*,
And force them, tho it was in spite
Of Nature and their Stars, to write,
Who, as we find in sullen Writs
And croſs-grain'd Works of modern Wits
With Vanity, Opinion, Want,
The Wonder of the Ignorant,
The Praiſes of the Author, penn'd
B'himſelf, or Wit-inſuring Friend,
Canſt make a Póet, ſpite of Fate — —

Der Bacchus dieser Mänade ist nicht der wahre Bacchus: nicht jener schöne Griechische Knabe* „der „die Gränzen des Lebens betritt, bei dem die Regung der Wolluſt, wie eine zarte Spitze der Pflanze, „zu keimen anfängt, der, wie zwischen Schlummer „und Wachen, in einen entzückenden Traum halb „versenkt, die Bilder desselben zu sammlen und

* Winkelm. Gesch. der Kunst Th. 2.

„ſich wahr zu machen anfängt, deſſen Züge voll
„ Süßigkeit ſind, dem aber die fröliche Seele nicht
„ins Geſicht tritt — —„ Dieſer ſchwindelt im
Wagen: ihm glüht die Wange: er verſchüttet den
Becher: er lacht: er ſchlurft Tropfen! — Ein be-
ſoffner Satyr kann das ſeyn, nicht aber der Griechiſche Bacchus! Ich rathe der Mänade, ihm nicht
zu folgen, damit es ihr nicht wie der Rhea gehe,
die einen Kriegsknecht ſtatt des M a r s umarmte.—
Und daß das gute Mädchen ihn wirklich verkannt
habe, ſehen wir aus der Dithyrambe: die H i m m e l s-
ſt ü r m e r! hier, hofften wir, hier wird im Streit
Dionyſus eine Hauptperſon machen: wir werden ihn
im ganzen Lichte ſehen:

— — Διονυσον εριβρομον, ευχσηρχ
Πρωτογονον, διφυη, τριγονον, Βακχειον ανακτα,
Αγριον, αρρητον, κρυφιον, δικερωτα, διμορφον,
Κισσοβρυον, ταυρωπον, αρηιον, ευιον, αγνον,
Ωμαδιον, τριετη, βοτρυφορον, ερνεσιπεπλον.

Hier werden wir, wenn wir ihn mitten im Kampf
erblicken, wie ihn die Alten malen, nicht ausrufen
dörfen, wie jener Schiffer im Homer*, da er ihn
anſahe: „Entweder Zevs iſt er, oder der Apoll mit
„ dem ſilbernen Bogen, oder Neptun: denn den ſterb-
„lichen Menſchen iſt er nicht ähnlich, ſondern den
„ Göttern im Olymp!„ ſondern als den Allmächtigen, als den Bändiger der Rieſen und Ungeheuer

* Hymne auf Bacchus.

werden wir ihn sehen, oder, wenn alles mißglückt,
so kennen wir wenigstens seinen tapfern Esel, dessen
Geschrei diesmal Siegbringend ist. — So hofften
wir, aber alles vergebens! Die Riesen sind im Himmel; seine Zofe sieht zu: und ruft endlich mit offnem
Munde:

Welch ein Streit, o Liber!
Sind Götter im Kampf mit Göttern!

* Bacchus ermuntert sich aus seiner Schlaftrunken-
heit: reibt sich die Augen, will nicht ins Feuer! endlich sehen wir ihn im Löwenpanzer, (den er vermuthlich lange gesucht haben muß) — aber dem schläfri-
gen Helden zum Glück redet Zevs Gewitter, und
Evan erscheint nicht eher, bis die Feinde weg sind!
— So unnüz ist er durchgängig: daher frägt die
Mänade auch so wenig nach ihm, es sey denn, wenn
er einmal Friedrich begegnet, und ausruft: das ist
er, das ist er! daher gibt sie ihm auch den Abschied:

Fahr hin, fahre hin, du Löwenbezwinger,
Fahr hin, ich folge nicht mehr!

Nichts schlägt mehr fehl, als wenn man die Bilderreihe, die Folge von Auftritten, verfolgt, die
innerlich die Begeisterung und äußerlich das Auge
leiten, die das vollkommene dichterische Ganze bilden, was ein Gemälde weit übertrift, was vom Ton-
künstler Melodie borgt, um sich zu beleben, was
vom hohen mimischen Tänzer gleichsam Bewegung
annimmt: kurz, was Handlung heißt, das wahre
Kennzeichen des Bacchischen Propheten!

Ich nehme das beste und einzige dithyrambische Su-
jet in dieser Sammlung: die Himmelsstürmer!
um dies fortgehende Gemälde aufzusuchen. Im Anfange gar kein Standort, und kein Gesichtspunkt, den Pindar doch seinen verworrensten Oden so sorgfältig,
und wenigstens am Anfange und Ende einwebt, aus
dem er sie herführt, einigemal zurückleitet und auf
dem er sie krönet.

> Mit güldenen Säulen wollen wir,
> wie am, prächtigen Pallaste,
> den vesterrichteten Eingang stützen:
> Denn wer ein Werk beginnet,
> der mache vortreflich den Anblick.*

Machen alle Dithyramben ein Ganzes aus: so taumelt die Mänade, nach dem Ende der vorigen Dithyrambe, an Bacchus Wagen: und

> o Wunder!
> sie taumelt zurück in die Kindheit der Welt!
> entschlafne Aeonen vorbei

So fiel jener Gascogner aus dem Fenster ein
Maas von drei Jahren herunter! In die Kindheit der Welt zurücktaumeln! Ob Bacchus mit
seinem Gefolge nicht selbst in die Kindheit der
Welt gehört? Ist das Standort? Bacchus soll ja
selbst im Treffen seyn: die Mänade soll ja den Sturm
selbst sehen, nicht in Gedanken bis in die Kindheit der Welt zurücktaumeln: soll uns nicht etwas
aus alten Aeonen erzälen, sondern vormalen,

* Pindar. ad. 6. Olymp.

so vormalen, daß wir nicht ihr Gemälde, sondern die Handlung selbst sehen. So macht es schon Pindar der Odendichter — und Pindar der Dithyrambist? —

Die Handlung geht an: die Mänade sieht den Aetna rauchen; besinnet sich aber geruhig, daß vormals ein Himmelssturm gewesen: sie macht uns also davon eine Erzählung, nüchtern, ohne Feuer und Gleichmaas: taumelt zwischen dem Präsens und Imperfectum: malt bald gegenwärtig, bald aus weiten Aeonen: ganz undithyrambisch schwankt sie zwischen der idealischen und sinnlichen Gegenwart. Jezt sieht sie: der wurzelt den Caucasus aus; den Augenblick vorher: ich sah die Himmelsstürmer! den Augenblick drauf: sie erthürmten sich Stuffen, sie keichten, sie schnoben — und plötzlich:

„Welch ein Streit, o Liber!„
Sind Götter im Kampf mit Göttern!
Die Aegis klingt
Und du Lyäus im Löwenpanzer!

Nun kommen wir endlich ins Feld, aber Schade! der Bacchante besinnt sich, daß Zevs Gewitter geredet habe, daß die Gebürge gekracht! Plötzlich befällt ihn wieder der Paroxysmus: „und ihr, und „ihr? wo seyd ihr? — Antwort: sie heulen ihm „tief im Bauche.„ Elend! wie kann der Bacchante seinem Bacchus Triumph zurufen, dessen große Thaten er gar nicht gesehen? Hat er das denn in seinem Gesange gezeigt, was er nachher aufkreischt:

Sie waren, sie kriegten, sie sind nicht mehr!

Und dies ist noch, in Absicht auf die Oekonomie des μυθος, der beste Gesang: Leser! ich bereite dich blos, sie auch in andern zu suchen, und du wirst sie selten durchgeführt finden zu einem lebenden Ganzen. Sieht wohl die Mänade die Abreissung Siciliens? "Silen lehrte es ihr: jetzt (im J. 1766.) „liegt Trinakrien auf ihnen „ mit einem solchen Worte verliert die ganze Dithyrambe. Pindar ist seiner Sache gewisser: er will darauf vor allen Musen einen großen Eid thun.*

Ου Φιλονεικος εων
ετ' αν δυσερις τις αγαν
και μεγαν ορκον ομοσσας
τετογε οι σαφεως μαρτυρη-
σω· μελιφθογγοι δ'επιτρεψοντι Μοισαι.

Und hat der Bacchante wirklich die edle Begeisterung gefühlt, die stets nach der höchsten Blüthe greift, doch ohne Verzerrung des Arms. So wie sein Bacchus im Parenthyrsus der Trunkenheit sich als den Lermmacher zeigt: so ahmt sein Priester ihm nach, und macht überall, ein Geschrey, das die Kälte erzeugt, die es verjagen soll.

Welche Trunkenheit!
Eleleu! welche Trunkenheit!

* Pind. Od. 6. Olymp.

Iſt dies je die Sprache des Gefühls, der Trun=
kenheit, die ſich nicht trunken fühlt!

> Heiliger Schauer!
> Schauer durchwühlet die Bruſt.
> Wie ſie ſchwillt!

Wer bricht je in dieſe Worte aus, der, ſich ſelbſt
entriſſen, empfindet und ſieht! — Wenn man eine
Sammlung unnatürlicher Ausrufungen leſen will,
ſo hat man ſie hier zuſammen : bei Krieg und Frie=
den, bei Helden und Geſchichten! — Nein! immer
bleibt es doch wahr : das Feuer der Alten brennt :
der Glanz der Neuern blendet höchſtens, oder be=
triegt im Dunkeln, wie kaltes todtes, aber leuchten=
des Holz.

»Alle vortreffliche Dichter ſingen nicht durch Kün=
»ſteley, ſondern durch göttliche Begeiſterung: wie
»die Corybanten nicht mit kalter Seele tanzen : ſo
»ſingen ſie auch nicht mit kalter Seele; ſondern ſo
»bald ſie in die verſchlungenen Labyrinthe der Har=
»monie gerathen, ſo raſen ſie, ſchwärmen gleich den
»unſinnigen Bacchanten; die in ihrer Begeiſterung
»Milch und Honig aus Bächen trinken — Auch die
»Dichter ſchöpfen aus Honigquellen, und brechen,
»wie die Bienen ihren Honig aus Blumen ſaugen,
»ihre Geſänge von den grünenden Hügeln der Muſen.
»Wahrlich, ein Dichter iſt ein flüchtiges, ein heiliges
»Geſchöpf, das nicht eher ſingen kann, bis es, von
»einem Gott ergriffen, außer ſich geſetzt wird. Als=

dann singt jener Lobgesänge, dieser Dithyramben.* „
— In der That! ich wollte lieber diese wenigen Worte
gefühlt, als alle zehn Dithyramben gesungen haben:
und doch fand der so begeisterte Sokrates sich blos
tüchtig — Aesopische Fabeln zu schreiben: also möchte
mancher Dithyrambist auch in das Feld gehören, mit=
telmäßige dialogische Fabeln zu schreiben, aber "vom
„Verfasser der Dithyramben. „

Aus der Vereinigung der beiden berührten Stücke,
der Begeisterung, die eine Folge von Gemälden leitet,
entspringt das, was man im Pindar als Unord=
nung bewundert, was man zu seinem Schwunge,
und den Sprüngen seiner Ode rechnet. Es ist
immer ein besonderer Einfall**, den Einfall des gro=
ßen Youngs von seiner Höhe abzubrechen, und im
Pindar eine Aristotelische Logik zu suchen. Pindars
Gang ist der Schritt der begeisterten Einbildungs=
kraft, die, was sie siehet, und wie sie es siehet,
singt; aber die Ordnung der philosophischen Methode,
oder der Vernunft, ist der entgegengesetzte Weg, da
man, was man denkt, aus dem, was man sieht,
beweiset. Diese lezte im Pindar zu finden, ist
noch wunderbarer, als die Ordnung, die Rückers=
felder und S. Schmid in ihm fanden; sie aber,
wenn sie auch in Pindarischen Oden wäre, auf Dithy=
rams

---

* Platons Jo.
** de logica Pindari: ein Programm von eben dem Verf.

ramben anwenden zu wollen, verunziert viele Stücke, wo das historische Thema viel zu sehr durchschimmert, als das stattliche Gebäude zu seyn, womit Pindar seinen Odenplan vergleicht. Wer auch nur von einigen Pindarischen Oden sich selbst völlige Rechenschaft zu geben weiß: wird das beständige Hüpfen und rückweise Fliegen unsers Dithyrambensängers doch nicht mit dem gewaltigen Zuge des Pindarischen Adlers vergleichen, der sich nicht auf Noten und Phrases stützt, der nicht zurücksieht, ob man ihn auch erreiche : sondern

— — er glüht, er glüht,
wenn er zur Sonne zielt, und in ihr Feuer sieht
mit starkem unverwandten hellen Bicke,
bis er am Thron des Zeus die siebenfache Laß
der Donner mächtig faßt. —

Wenn Pindar sich von seinem Punkte in der Einbildungskraft zu verlieren scheint : so findet er sich mit desto größerem Pomp, hier mit einem allgemeinen hohen Spruche, dort mit einer Anrufung an die Muse ic. zurück: So fließt ein majestätischer Strom, reich um Arme auszulassen, und sparsam, sie wieder an sich zu ziehen, in seinem breiten Bette fort, und wälzt sich mit hundert Händen brausend vom Felsen herab, um sich im Thale zusammen zu finden : ein großer gewaltiger Strom, der Name seiner Gegend; — aber ein Regenguß, der sich aus den Wolken auf Sand ergoß, zerfließt mit hundert Aesten ohne Stamm im Sande: er verliert sich namenlos und ist nicht mehr.

Und wo ist des Dithyramben Sylbenmaas? Er spielt auf einer Pfeife mit zwei und einem halben Ton: wo ist die Sprache? Wo verräth er die Freudentöne, die ein allmächtiger Griechischer Tanz belebte, der dem Bacchus nacheiferte, der die höchste Musik, die stärkste Deklamation, die größte Dichterei vereinigte? — dazu sind gar keine Gegenstände und Anlagen, und dem einzigen Johann Sobieski schenken wir seinen Tanz.

O Marsyas! so wirf die dithyrambische Flöte vom Munde, die dich wie den Alcibiades verunziert: erst lerne von den Griechen Bacchische Gegenstände wählen, dränge dich zu ihren Chören, Festen und Tänzen: lerne den Vater des Weins, in seiner ganzen γενεσις und in seinen Thaten kennen: koste, aus den Dichtern, und aus dem dichterischen Plato etwas von dem heiligen Trank der Corybanten; statt dich bei elenden Commentatoren aufzuhalten, die einander ausgeschrieben, lerne vom Pindar nichts sterbliches zu sagen, und prüfe deine Versuche nachher nach dem, was uns Lucian noch zu guter letzt von den Griechen verrathen hat.

To διδαξασθαι δε τοι
ειδοτι ραϊτερον. Αγνω-
μον δε, το μη προμαθειν.
Κ̔φοτεραι γαρ απειρατων Φρενες. *

* Olymp. Od. 2. p. 216. nach der Schmid. Ausgabe.

Ich rufe dies unverdeutſcht dem Verfaſſer zu, dem ich aus vielen Urſachen wünſche, Pindar zu ſeyn: theils weil wir ein gemeinſchaftliches verſchrieenes Bhotien haben: theils weil in ihm allerdings Genie hervorleuchtet — zwei Urſachen, weswegen Pindar ſeinem Landsmanne zurief:*

Δοξαν εχω τιν' επι
Γλωσσα ακονας λιγυρας,
α μ'εθελοντα προσελκει
καλλιφροισι πνοαις. Ματρομα-
τωρ εμα Στυμφαλις ευανθης Μετωπα,
Οτρυνον νυν εταιρης
γναναι τ'επειτ', αρχειον ονειδος αλα-
θεσι λογοις ει φευγωμεν, Βοιωτιαν
Υν, Εσσι γαρ αγγελος ορθος
ηυκομων σκυταλα Μοισαν, γλυκυς
κρητηρ αγαφθεγκτων αοιδαν.

Würde ich die Himmelsſtürmer ſingen: ſo finge ich an, wo jetzt die Dithyrambe aufhört, bei dem Triumphsliede nach der Schlacht. Hier würde ich, als Bacchante, mit meinen Schweſtern, den Mäna=den, alle Thaten unſers Königs und ſeines Silens, den Siegsbecher in der Hand, ſo herjauchzen, als Gerſtenberg in ſeinen proſaiſchen Gedichten bei einem Mahle im Himmel die Götter ſingen läßt. Alles müſte Bacchiſch ſeyn: der Nektar, die Ur=ſache des Anfalls, und der Nektar die Folge und

* Ob. 6. Olymp. p. 160. 61.

H 2

der Nutzen des Siegs. Den großen Peter würden
Mänaden singen, die bei dem ersten Bacchusfeste zu
Astrakan, die Thaten dieses Noah, und alsdann
auch die ganze Schöpfung Rußlands mit einer ver-
gnügten Redseligkeit preisen. Meine Dithyrambe auf
den Krieg würde einen Weinberg zum Standort ha-
ben: in der Nähe eine Schlacht: Bacchus erscheint:
die Schwerter werden Thyrsusstäbe, die Berge voll
Blut, Hügel mit Strömen von Blut der Trauben. —
Die Friedensdithyrambe würde auch anders: und
Peter Feodorowitz und Sobieski und Friedrich auch:
Sicilien fiele weg — und im Detail müste sich alles
ändern, wenn nicht der Titel sine vitulo, ohne den
Preis der Dithyramben bleiben soll.

Ich beschließe, da meine Beurtheilung schon eine
Rhapsodie Pindarischer Stellen gewesen, für die Leser,
die sich an so viel Griechischen Worten geärgert, mit
einem didaktischen Trinkliede, das freilich nicht so
sehr vom Trinkliede abweichen möchte, als die Dithyramben von ihren Originalen. Es hat zwar* "im-
"mer eine Schwachheit an sich, der die mehresten
"unsrer Poeten unterworfen sind (daher sind sie auch
"windichte, eitle, junge Menschen.) Es vertauscht
"offenbar den männlichen ernsthaften Lehrton gegen
"einen tändelnden;" aber wer kann sich helfen, es
sagt doch die dithyrambische Meinung eines Freundes über Griechische Dithyramben.

* s. Lit. Br. Th. 21. p. 79.

Dithyramben soll ich singen,
hier bei Deutschem Wein?
Nein! hier soll kein Griechisch Lied erklingen,
Deutscher Vater Bacchus! Nein!

Haben diese Trinkpokale
Dithyrambenmaas?
Und daß ich Gesang des Bacchus wähle,
reichst du wohl, mein kleines Glas?

Um mich tanzt wohl eine Schöne
Dithyrambentanz?
Und ersängen mir Epodentöne
diesen Kuß und diesen Kranz?

O so mögen Epheukronen
und ein hagrer Stier,
Alter Pindar! dir Gesänge lohnen;
doch nicht Weiße, Uz und mir.

Deine Dithyrambenkränze
hat die Zeit geraubt.
Sieh! Entkränzter! sieh! wie frisch ich glänze
ganz mit Rosenduft umlaubt.

Denn was gehn mich Türkenkrieger — [1]
Himmelsstürmer [2] an?
Peter [3] pflanzte Wein! — ha! nicht der Sieger,
Er als Noah ist mein Mann!

Daß der Krieg [4] die Hölle mehre,
seufzt ein Kirchenlied!
Nur daß er auch Berge Wein verheere,
Darauf flucht mein heilig Lied!

[1] [2] [3] [4] s. die Dithyramben.

Immer singe Friedrichs 5) Thaten,
braver Grenadier!
Eins mir! den Regierer seiner Staaten,
den Champagner, laß er mir.

Immer raf' auf Pindars Leyer
hohe Dichterwuth!
Mich — mich hitzt des Rheinweins edles Feuer
bis zu eines Trinklieds Glut.

Wenn denn dies mir von den Spröden
Kuß und mehr erzwingt;
Wenn's dann den vom Wein entschwornen Blöden
zitterndkühn zum Kelchglas bringt:

O so könnt ihr rasend machen,
die ihr rasend singt —
Laßt uns, Brüder! trinken, singen, lachen!
Da mein Lied den Becher schwingt!

3.
Anakreon und Gleim.

Zwei Vergleichungen sind mißlungen; aber der
Tejische Sänger, milder und herablassender, macht
mich kühn, ihn mit unserm Anakreon, dem lieb-
lichen Gleim, zu vergleichen. Wir haben mehr
Anakreontische Dichter, als ihn, wenn wir das Ana-
kreontisch nennen, was von Liebe und Wein singet: wenn wir aber das μελος des Anakreons
im Auge behalten, das meistens ein klein Gemäl-

5) s. die Dithyramben.

se von Liebe und Schönheit enthält: so
wird man gleich die Liebes- und Weinlieder des
Leßings, Weiße, Uz, Hagedorns und selbst
einige Gleimische als eine besondere Claſſe Ana-
kreontischer Gedichte ansehen. Ich nehme also nur
von Gleim seine zwo ersten Sammlungen,
und die sieben Gedichte nach Anakreons Manier
zur Vergleichung. Es ist eine feine Kritik nöthig,
um bei solchen liebenswürdigen Kleinigkeiten den Charakter des Sängers zu ertappen; und eine noch feinere, zwei aus so verschiednen Gegenden und Altern
zu vergleichen — einigen wird meine Parallele kin-
disch vorkommen; aber diese einige sind meistens
solche, die es zu ihrer Beruhigung gar für unnüz
halten, über Possen zu denken.

Anakreons Bilderchen nähern sich meistens einem
kleinen Ideal von Schönheit und Liebe; und wenn
sie dies nicht erreichen wollen, so sieht man ein
feines Porträt, nach dem schönen Eigensinn eines
Vorfalles oder Gegenstandes gebildet: ein allerlieb-
stes Griechisches Liedchen, das die Gelegenheit charakterisirt, die es gebar. Die erste Gattung schwingt
sich auf zur feinen Idee der Wolluſt überhaupt;
die zweite, die in die Umstände eines Individualfalls
gräbt, nähert sich der ersten, und wo sie ihr nach-
bleibt, giebt sie sich eine Art von Bestimmtheit,
Spuren der Menschlichkeit, die, wie ein Grübchen
im Kinn, der Eindruck des Fingers der Liebe, wie

das Lispeln des Alcibiades selbst mit zur Schönheit wird —

Unsere gemeinen Anakreontisten sind Fledermäuse,
die in der mittlern Region bleiben, das Ideal nicht
erreichen, und bei Andeutung des Vorfalls niedrig
werden. Aber Gleim ist hier der Vergleichung
werth: er verschönert mehr, als die Französischen
Anakreontisten, weil er die Reise der Natur blos
zu erheben sucht; nur steht er dem Tejer nach.
Ein Drittheil seiner Liederchen sind schöne Porträte,
bei denen der Vorfall durchblikt; zwei Drittheile aber
kämpfen zwischen dem eignen Ton und der Annähe-
rung zum Griechen: erhaben über die Aehnlichkeit,
und noch entfernt vom Allgemeinen. Nun weiß man
aber, daß die Griechen ihre guten Ursachen hatten,
bei ihren Olympischen Bildsäulen lieber auf Schönheit, als Aehnlichkeit zu sehen.

Daher ist im Alten mehr Einfalt: Einfalt,
die sein Ganzes gebildet hat, und die ich an Theilen
nicht bemerken darf. Im Neuen herrscht sie mehr im
Detail, und im Ganzen ist oft, statt der schönen Einfalt, Kunst bemerkbar. Man vergleiche Anakreons
Taube und Gleims Möpschen, Gleims Ma-
ley und Anakreons Maler, Anakreons Chry-
sos und Gleims Sünde u. s. w. bei nachgebil-
deten Stücken fällt der Geist beider Künstler in
seinem Unterschiede am ersten in die Augen. Der
Alte kennet sich gleichsam minder; der Neuere läßt

uns sein Schönes durch Vorbereitungen und Fölge-
rungen empfinden, und schließt oft ein Lied voll
Griechischer Einfalt, mit einem Französisch witzigen Einfall, der ein Opfer für unsern witzigen Geschmack ist.

Beide Dichter sind Söhne der Grazie, und
Gleims Bild steht nicht ohne Bedeutung vor der
Winkelmannschen Abhandlung über die Grazie;
allein der Grieche malet uns doch mehr eigentlichen
Reiz; dieser öfter Schönheit: jener zeigt den
Reiz in Handlung, und die Empfindung in
Wirkung; dieser aber alles mehr in Worten, und
Beschreibung. Daher rührt bei dem Deutschen der
Reichthum an Worten und Wendungen, die die
Oberfläche verschönern; das Erläuternde, das dem
Leser gleichsam helfen will, darüber oft die Kürze
verliert, und aus dem Contour weicht. Das schöne
Stück: der Tod einer Nachtigall, dörfte in
allem diesem leiden; und durchgängig mehr todte
Kunst, als lebende Natur in unserm Landsmann
anzutreffen seyn.

So wie Anakreon für einen Griechen durch seine
kleinen Umstände Neuheit genug hatte: so unterscheidet sich der unsrige am meisten durch einen geistigen Reiz, den er vor dem Griechen seinen Liedern ertheilet*. Da dieser Unterschied nun feiner

* Die Lieder nach dem Anakreon von Gleim sind, nachdem
  ich dieß geschrieben, erschienen; ich glaube aber, sie bestäti-

ift : so fällt auch die Mannichfaltigkeit minder in die Augen, und seine gemeinen Nachahmer werden daher so bald einförmig, daß man von ihren Stücken sagen kann, was jener von den Franzosen behauptet: wer drei kennet, hat sie alle gesehen.

Ich habe in allgemeinen Beobachtungen geredet, und erwarte von Gleim bei der neuen Ausgabe seiner Gedichte vielleicht eine weit bessere praktische Bestätigung, als ich habe zeigen können: um ihn Anakreon zu nennen. Ich habe diesen Namen von der Taube des alten Griechen gehört, die ich unvermuthet antraf.

Anakreons Taube.

Woher du, liebe Taube?
Woher, so reich an Salben,
in deren Duft du schwimmest
und sanft die Flügel schlägst —
Wohin gilt deine Reise?

"Du kennst mich nicht, mehr, Alter!
Anakreons Gespielin,
die mit ihm trank und lachte,
und sich aus seinen Händen
die goldnen Körner raubte,
und schlief auf seiner Leyer,
und vor der Morgensonne
ihn in den schönsten Träumen

zen meine ganze Parallele sehr augenscheinlich, wenn ich sie als Nachbildungen, nicht Uebersetzungen betrachte.

Mit ihren Flügeln deckte —
Kennst du mich noch nicht, Alter?

Ach! ich hab' ihn verloren!
um dessen Grab die Amors
und Grazien einen Hain
von Ros' und Myrth' gepflanzet;
hier hab ich lang und immer
vergebens! meinen Herren
beseufzet — und gegirret!

Zwar schenkte mich Cythere
statt seines schönen Sperlings
bald einem ihrer Knaben:*
der gab mir viel zu fliegen,
zu essen und zu trinken
und doch must' ich entfliehen! —
Und habe lang auf Bergen,
auf Feld und Baum gewohnet,
und mich schon alt genähret,
bis mich für meine Treue
Cythere einem zweiten
Anakreon jetzt schenket.
Dem hat sie mich geschmücket,
dem wieder jung gesalbet,
dem schickt sie dieses Kränzchen,
der wird mich willig pflegen.

Nun Wandrer, weißt du alles
von deiner alten Freundin.
Fast ist mein Duft verflogen,
fast machtest du mich schwazhaft,
wie S.* und P.** Spatzen.,,

* Catull.

4.

Tyrtäus und der Grenadier.

Aber Gleim gilt bei mir in einem andern Ge=
sichtspunkt noch mehr — er ist unser Grenadier.*
Tyrtäus und der Grenadier — ich glaube bei
dieser Vergleichung eine zuversichtliche Miene anneh=
men zu können. Jener war das Geschenk des Ora=
kels für Sparta, wie dieser für den Ruhm Deutsch=
lands: ich sage nicht, für den Ruhm seines Heers,
weil dieses vielleicht einen Tyrtäus nicht so nöthig hat=
te, als das muthlose Sparta. Daß der Deutsche
nicht durch seine Lieder eben dasselbe Verdienst, und
eben denselben Lohn hat erlangen können; liegt nicht
an seinen Gesängen, sondern an unsrer unpoetischen
Zeit, in der man nicht mehr, wie in Griechenland,
den Musen vor der Schlacht opfert. Dort wären
seine Lieder unter Pauken= und Trompetenschall er=
klungen: sie hätten die Fahnen voll Muth empor
geschwungen, die Schwerter entblößt, dem Feinde
panisches Schrecken zugetönt: sie wären, wie Ju=
stin es vom Tyrtäus sagt, hortamenta virtutis,
damnorum solatia, belli consilia gewesen: tantum
ardorem militibus iniecissent, vt non de salute,
sed de sepultura solliciti, tesseras insculptis suis et
patrum nominibus, dextro brachio deligarent, vt
si omnes aduersum proelium consumsisset, et tem=
poris spatio confusa corporum lineamenta essent,

* Lit. Br. Th. 17. p. 6. 7.

ex indicio titulorum tradi sepulturae possent. —
Sie hätten Sparta den Sieg, dem Sänger das stolze
Bürgerrecht in Sparta, und das noch stolzere Geschenk: die Unsterblichkeit, gegeben. „Wenn Gleim
„es hätte dahin bringen können, daß die Krieges-
„lieder des Preußischen Grenadiers in des
„gemeinen Soldaten Hände gekommen wären: so
„müsse er in den Preußischen Staaten unter den Dich-
„tern den ersten Rang nach den erbaulichen haben.„*
In Absicht auf sein Verdienst; jezt hat er wenigstens
das Verdienst um die Ehre seiner Nation, daß er
Nationalgesänge gesungen, die keiner unsrer Nachbarn hat, keiner unsrer Nachbarn
uns entwenden kann, und die vielleicht mehr als
Tyrtäisch sind.

Sie sind Nationalgesänge: voll des Preußischen Patriotismus, stützen sie sich auf die jedes-
maligen Umstände ihrer Gelegeuheit. Der Grenadier
redet von großen bekannten Begebenheiten, die je-
dermann aufmerksam machen: die heroischen Gesinnungen, der Geiz nach Gefahren, der Stolz für das
Vaterland zu sterben, ist seine einzige Begeisterung:
hier hat einmal ein Deutscher Dichter über sein Deutsches Vaterland ächt und brav Deutsch gesungen, ohne
an andre Nationen sein Genie zu verpachten.

Und solchen Grenadier hat vielleicht keine Nation von unsern Nachbarn. Ich habe viele Fran-

* Abbt vom Verdienst p. 367.

zöfische Gedichte im vorigen Kriege gelesen, die auch
den Ton des Patiotrismus gegen die Engländer an-
gestimmet haben: allein wenn wir viele Grenadiers
hätten, —

> So schlagen wir sie mit Gesang
> Wie Friedrich mit dem Schwert.

Das Gespräch mit der Deutschen Muse
redet hier an meiner Statt gegen die Franzosen; und
von den Englischen Dichtern ist mir in den neuern
Zeiten kein Stück bekannt, das so viel als die Kriegslieder wiegen sollte; die alten Ballads nehme ich
aus, mit denen wir uns freilich nicht messen können.

Und die besten seiner Schönheiten sind dazu unüber-
sezbar.* Die edle Einfalt, die Deutsche rauhe Stärke,
die Hoheit und Kürze seiner Bilder, Schwung und
Kolorit, alles ist so sehr in die Laune, und in den
Wohllaut unsrer Sprache eingetaucht, daß diese wenigen Stücke gleichsam ein Gränzstein seyn können,
wo unsre Dichtkunst an Franzosen und Engländer
gränzt. Die Sprache des Grenadiers kann, ohne
zu verlieren, weder in Französische Prose noch Poesie übergetragen werden, und von der Englischen
Poesie, die von Beiwörtern und Bildern strotzet, **
unterscheidet sie sich eben so glücklich. Diese Sprache
ist die wahre Deutsche Nationallaune; ihr Deutsche!
müßt ihr schon nachahmen, so ahmt lieber eure Landes-

---

* Lit. Br. Th. 16. p. 50.
** Kleists Werke, 2ter Th. Pros. Aufsätze.

leute nach, als fremde Nationen, um lächerlich oder
verächtlich zu werden.

Wir haben also wirklich einen Tyrtäus, und
wenn wir den Plan der Stücke, und einzelne Theile
betrachten, noch mehr, als ihn. Plato würde unserm Landsmann den Titel eines Göttlichen nicht ab-
geschlagen haben, und wenn die unwissende Zeit seine
Werke so ungerecht verzehren sollte, als die meisten
des Tyrtäus: seine eilf Kriegslieder haben mehr An-
recht auf die Unsterblichkeit, als die Griechischen viere.

5.

Theokrit und Geßner.

Von allen Werken des Schweizerischen Geßners liebe ich seine Idyllen am meisten, und will sie
mit den Idyllen des Theokrits vergleichen: sie
verdienen dies mehr, als die Idyllen des Fontenelle und Pope. Ich will den feinen Bemerkungen
des Kunstrichters * folgen, so fern sie zu meiner Vergleichung gehören, und so fern ich ihnen beistimmen
kann.

„Man kann entweder die Beschäftigungen
„und die Lebensart, oder die Empfindungen
„und Leidenschaften der kleinen Gesellschaf-
„ten betrachten. Sowohl die Lebensart, als die
„Empfindungen, können entweder der Natur ge-

* Lit. Br. Th. 15. p. 113.

„mäß, gleichsam porträtirt, oder nach dem
„Ideal verschönert werden. Hier ist in wenig
„Worten die Beschreibung von viererlei Arten von
„Gedichten, die alle zu einer Hauptklasse, den
„Landgedichten überhaupt, gehören. 1) Die Be-
„schäftigungen von kleinern Gesellschaften nach der
„Natur. 2) Eben dieselbe nach dem Ideal. 3) Die
„Empfindungen und Leidenschaften der kleinern Ge-
„sellschaften nach der Natur. 4) Eben dieselbe nach
„dem Ideal. Die erste ist das eigentliche Landge-
„dicht: die zweite kommt mit der Beschreibung des
„goldnen Weltalters überein: die dritte ist eine Art
„von Landekloge, die nicht ganz zu verwerfen ist:
„die wahre Idylle Theokrits, Virgils und
„Geßners. Was ist nunmehr die Idylle? Nichts
„als der sinnlichste Ausdruck der höchst ver-
„schönerten Leidenschaften und Empfin-
„dungen solcher Menschen, die in kleinern
„Gesellschaften zusammen leben.„ * —
Der sinnreiche D. mag als Beobachter Recht haben,
in der Anwendung finde ich einige Bedenklichkeiten.

Zuerst: Landgedicht, Ekloge und Idyl-
le: der Sache nach mag ihr Unterschied wesentlich
und nothwendig seyn; wer aber gibt den Worten
den allgemeinen Werth: du sollst eben das bedeuten! Unser Kunstrichter glaubt mit Schlegel
einerlei unter Landgedicht zu verstehen, und es ist

zwischen

* p. 124. 125.

zwischen ihnen doch ein Unterschied. Schlegel versteht darunter blos ein Landschaftsſtück, eine Schilderung der Gegenſtände der Natur; D. meint ja ſchon Beſchäftigungen darunter, und alſo wirklich Handlung, was jener doch ſchon zur Ekloge rechnet: der Franzoſe verſteht wieder was er will, unter Idylle und Ekloge: wenn auch nur 10 Stücke von Theokrit und Virgil alsdenn noch Eklogen ſeyn könnten; genug, wenn er nur ſeinen Fontenelle behält; ein Deutſcher wirft den Fontenelle heraus, wenn er nur ſeinen Geßner behält — So beſtimmt ein jeder willkührlich, und weil kein geſezgeberiſcher Ariſtoteles vorgearbeitet hat, ohne Einheit.

Was iſt zu thun? Theokrit, Moſchus und Bion haben Idyllen geliefert: aus ihnen abſtrahire man alſo den Begriff der Idylle. Virgil hat ſeine, Eklogen, genannt; um den Unterſchied der Namen zu beſtimmen, beſtimme man den Unterſchied der Werke. Nun vergleiche man die Neuern mit den Alten: wie ſind ſie von ihnen unterſchieden, um neue Klaſſen zu formiren? Wie viel Gattungen gäbe es, die noch ungebraucht ſind? Und was iſt endlich das Landgedicht überhaupt?

Zuerſt alſo! Wenn es vier Arten von Landgedicht gibt, welche iſt die älteſte? Porträte, und ſchlechte Porträte ſind eher, als Ideale, als höchſt verſchönerte Ideale; ſo müſſen auch die erſten Landgedichte gewesen seyn. Könnte dies nicht eine Ursache seyn, (wenn gegen den Eigensinn der Zeit noch muthmaßliche Ursachen gelten) warum vor Theokrit alle Landdichter verloren gegangen sind, warum selbst die meisten Gedichte seines Lehrers, Bions, verloren gegangen sind: weil sie vielleicht die Natur noch zu gemein porträtirt haben? Nur Theokrit, ein später Dichter, wurde der erste Anfänger einer goldnen Epoche, weil er eben den Zeitpunkt in den Landgedichten erreichte, daß seine verschönerte Natur auch seinen Zeitaltern gefallen konnte.

Aber welche Natur hat er verschönert? Beschäftigungen? Oder Empfindungen und Leidenschaften? Der Anfang der Dichtkunst ist wahrscheinlich eher von Leidenschaften, als bloßen Beschäftigungen gewesen; diese waren theils nicht werth, theils nicht hinreichend genug, um Dichterei hervorzubringen. Dies bestätigen die ältesten Beispiele, und die Känntniß der ersten Zeiten noch mehr. Erst Leidenschaft, dann Empfindung, dann Beschäftigungen, und endlich todte Malerey: so ist der Gegenstand der Dichtkunst nach verschiedenen Zeitaltern gesunken. Eben derselbe Schritt, wie aus der Idylle, der Schäferdichterei, eine Ekloge, ein Landgemälde entstanden, hat eine andere Veränderung zur Parallele, wie aus der Homerischen Iliade, eine Aeneide, aus dem εἶδος des Pindars, eine Ode des Horaz, aus dem μέλος des Anakreons, eine Tändelei Catulls geworden: jene redeten durch Ausdruck und Handlung, diese redeten durch Worte und Schilderungen: jene bewegten durch das, was sie zeigten, durch Empfindung; bei diesen kam es sehr in Betracht, auf was Art sie es vorzeigten — Kurz! wenn Idylle das Landgedicht ist, das Leidenschaften und Empfindungen kleiner Gesellschaften auf die sinnlichste Art ausdrückt, so ist Theokrit ein Idyllendichter, und zwar der vollkommenste unter allen, die ich kenne.

Aber Empfindungen und Leidenschaften nach dem Ideal?* Höchstverschönerte Leidenschaften und Empfindungen? Eine Leidenschaft, eine Empfindung höchst verschönert, hört auf Leidenschaft, Empfindung zu seyn: zweitens, sie hat keinen sinnlichen Ausdruck: das höchste Schöne hat kein Bild. Wir wollen diese zwei Ursachen sehen! Ein Schäfer mit höchst verschönerten Empfindungen hört auf, Schäfer zu seyn; er wird ein poetischer Gott: das ist nicht mehr ein Land der Erde, sondern ein Elysium der Götter: er handelt nicht mehr, sondern beschäftigt sich höchstens, um seine Idealgröße zu zeigen: er wird aus einem Menschen ein Engel, seine Zeit ein gewisses Figment der goldnen Zeit. — Und profitirt der Dichter dabei? Ohnmöglich! Uns rührt nichts, was nicht mehr Mensch ist: Götter, die nicht menschlich werden, bewundern wir höchstens mit kalter Bewunderung:

* p. 124. 125.

J 2

so entgeht dem Dichter viel von seinem Zweck: und noch mehr von der Mannichfaltigkeit seiner Charaktere. Wenn ich immer die höchst verschönerte Schäferlarve sehe, so verliere ich die Verschiedenheit menschlicher Gesichtszüge: dem Dichter entgehen zehn Situationen, dem Leser zehnerlei Vergnügen. Kurz! aus eben den Ursachen, warum derselbe Kunstrichter von der Bühne und aus der Epopee * das Ideal der Vollkommenheit verbannen will, verbanne ichs aus Arkadien: es schafft Unfruchtbarkeit, Einförmigkeit, und schränkt die Erfindung ein.

Ich will aber keine Abhandlung über das Schäfergedicht schreiben, sondern nur den Charakter der Theokritschen und Geßnerschen Idyllen bestimmen, und eben dies hat mich so weit geführt. Der Kunstrichter sagt, „Empfindung und Leiden- „schaften nach dem Ideal: das ist die wahre Idylle „Theokrits, Virgils und Geßners.„ Wie? dachte ich, alle drei nach einem Ideal? alle drei höchst verschönert? Der Kunstrichter raubt mir mit seiner Eintheilung allen Unterschied, den ich so oft zwischen allen dreien empfunden, und Empfindung läßt sich nicht sogleich rauben.

Die Leidenschaften, die Theokrit seinen Schäfern gibt, sind durchaus menschlich, und nach ihren kleinen Gesellschaften, nach ihrem Zustande,

* Lit. Br. Th. 7. und 9.

nicht aber moralisch unschuldig: Daphnis und
sein Mädchen fällt jedem hiebei zuerst ein: ist die
Liebe der Zauberin zu ihrem Geliebten wohl höchst
verschönert? Platonisch vollkommen denkt, empfindet
und liebt kein Schäfer in ihm. Er überläßt sie ihrer
Natur, die nach ihrem Zeitalter und nach ihrer Ge=
sellschaft unschuldig ist. Seine Schäferhelden sind
nicht jenem philosophischen Helden gleich,

    Qui metus omnes et inexorabile fatum
    Sublecit pedibus   —   —

alsdann wären sie unerträglich. Seine Liebe wird
stürmisch, wird Raserei bis zum Tode: selbst seine
Grazien sind nichts weniger als höchst verschö=
nerte Ideale. Aus jeder Idylle muß ich Proben
hiervon anführen können, weil ich dies eben für das
Charakterstück derselben halte.

Der Kunstrichter verwirret sich selbst in seinem
eigenen Gewebe, wenn er auf die niedrigen Zü=
ge stößt, die die Franzosen im Theokrit nicht aus=
stehen können, und löset dies Räthsel so auf: „weil
„in der Idylle Leidenschaften und Empfin=
„dungen bis auf den höchsten Grad veredelt wer=
„den, so thue der Dichter wohl, daß er ihre Lebens=
„art nicht zugleich mit idealisiret. *„ Ich glaube,
der Dichter thut nicht gar zu wohl drän, denn je hö=
her das eine veredelt wird, desto mehr muß das
andre verekelt werden. Die Lebensart, sagt er,

* Lit. Br. Th. 5. p. 134. 135.

gehöret nicht mit zu seiner Absicht; allerdings! hat
er nicht kurz vorher selbst eine Eklogenart für die
Landbeschäftigungen ausgemacht: und was ja eine
ganze Ekloge abgeben kann, sollte das als Theil bei
dem andern so unbeträchtlich seyn? Aber durch diesen
Kunstgrif wird der Leser aus der Irre der idealischen
Welt auf die Natur zurückgeführt? leider! ja, aber
auch zu dem Seufzer gebracht: warüm hat mich der
Dichter in die ärgerliche Irre geführt? hätte er nicht
diesen idealischen Traum gehabt, alsdann hätten seine
Charaktere an Mannichfaltigkeit und Bestimmtheit
gewonnen. Der Kunstrichter siehet sich nach Beispielen um, seinen Gedanken zu erläutern, und ich — zu
widerlegen. Theokrit ist Beispiel genug! Man flechte
in irgend eine Geßnersche Idylle einen Theokritschen
niedrigen Zug ein; er wird unausstehlich: im
Theokrit aber ohne verwöhnte Ohren nicht. Wie
kommt das? „Geßners größtes Verdienst ist, daß er
„die Schranken der Veredelung so genau zu treffen
„gewust.„ Und Theokrit nicht so genau? Und hat
doch sein Ideal höchst verschönert? Gehorsamer
Diener! Der Kunstrichter hat sich blos in das Ideal
seiner Eintheilung und Erklärung wegen verliebt; so
bald er sein Definiren vergißt, bekennt er selbst:*
„Man hat die Empfindungen des Landmannes ver-
„schönert, dem Ideal näher gebracht, doch so daß
„sie ihre Natur nicht ablegen!„ Nun sind wir schon

* p. 134.

mehr Freunde, doch nicht völlig: wenn das Ideal
die höchste Schönheit bleibt: so steht Virgil über
Theokrit, Geßner über Virgil, und Fontenelle über Geßner; und ich rangire umgekehrt.

Das Ideal des Schäfergedichts ist: wenn man
Empfindungen und Leidenschaften der
Menschen in kleinen Gesellschaften so
sinnlich zeigt, daß wir auf den Augenblick
mit ihnen Schäfer werden, und so weit
verschönert zeigt, daß wir es den Augenblick
werden wollen; kurz bis zur Illusion und zum
höchsten Wohlgefallen erhebt sich der Zweck
der Idylle, nicht aber bis zum Ausdruck der
Vollkommenheit, oder zur moralischen
Besserung.

Aus dieser Bemerkung, die ich anderswo beweisen will, folgt vieles zu meiner Parallele: je näher
ich der Natur bleiben kann, um doch diese Illusion
und dies Wohlgefallen zu erreichen; je schöner ist
meine Idylle: je mehr ich mich über sie erheben muß,
desto moralischer, desto feiner, desto artiger
kann sie werden, aber desto mehr verliert sie an poetischer Idyllenschönheit. Dies ist der Unterschied
zwischen Theokrits und Geßners Charakter.

Theokrit schildert durchgängig Leidenschaft;
Geßner, um nicht seinem Ideal zu nahe zu tre-
ten, ist hierinn weit blöder. So wie uns unser
Wohlstand zu einer Schwäche gebildet, die nur

für uns schön läßt, so schmeckte vieles dem Geschmack der Griechen, was uns zu stark ist. Seine
Schäferleidenschaft bleibt immer mehr schleichende Neigung: die weiche, zärtliche Liebe, zu drücken, zu herzen, zu küssen; dies ist die Farbe, die man überall
sieht. Amyntas, ein Schäfer, der sich des
Baums erbarmte, läßt uns, wie Rammler* sagt,
schließen „was wird nicht ein größerer Vorfall bei
ihm würken?„ so schließen, glaube ich, kann
man im Geßner oft; aber es sehen? — selten!

Theokrit schildert kleinere menschliche Gesellschaften, nicht „wie sie der Weltweise in der Oeko-
„nomik moralisch betrachtet** „sondern wie er
sie als Dichter von seiner Zeit abstrahiren konnte, um
sinnlich zu reizen und zu überreden. Seine Sitt-
lichkeit ist also auch nichts minder als moralisch,
sondern politisch, diesen kleinen Gesellschaften so
fern angemessen, damit sie reizen und illudiren.
Das ganze goldene Weltalter, in welches die Schweizer die alten Schäfer setzen, ist also eine schöne Grille:
die Griechischen Idyllendichter wissen von einer vollkommen goldnen Zeit nur im seligen Elysium der
Götter, und in der Jugend der Welt, wo die Helden lebten: da schöpften die Corybanten aus Milch-
strömen ihre Begeisterung; aber Theokrits Schäfer
schöpfen klares Wasser: ja auch da nicht einmal waren

* s. seinen Batteux.
** s. Litter. Br. im angef. Theil.

die Helden den seligen Göttern gleich: und Theo=
krits Schäfer sollten es seyn? Ist Battus, ist
Polyphem, ist der arme Fischer denn in dem
glücklichen, reizenden Alter, wie man das goldne malt?
Aber was gewinnt Theokrit dabei? Er kann wirk=
liche Sitten schildern. Da er sein Gemälde aus
dem Leben porträtirte, und bis auf einen gewissen
Grad erhöhete; so konnte er auch Leben in dasselbe
bringen.

Aber Geßner und die Neuern? Wir, die von
diesem Zeitalter der Natur so weit entfernt sind, daß
wir fast niemals wahre menschliche Sitten, son=
dern politische Lebensart erblicken, müssen ent=
weder einem ganz abgezogenen Ideal folgen,
oder, wenn wir unsre Lebensart verfeinern wollen,
Artigkeit malen. Das lezte that Fontenelle; er,
der in seiner Nation nichts erblickte, nichts anders
erblicken wollte, und endlich selbst an alten Schäfern
nichts anders erblicken konnte, schilderte, was er sahe
und sehen wollte: Gewohnheiten und Umgang
und Artigkeit und Hofmanieren, die endlich einem
Franzosen gefallen können, aber einem Griechen veräct=
lich und ekelhaft seyn müssen. Geßner, der von
den Griechen seine Weisheit erlernt hat und seiner
Zeit sie bequemte, nahm sich also ein gewisses
moralisches Ideal, und was verliert er da=
bei? —

Erstlich die Bestimmtheit der Charakte=

re. Seine Schäfer sind alle unschuldig, nicht weil die Unschuld aus ihrer Bildung folgt, sondern weil sie im Stande der Unschuld leben: lauter Schäfer-larven, keine Gesichter: Schäfer, nicht Menschen. Statt zu handeln, beschäftigen sie sich, singen und küssen, trinken und pflanzen Gärten. Worinn ist Geßner glücklicher, als in diesen Küchen-und Landschaftsstücken, wo er die Natur oft als eine Nymphe an ihrem Nachtschleyer unvermuthet erhascht. Geßner ist hierinn noch vor-treflich, und mischt diese Schilderungen nur ein; aber wenn seine Nachfolger mittelmäßige Schilderungen zum Hauptwerk*, zu ihrem gan-zen Geschäfte machen; so weicht dies ja ganz von den Alten ab. Sie malen das, worinn ihnen der Maler es zuvor thun kann, nur selten, nur als ein Nebenwerk, nur kurz: wenn aber Breitenbauchs Jüdische Schäfergedichte nichts als mälen: so — können sie blos durch die Kunst des Malers schätz-bar werden, und schlägt die fehl — so ist alles ver-loren.

Die Mannichfaltigkeit leidet bei diesem Ideal noch mehr. Nicht von innen aus der Seele, sondern meistens nach Umständen wird sie bestimmt. Geßners Idyllen sind oft allerliebste Schäfertände-leien, hier über ein fliegendes Rosenblatt, dort über einen zerbrochenen Krug, hier über einen Baum,

* s. Jüd. Schäfergeb.

dort über das Schnäbeln der Tauben; hier redet der Vater Menalkas, hier der Sohn Myrtill über seinen schlummernden Vater; hier der neunzigjährige Palämon: hier der Liebhaber, dort die Schöne; immer aber derselbe Schäfer, nur in einer andern Situation.

So möchte Geßner gegen Theokrit seyn. Ich weiß nicht, ob ich mit Rammler sagen kann: "er hat im wahren Geist des Theokrits gedichtet. „Man findet hier gleiche Süßigkeit, gleiche „Naivetät, gleiche Unschuld in Sitten. „ Die Süssigkeit des Griechen ist noch ein klarer Wassertrank aus dem Pierischen Quell der Musen; der Trank des Deutschen ist verzuckert. Jenes Naivetät ist eine Tochter der einfältigen Natur; die Naivetät im Geßner ist von der idealischen Kunst geboren; jenes Unschuld redet in Sitten des Zeitalters; die Unschuld des Letztern erstreckt sich bis auf die Gesinnungen, Neigungen, und Worte. Kurz! Theokrit malt Leidenschaften und Empfindungen nach einer verschönerten Natur: Geßner Empfindungen und Beschäftigungen nach einem ganz verschönerten Ideal: Naturscenen kann ich noch dazu setzen; nur Leidenschaften? nicht so leicht. Wo er sie schildern muß z. E. in seinem Tode Abels und in seinem Daphnis, mißrathen sie oft: Abel zu fromm: Cain zu übertrieben, und unwahrscheinlich: Daphnis für die Erde

zu himmlisch und für das Reich der Hebe zu irdisch.
Seine Schäferspiele — man führe sie auf: und man
wird Puppen sehen: man lese sie, und es sind er-
götzende Puppen. Aber ein Schäferspiel wirklich
in Theokritschem Geist, das muß eben so wohl rühren, als ein Griechisches Heldenspiel.

Ich entziehe Geßner hiemit nichts von seinen
gerechten Lobsprüchen: ich kann aus Rammlers Batteux mit willigen Fingern hinzusetzen: "Seine
„Erfindungen sind (im Detail) mannichfaltig: seine
„Plane regelmäßig: nichts ist schöner als sein Co-
„lorit: seine Prose ist so wohlklingend, daß wir
„den Theokritschen Vers nur sehr wenig vermissen."
Ich preise ihn allen Deutschen an, von ihm Weisheit im Plan, Schönheit in der Auszierung, die
leichteste Stärke im Ausdruk, und die schöne Nachläßigkeit zu lernen, womit er die Natur malet.

Aber Theokrit kann er uns nicht seyn. Im
Geist der Idyllen muß er nicht unser Lehrer, unser Original, und noch weniger unser einziges Original seyn! und das aus drei Gründen: Zuerst
würden dadurch blos arme trockne Nachahmungen
erzeugt, an statt daß aus Theokrit noch neben ihm
Originale gebildet werden können, die eine neue
und eigenthümliche Art der Verschönerung nach dem
Geschmacke unsrer Zeit haben können, wenn sie
Genies sind. Die Natur, der Theokrit näher ist, kann als eine Mutter mit vielen Brüsten,

noch viele Geister tränken, und wer trinkt nicht lieber aus der Quelle, als aus einem Bach?

Zweitens: was ein Genie bildet, ist vorzüglicher im Theokrit: Leidenschaft, und Empfindung; was uns Geßner zeigen kann, ist mehr Kunst und Feinheit: Schilderung und Sprache. Ahmen wir nun blos dem Letztern nach, so entstehet eine peior progenies von Landdichtern, die ewig schildern und langweilig schwatzen: wie Geßner viele solche schon hervorgebracht.

Drittens: Da unsere Laune mehr das Denken, als Beobachten ist: so versäumen wir bei der bloßen Nachahmung der Neuern sehr leicht das Letzte, und vertiefen uns in idealische Träume, statt, wie der Griechische Zeuxis, wirkliche Naturbilder zu studiren. Zu schwach alsdann, das Höchste zu erfliegen, und zufrieden, wenn wir statt eines Griechischen Gefühls lieber Französischen leichten Geschmack haben, bringen wir Misgeburten zur Welt, die ausschweifend auf der einen, und ohne Interesse auf der andern Seite sind: unbestimmte Mittelarten zwischen Engeln und sinnlichen Geschöpfen. Aber desto mehr Liebhaber finden sie oft: weil ein frommer, lieber Leser, und ein unreifer, feuriger Jüngling sie beide umarmen, ob sie gleich der Kenner verwirft.

Endlich schreibt Geßner zwar, gegen einen Athenienser, Dorisch, aber gegen andere Schweizer,

wie Theokrit gegen Pindar: er ist ein Sohn
derselben Grazie, die den Theokrit salbete, und kann
sich in Deutschland das Lob geben, was sich der be-
scheidene Theokrit gab: ich habe mich nie fremder
Musen bedienet!

6.
Alciphron und Gerstenberg.

Zwischen Alciphron und Gerstenberg *
kann ich sagen: siehe! hier ist mehr, als Alciphron. Seine Tändeleien sind artige Spiele der
Liebe: dieses schön wie ein Kuß, jenes wie ein
duftender Blumenstrauß; ein andres, wie das schalkhafte Lächeln eines Mädchens: dies, wie ein freund-
schaftlicher Händedruck; jenes, wie ein süsser Schauder bei der Thräne eines andern: sie schwimmen auf
dem Meere des Wohllauts. Wir wollen diese Gedichte der Grazie weihen, wie Orpheus sein neun
und funfzigstes Θυμιαμα; und ihm die Ode des
Pindars zueignen, die er dem Asopichus sang,
einem jungen olympischen Sänger, der mit den Cha-
ritinnen am silbernen Cepheus geboren war.

7.
Sappho und Karschin.

Die Muse will, daß ich mit einer Dichterin be-
schließen soll, die sich oft, und manchmal am un-

* Lit. Br. Th. 2. p. 228.

rechten Ort den Namen Sappho gibt. Ich würde
diesen Frauenzimmereinfall nicht zur männlichen
Wahrheit machen: wenn nicht die Bestimmtheit,
mit der sie auf sich zeigt, es verriethe; einige ihrer
Verehrer haben vielleicht ihre Bescheidenheit in diesen süßen Traum gewieget.

Wenn man die Gedichte der Mad. Karschin
auch nur als Gemälde der Einbildungskraft betrachtet: so haben sie wegen ihrer vielen originalen Züge
mehr Verdienst um die Erweckung Deutscher Genies,
als viele Oden nach regelmäßigem Schnitt; ich will
ihr auch so gar mehr einräumen, als ihr die Literaturbriefe gestatten*; dem ohngeachtet aber kann ich
doch fragen: ist sie Sappho?

Nach den zwei Fragmenten, die uns von der
Griechin übrig geblieben, würde ich ihren Charakter
ohngefähr bestimmen: "eine Sängerin, die in der
„Anordnung ihrer Gesänge, ihrer Bilder und
„Worte; in der zarten Glut, die alles fort-
„schmilzt und in einer feinen Wahl der wohl-
„klingendsten Ausdrücke eine zehnte Muse
„geworden."

Sollte auch in der Anordnung ihrer Gesänge
Dionysius aus Halikarnassus mehr gefunden
haben, als sie hineingelegt: so sind doch die Karschischen Gedichte damit nicht zu vergleichen, die
ohne Plan im Ganzen, ohne Oekonomie der

* Lit. Br. Th. 17. p. 123.

Bilder, ohne Känntniß des lyrischen Perioden, hingeworfene Geburten einer reichen dichterischen Einbildungskraft sind.

Von dem sanften Sapphischen Feuer ist
Longin, Catull und alle ihre Erklärer, nur
nicht der böse Phaon, durchdrungen gewesen; und
Longin, der Erhalter dieses Stücks, hat das Kunststück des Baumgartens vortrefflich gewußt, seine
Regeln vom hohen Empfindungsvollen in sein Beispiel selbst einzuweben; allein die Deutsche Sappho,
in ihrem Feuer mehr wild als sanft, mehr stürmisch
als schmelzend, dürfte eher in ihren Werken An-
drogyne seyn, als eine zärtliche Freundin der Venus,
wie die Griechin war.

Endlich die Wahl ihres Wohlklanges hat den
Horaz zum Nachfolger erweckt, aber weit hinter
sich gelassen: werden aber wohl Deutsche Horaze
unsre Karschin zum Muster nehmen wollen?
Dürfte die Griechische Sappho nicht zu ihr sagen,
was sie nach einem ihrer Fragmente ihrem Mädchen
sagt: "Du hast ja nie Rosen gepflückt auf den
»Pierischen Bergen, wo die Musen und Grazien
»wohnen.«

Ich wünsche unsrer Dichterin indessen nichts so
sehr, als nicht das Gegenbild der Sappho zu seyn,
in Anordnung, Feuer und Wohlklang; wie es beinahe jetzt ist: und nichts wünsche ich ihren Gedichten minder, als das Schicksal, das die Sapphischen
hatten:

hatten: sie giengen unter, oder geriethen unter die unerbittliche Verstümmelung kritischer Kipper und Wipper; wie leicht könnten sich Kunstrichter deß letzten bei den Karschischen Gedichten anmaſſen, wenn es die Verfasserin nicht selbst thun will?

——————

Wie mag es aber gekommen seyn, daß Sappho unterging? Du wirst vielleicht sagen: wer kann wider Gott und Novogrod? Allein! ein Kunstrichter, der vermuthlich Offenbarung gehabt, wird dir diesen Irrthum benehmen*: "Korinna und Sappho, „die unmäßig und ausgelaſſen waren, mußten dafür „büßen: ihre Verse gingen unter, und ihr Name „blieb zwar, doch mit dem schandbaren Nachklange, „daß sie verbuhlte Dirnen gewesen. „

So wenig ich mich darüber einlaſſen will, warum fast keine Griechische Oden zu uns gekommen: so wenig wird der Verfaſſer dieses Urtheils eine Apologie unter folgendem Titel schreiben:

"Vertheidigung des gerechten Avto da Fe, „das die Griechischen Pfaffen an den schandbaren „Liebesliedern des Menanders, Diphilus, „Apollodors, Philemons, Alexis, der „Sappho, Korinna, Anakreons (den „man aber aus Gnade noch verschonte, weil er „weise gelebt hatte,) Mimnermus, Bions, „Alcmans, Alcäus, u. s. w. heilsam und

* Lit. Br. Th. 21. p. 75.

„gottselig verübet, weil die meisten von ihnen uns
„mäßig und ausgelassen gelebt, und den schändli=
„chen Nachklang gelassen, daß sie verbuhlt gewe=
„sen; wogegen man aber die Gedichte des gott=
„seligen Nazianzenus christlich und wohlbedäch=
„tig eingeführt. „

Hat der Verfasser dazu Lust, so wird er dies Ver=
fahren noch mit vielen Beispielen rechtfertigen kön=
nen:

1) Wie christlichfromm jener Eifer gewesen,
der alle schwarze Statuen zerschlug, weil sie
Werke des leidigen Teufels waren.

2) Aus welch heilsamen Absichten die Gothen
aus Rom die heidnischen Bücher wegschleppten.

3) Welch einen bündigen zweihörnichten Vernunft=
schluß jener Kaliphe Omar machte, da er die
Alexandrinische Bibliothek in Brand stecken
ließ: entweder sagst du, was im Koran
steht, oder — — —

4) Und welche feine und genaue Auswahl der
Pfarrer zu Mancha mit dem Barbier Niklas
anstellte, ehe die Haushälterin ihres gnädigen
Herrn Bibliothek zum Fenster herausschickte.

5) Wird um einige kleine Antworten gebeten:
ob Livius wegen seiner vielen abergläubischen
Geschichten meistens untergegangen, da hinge=
gen die Prinpeia gerettet worden, weil sie
der keusche Virgil gesammlet hatte? ob der

fromme Trescho mehr Gewalt gegen die Zeit haben wird, als die schandbaren Dichter, die von Liebe und Wein singen?

Ich wünsche in der That, aus Liebe zu den Literaturbriefen, daß diese und einige andere hypochondrische Einfälle morgen aus meinem Exemplar verschwunden wären. Hat sich nicht der Kunstrichter erinnert, daß man der schandbaren Sappho zu Ehren Münzen geschlagen?

———

Ich schließe meine Parallele: Sieben Statuen habe ich auf Deutschem Grund und Boden gefunden, als ein ehrlicher Deutscher sie gegen die Griechischen Antiken gestellt: Wandrer! urtheile selbst, oder schaffe selbst mehrere Bildsäulen her, oder arbeite selbst welche aus. Ich gehe fort, und mit einem zurückgeworfenen Liebesblick seufze ich: O ihr Deutschen Griechen, wenn das Schicksal eurer Urbilder auf euch kommen sollte, wie viel werden eurer nach 2000 Jahren übrig seyn? Wird alsdann noch ein Volk von Deutschen Antiken wissen? Wird ein Richter sie alsdann noch mit den Griechen vergleichen? Warum will man der lebenden Welt das Urtheil verbieten, da die Nachwelt desto schärfer richten wird?

———

Beschluß.

Nachschrift an den Leser.) Wer die Fortsetzung dieser Parallele wünscht; der erwarte im dritten Theil etwas von ünsern Römern, Engländern und Franzosen: und nachdem alle Schulden abgetragen sind, wollen wir unser eignes Kapital berechnen, und fragen, wozu wirs anwenden könnten. Der vierte Theil soll von der Aesthetik, Geschichte und Weltweisheit reden, wenn diese weite Materie nicht das Maas eines Theils übergeht. Obgleich meine Fragmente kein Gebäude, sondern blos Materialien sind: so muß man doch auch die Anführung derselben zu vollenden suchen.

An die Schriftsteller, über die ich geredet.) Ob man gleich in Deutschland noch immer über seine Urtheile das Sentiment des Pindars setzt: "Wer "es wagt von Göttern zu reden, der thue es mit "Ehrfurcht; denn der Seligen einen zu tabeln, ist "Unsinn:" so habe ich doch das Zutrauen zu denen, die sich nicht über Mitbürger der Literatur erheben wollen; sie werden auch ein freies Urtheil auf dem Markte über sich nicht ungern sehen. Ich sage mit dem Achilles im Homer: "mir haben die Tro"janer nichts gethan; nie mein Vieh weggetrieben, "nie auf dem fetten und volkreichen Phthia meine "Früchte beschädigt; denn viel schattichte Berge sind "zwischen uns, und das wiederschallende Meer." Der

ganze Plan meiner Fragmente zeigt, daß ich blos
von den Hauptgestirnen unsrer neuern Literatur reden
wollte; die Sterne der fünften Größe mögen eben
so große Sonnen seyn; für uns Erdbewohner aber
nicht.

An die Kunstrichter.) Darf ein Verfasser
selbst den Gesichtspunkt angeben, aus dem er betrachtet seyn will: so bin ich zufrieden, wenn ich
das Genie unsrer Sprache, ihren Zustand, die Fehler und Schönheiten unsrer Schriftsteller, und die
Mittel, von einander zu lernen, gezeigt; wenn ich
zur Känntniß und Nachbildung der Griechen ange-
muntert; wenn ich die Gränzen der morgenländischen
Nachahmung bestimmt, und für Schriftsteller, Leser
und Kunstrichter nur etwas nützlich gewesen bin.
Zweitens! Darf ein Verfasser die Kunstrichter angeben, mit denen er sich über seine Schriften, wie durch
ein öffentlich Commerz, gern besprechen möchte; so
wünschte er sich, ohne andern zu nahe zu treten, vorzüglich das Urtheil eines Michaelis, Moses,
Abbt, Kloß und Rammlers, in der allgemeinen und neuen Bibliothek, in den Actis litterar.
und Götting. Zeitungen, oder anderswo.

Fragmente

zur

Deutschen Literatur.

Dritte Sammlung.

Fragmente.

I.
Von der neuern Römischen Literatur.

Alle allgemeine Urtheile über die Literatur eines ganzen Landes sind schwer und unsicher. Wo soll man stehen, um sie zu übersehen: über ihr, oder in ihrer Sphäre? Ueber ihr: wer kann sich dahin heben? außer der Denkart eines Volks von ihr richtig urtheilen? Wer mag es wagen, die Erde, seine Mutter und Nährerin, zu verlassen, und mit Flügeln, die uns die Natur nicht gab*, sich in eine luftige Wolke heraufzusetzen, um ein kritisches Meteor vorzustellen? — Und ist man selbst ein Punkt des Kreises: wie kann man, wenn man nicht der Mittelpunkt ist, den ganzen Cirkel übersehen: er vertieft sich uns in Schatten, die Aussicht wird schief und unvollständig: warum? man stand selbst in der Reihe, über die man urtheilen wollte: man war selbst nach der Form solcher Denkart gebildet: man hätte, wie Archimedes, einen Punkt außer der Welt haben müssen, um die ganze Welt zu bewegen.

* Expertus vacuum Dædalus aera pennis non homini datis.

Ein Vernünftiger geht also zu solchen Betrachtungen über das Allgemeine mit einer Art von Blödigkeit: er gibt seine Aussichten für nichts als Erscheinungen an: er geberdet sich nicht wie auf einem Richterthrone in den Wolken des Himmels; er tritt aber auch nicht in eine Höhle, um mit knechtischer Bewunderung heraufzublicken: sonst können freilich alle seine Beobachtungen Gesichte eines verrückten Kopfs scheinen.

Aber er bittet seine Leser, als Freunde, auf einen benachbarten Hügel, entdeckt ihnen, was er gewahr wird, befragt sie um das Urtheil ihrer Augen; sehen sie nicht einerlei, so wird der Weise über diese Verschiedenheit des Anblicks sich wundern, und das untersuchen, woher der Irrthum komme: aber schlechthin verlachen, oder für Thoren schelten, das thun nur die, so die Sprache des Kuckuks lieben. — Wer je die Wahrheit eines der schönsten Bilder aus dem Lukrez erfahren, da er sein zweites Buch anfängt:

Snaue mari magno turbantibus æquora ventis
E terra magnum alterius fpectare laborem — —
Suaue etiam belli certamina magna tueri
Per campos inftructa tua fine parte pericli:
Sed nil dulcius eft, bene quam munita tenere
Edita doctrina fapientum templa ferena,
Defpicere unde queas alios, paffimque videre
Errare, atque viam palantes quærere vitæ,
Certare ingenio, contendere nobilitate
Noctes atque dies niti præftante labore
Ad fummas emergere opes, rerumque potiri. — —

Wer dazu gebauet ist, um die Schönheit, nicht dieser Beschreibung, sondern dieses Anblicks zu fühlen; dem wird mein erstes Fragment Gelegenheit geben, über seinen Inhalt selbst mehr nachzudenken.

1.

Die Literatur der neuern Zeiten hat sich im Innern so sehr nach einer lateinischen Form gebildet, daß, wenn wir auch, in Deutschland, auf einige Augenblicke, als Fremde einer andern Zeit und Denkart sehen wollen, wir diese Römische Gestalt nicht verkennen können.

Nehmet den historischen Faden der Weltbegebenheiten, so wie er sich in unserm engen Gesichtskreise fortgeleitet, durchflochten, verwickelt, und endlich halb entwickelt, halb zerrissen hat: — und nun sehet! an welchem Ende hat Deutschland ihn gefasset; an welcher Stelle hält es noch bis jetzt? — Leser! laß die Geschichte reden: Der feine Griechische Geschmack in Sprache, Wissenschaften, und Künsten, muß erst unter dem Römischen Himmel halb verbleichen, und seinen Duft verhauchen: Wahrheit und Schönheit halb verwelkt trauret wie eine sinkende Blume — und nun kommen Nordische Horden, diese Blume ganz zu zertreten. Die verdorbne Römische Literatur mischt sich mit den rohen Begriffen

ihrer Ueberwinder: Römer und Barbarn
vermischen ihre Denkart: ein heiliger
Orientalisch = Hellenistischer Geschmack
kömmt dazu, um ihr eine neue Richtung
zu geben. So gähren Griechisch=Römisch=
Nordisch = Orientalisch = Hellenistische
Dämpfe ganze Jahrhunderte: sie brau=
sen gewaltig auf: die Hefen sinken end=
lich langsam, und nun! was ist ausgegäh=
ret? ein **neuer** moderner Geschmack in
Sprachen, Wissenschaften und Künsten.
Habe ich wider die Geschichte geredet? — Nein! —
Und wäre es also nicht eine nützliche Bemühung
für einen historisch = philosophischen Scheidekünst=
ler, diesen Geschmack in seine Theile aufzu=
lösen, und für eine ganze Nation das schwere Ge=
schäffte zu übernehmen: eine Geschichte des
menschlichen Verstandes zu liefern — über
das ganze menschliche Geschlecht? — wer
kennet dies? — nur über die Völker, die
auf uns einen wirklichen Einfluß gehabt! — und
über ihren ganzen Geist? Auch nicht! Er forsche nur,
wie nach den verschiednen Wanderungen und Ver=
wandlungen der Geist der Literatur seine gegenwär=
tige Gestalt angenommen. Solch ein Werk würde
den entweiheten Namen: histoire de l'esprit humain
wieder adeln.

Uns befremdet diese Gestalt nicht, oder wir wer=

den sie gar nicht mehr gewahr, da wir ihrer gewohnt
sind: aber was würde ein alter Weiser aus dem Orient
oder Athen in einem großen Theile der Wissenschaf=
ten erblicken? Ist das wundersame Bild ein Traum,
das ich in meiner Einbildung vor mir sehe, und das
auf seiner Stirn den Namen trägt: Neuere Li=
teratur der Völker? Es ist ein großer Coloſſus:
sein Haupt von orientalischem Golde, das meinen
Blick tödtet, weil es die Stralen der Sonne zurück=
wirft: seine hochgewölbte Bruſt glänzt von Griechi=
schem Silber: sein Bauch und Schenkel veſtes Rö=
misches Erz: seine Füße aber sind von nordischem
Eisen mit Galliſchem Thon vermengt — ein unge=
heures Wunderwerk der Welt: die Anbetung eines
Volks, das Geschöpf langer Jahrhunderte und Ge=
schlechter: ein prächtiger unabsehbarer Anblick: sein
Haupt raget über die Wolken: mein Auge erhebet
sich kaum bis an seine Bruſt, und fällt matt zum
Boden zurück: ich falle nieder und bete an! = = =

Wer da will, erkläre dieses Traumbild auch von
der ganzen Form unserer Literatur in Deutschland:
ich eile zu meinem Zweck. — Die alten Deutschen
nannten die Sprache der Römer eine barbarische,
fürchterliche und hochmüthige Sprache, weil das Volk
sie redete, das zum Herrschen über die Welt geboh=
ren zu seyn glaubte. Sie war das unglückliche Werk=
zeug, das freien Nationen despotische Geseße gab:
durch sie machten die Römer zu Geiseln die Kinder,

und die Väter zu Sklaven: durch sie und durch die
Wissenschaften, die mit ihr eingeführet wurden,
wanden sie tapfern Nationen das Schwert aus der
Hand, daß sie den Arm entnervt sinken ließen, und
den Becher der Ueppigkeit annahmen; durch sie suchten die Römer die Haine der Deutschen Tapferkeit,
Freiheit und Aufrichtigkeit zu zerstören, die Bewoh-
ner dieser Wälder in Städte und Schulen zu zwin-
gen, und sie mit Gelehrsamkeit und Unglück zu be-
schenken. Daher schauderten die Deutschen vor dieser Sprache, und fochten gegen sie unüberwindlich —
arme Helden! tapfre Väter! ihr strittet vergebens:
eure Urenkel nahmen endlich diese Fessel der Freiheit, halb gezwungen, halb willig an, als eine Fessel
der Ehre — am Altar!

Wir sehen diese dunkle Zeit oft aus einem viel
zu einseitigen Gesichtspunkt an: Karl der Große wird
als ein ruhmwürdiger und verdienstvoller Monarch
angepriesen, der die Deutsche Sprache und Dichtkunst
geliebt, die lateinische Sprache und mit ihr die Wissenschaften, die Religion, und mit ihr das Glück
ausgebreitet hätte. — Betrachtet ihn näher, und
sein Verdienst sinkt, wenn sein Ruhm billig pranget:
er war ein unglücklicher Mann, der, als ein Geschöpf
von Rom, ein Sohn oder Vater des Pabstes, ein
Eiferer bis zur Menschenfeindschaft, ein Vertilger
der Bardischen Literatur, der Vater eines unglücklichen Geschlechts, blos eine neue Epoche voll Unru-

he, Unheil und nie zu erstattenden Schadens anfing —
und das alles ohne Schuld und meistens wider seinen
Willen.

· Mönche und Fränkische Priesterhorden führten,
das Schwert in der einen, und das Kreuz in der
andern Hand, den Götzendienst des Pabstes, die schlech-
testen Trümmern der Römischen Wissenschaften und
den niedrigsten Gassen = und Kloster = Dialekt der Römischen Sprache in Deutschland ein: drei Schwestern der Barbarei und des Unglücks, die mit ver-
schlungenen Händen triumphirend einzogen, und das
Joch über eine Nation warfen, der es schwer fiel,
es zu tragen, die unter allen Ländern Europens am
meisten darunter gelitten und vielleicht noch leidet.
Die Lateinische Religion lehrte gedankenlose Hartnäckig-
keit im Behaupten, die Lateinische Literatur erstickte
den Geist, und schnitzelte den Geschmack an Spekulationen und Unsinn, die Mönchssprache führte ewige
Barbarei in der Sprache des Landes ein. — Und diese
Sündfluth muß viele Jahrhunderte durch in fauler
Ruhe stehen, bis sie sich in das Mark der Literatur
einzog, den Geist der Nation vergiftete, und in
Gelehrsamkeit, Sprache und äußerm Zustande,
der die Form zur Bildung ist, ewige und unaus-
löschbare Eindrücke nachließ. So bildet in dem zarten weißen Leim der Toscanischen Marmorbrüche
eine faule Sumpfader ewige Figuren: sie härten sich,
werden polirt, ihnen wird nachgeholfen, und nun

findet ein Thor in ihnen weise Spiele der Natur, vortreffliche Risse der Kunst, Schönheiten, die zum wirklichen Wesen des Marmors gehören sollen.

Wie aber? Ist nicht dies Labyrinth, durch die christliche Barbarei immer noch ein Richtsteig gewesen zum Tage, zur Mittagssonne? Wie? wenn Deutschland seinem natürlichen Fortgange der Kultur überlassen geblieben wäre, sollte es denn durch sich selbst, in so kurzer Zeit, so hoch gekommen seyn, als es ist? Die fremde Zumischung von Hefen war eben ein Gährungsmittel, es zu reinigen: hätte es sich selbst klären sollen, es stünde noch trübe. — „Ich habe so wenig Macht, alles dies völlig zu läugnen, als der andre, es völlig zu behaupten. Weißt du denn, ob die Römische Barbarei dir, in Betracht der Bardischen Barbarei, raubte oder zubrachte: ob sie mehr niederriß oder besser bauete? — Und siehe! sie hat dir alles so weit geraubt, daß du nicht einmal urtheilen kannst: indessen besiehe die einzelnen Ueberbleibsel einiger benachbarten Barbarei, welche der Römischen Wuth entronnen sind: so wirst du vielleicht diese Bardische Barbarei mit andern Augen anzusehen anfangen, als du sie gemeiniglich sahest: du wirst zweifeln!

Jetzt denke weiter! Kein größerer Schade kann einer Nation zugefüget werden, als wenn man ihr den Nationalcharakter, die Eigenheit ihres Geistes, und ihrer Sprache raubt: überdenke dies,

dies, und du wirst den unersezlichen Schaden sehen.
Nun suche in Deutschland. Lies Tacitus: „die Völ=
„ker Deutschlands, die sich durch keine Vermischung
„mit andern entadelt, sind eine eigne unverfälschte
„originale Nation, die von sich selbst das Urbild ist.
„Selbst die Bildung ihres Körpers ist in einer so
„grossen Menge Volks noch bei allen gleich:" u.
f. w. Jetzt siehe dich um, und sage: „die Völker
„Deutschlands sind durch die Vermischung mit an=
„dern entadelt, haben durch eine langwierige Knecht=
„schaft im Denken, ganz ihre Natur verloren: sind,
„da sie lange Zeit mehr als andre ein tyrannisches
„Urbild nachgeahmt, unter allen Nationen Europens
„am ungleichsten sich selbst." Mit ihren Wäldern ist
ihre Freiheit ausgehauen, den Winden und fremden
Sitten ein Durchzug verschaffet, für Sonnenstralen
und fremde Gewächse Raum gemacht, der Aberglau=
be erniedrigte die Denkart in den Staub, die subtile
Spitzfündigkeit gab ihrem Geiste verunstaltende Krüm=
mung, die Sprache erlag. Haben wir mehr bekom=
men, oder aufgeopfert? Das zähle ein Weiser nach,
der den Päbstischen Aberglauben mit der alten rauhen
Tugend, die politischen Unruhen mit der alten
rauhen Stille, den Auskehricht der Mönchsgelehr=
samkeit mit der alten Bardischen Armuth, die soge=
nannte bäurische Römische Sprache mit der
Altdeutschen zusammenwägen könnte. Wäre Deutsch=
land blos von der Hand der Zeit, an dem Faden

selner eignen Kultur fortgeleitet: unstreitig wäre unsere Denkart arm, eingeschränkt; aber unserm Boden treu, ein Urbild ihrer selbst, nicht so misgestaltet und zerschlagen.

Wer die Geschichte kennet, wird die Ursachen wissen, warum Deutschland mehr als andre Nationen in dieser Päbstischen Barbarei gelitten, und unter den meisten Völkern seine hohe und edle Originaldenkart sich hat müssen rauben lassen: weil seine Lage, seine politische Verfassung u. s. w. es fesselte, und selbst bei der Wiederauflebung der Wissenschaften fesselte. O wäre es in diesen Zeitpunkten eine Britannische Insel gewesen!

Der Lauf der Dinge, der Wurf der Zufälle ist freilich nicht zu ändern: wie aber, wenn Europa eine Sklavinn von dem Griechischen Konstantinopel gewesen wäre, statt vom Lateinischen Rom? Immer lieber und besser in Absicht auf Religion, Gelehrsamkeit und Sprache. Diese Hypothese können die überdenken, die da glauben, es sey nothwendig eine Wolke der Unwissenheit dazu nöthig, daß hinter ihr eine Juno entstehe. Wie? wenn es eine Denkungsart und einen Geschmack im Allgemeinen gibt, der sich, trotz aller Umwandelungen der menschlichen Natur und der Völker der Welt, auf echt erhält und wieder erhebet: so untersuchet bey dieser großen ungeheuren Behauptung auch die kleinere Hypothese: ob es der Denkart des Ganzen vortheilhafter ge=

wesen wäre, unter Rom oder Griechenland zu
dienen?

Sollte es nicht verdienen, daß man dem Leitfaden in den dunkeln Zeiten sorgfältig nachginge,
wie sich allmählich der alte Geist der Deutschen
verloren, und ein neuer Geist gebildet habe? —
Sollten es nicht die Zeiten der schwäbischen
Kaiser verdienen, daß man sie mehr in ihr Licht
der Deutschen Denkart setzte? Wir sind den
Schweizern allen Dank schuldig, daß sie durch die
Ausgabe einiger Denkmäler dieses Zeitalters einen
etwas hellern Stral auf die Literarseite dieses Jahrhunderts geworfen. — Sollte es nun nicht Friederich der Zweite aus diesem Hause insonderheit
verdienen, daß ein Kenner der mittlern Geschichte
ihn mehr in sein Licht setzte, da er jetzt blos in der
Dunkelheit hervorschimmert. Dieser Mann, den der
Schutzgeist Deutschlands brauchen wollte, um der
Wiederhersteller der Griechischen und Morgenländischen Literatur, der Römischen Sprache, der Weltweisheit und Naturkunde zu seyn, der selbst ein Kenner nach der Gelehrsamkeit und dem Geschmack seines
Jahrhunderts war, der aber, ohngeachtet seiner Mühe, nichts als der Märtyrer seiner Zeit wurde: dieser
ruhmwürdige Kaiser hat nicht einmal das leidige
Verdienst, von unsrer Zeit als der Morgenstern eines
bessern Tages in allem seinem Lichte betrachtet zu werden. — Die Wolke, die auf dieser Zeit lag, muste

jeder Keim der Weisheit ersticken: jeder Fromme
war Barbar und Knecht, und jeder, der sich unter-
stand, weise zu seyn, heißt in der Geschichte ein
Dummer und Gottloser; oder ward gar ein Unglücklicher. — Sollte es also Rudolph von Habs-
purg auch blos aus Unwissenheit gethan haben, daß
er die Muttersprache Deutschlands so weit einzuführen suchte, als er konnte: — man hätte dies lange
vor ihm thun sollen. — Jedoch ich schreibe keine Geschichte über diese Zeit, da Deutschland an Geist
und Körper unterdrücket, durch Zwietracht, Unwissenheit und Bosheit entnervt, völlig seinen Charakter
verlohren.

Non sum, qui bellum Troianum orditur ab ovo;
   Semper ad eventum festino.

Es kam endlich der Zeitpunkt, da alles eine neue
Bildung bekam, Denkart und Religion, Gesetze
und Sitten: es kam die Zeit, da die Gährungen
ganzer Jahrhunderte sich senkten, die in Staub gesunknen Nationen sich erhoben, und ein Land nach
dem andern die Finsternisse zerstreuete und sich zu
einem neu aufgehenden Lichte drängte: die Zeit,
da die Wissenschaften wieder auflebten, und sich die
Natur der Menschen umschuf. — Darf ich weiter
schreiben? —

Nein! ich darf nicht: so bald ich die Mährchen
von goldnen Zeitaltern der Wissenschaften als histo-

rische Wahrheiten betrachten muß: so bald die herr=
schende Meinung unumstößlicher Grundsatz wird: daß
nach einer langen Barbarei sich auf einmal eine all ge=
meine, und vollkommene Weisheit hervordrin=
ge, daß auf einmal eine Wiederherstellung möglich sey;
da ganze Nationen ihre ganze Denkart völlig ändern,
ein allgemeines Nachdenken die Verirrten aus den
tiefsten Wüsten völlig zu der richtigsten Straße nicht
hinführe, sondern durch ein Wunder hinwerfe, daß je=
de falsche Farbe abgestrichen, der falsche Geschmack
völlig umgeschmolzen, die ganze Bildung umgeschaf=
fen werde; so bald drei glänzende Muster erscheinen:
kurz! wenn jene wunderbaren Umwandelungen Statt
finden, die die Mitternacht zum Mittage machen:
— und diese glänzenden poetischen Mährchen die Merk=
stäbe sind, zu denen man in der Geschichte des
menschlichen Verstandes alles hinleitet, und alles ab=
leitet: so kann ich nicht schreiben.

Fände ich aber einen Leser; der diese wunderbaren
plötzlichen Revolutionen unmöglich findet: der mit mir
überdenket, wie sie ihrem Innern nach dem mensch=
lichen Verstande und der Analogie aller Begeben=
heiten zuwider seyn; wie selbst die Verderbungen
und Sündfluthen über Gelehrsamkeit und Geschmack,
die doch weit eher hinreißen; nicht durchaus auf die
letzte Stuffe mit einem mal sinken, sondern sich all=
mählich neigen, und endlich zuletzt, mit einer beschleu=
nigten Kraft, in den Abgrund stürzen; wer sich Zeit

nimmt, die Ursache zu überdenken, woher so ein plötzlicher Morgenstral uns in entferntern Zeitaltern wie eine Mittagssonne scheine; der wird meine folgenden Anmerkungen nicht schlechthin verwerfen, und sie vielleicht wahr und nützlich finden.

***

2.

Das weiß man, daß die Griechischen Musen nach Italien flüchteten, daß die Apolls dieser Musen, die von Medicis, unsterbliche Verdienste um die Erweckung der Literatur haben, daß von hier aus die Reformation der Wissenschaften in die übrigen Länder ausgegangen. Weiß man nun die Geschichte dieses Zeitpunktes genau: so prüfe man Folgendes:

Ists nicht Schade, daß die Wissenschaften ihren Lauf dergestalt nahmen, daß sie sich sogleich in eine neurömische Kleidung einhüllten, und in dieser Gestalt den Völkern erschienen? Statt, daß man die Alten hätte erwecken sollen, um sich nach ihnen zu bilden, und gleich den zarten ersten Eindruck darauf richten sollen, um von ihnen den Geist sich einhauchen zu lassen, den man braucht, um nach seiner Zeit, und in seinem Lande, wahre Größe zu erreichen: so blieb man bei der äußern Schale, lernte was die Alten gedacht, statt wie sie zu denken, lernte die Sprache, in der sie gesprochen, statt wie sie sprechen zu lernen. Man weiß, wie wenig originalen Geist

man in diesen übrigens sehr verdienten Philologen
antrift: und man muß über die Schwäche des menschlichen Geistes die Achseln zucken, wenn man sieht,
wie das Denken unter der Last der Gelehrsamkeit er-
liegt, wie die Erfindung sich bei dem künstlichen
Nachahmen zerstreuet, und die schöne fremde Sprache
den Dialekt des Landes zäumet.

Dazu kömmt noch, daß die großen Wiederhersteller der Wissenschaften oft, so wie die, die plötzlich
voll Bewunderung staunen, und auf das Erste, das
Beste ihr Auge heften, nicht immer das Wichtigste
durchforschet, und nicht immer den ächten Griechischen
Geist gekostet. Uebermannet und betäubt vom Vorurtheile des Ansehens fiel der ermüdete Blick auf
Nebenzüge, die da eher verwirrten, als zum Ziele
führten. Urtheile, mein Leser, der du dies Zeitalter
kennest: wie nutzet Marsilius dem Plato in
seiner Uebersetzung und Erläuterung? Hat nicht Po-
litianus den Homer, wie es scheint, romanisiret?
Und wenn Poggins sich mit seinem Quintilian;
Gasparion, Valla, Manutius, Bembus
u. s. w. sich so mit ihrem Cicero umhüllten, daß
sie blos mit ihm dachten, sahen und sprachen — gab
dies nicht immer dem ganzen Gebäude der Wiederherstellung eine Römische Richtung? Man verstrickte
sich in gelehrten Geiz zu sammlen, der sehr leicht
aus dem Gefühle der Armuth und Noth entspringt,
und vergaß, sich in den Stand zu setzen, etwas zu

verdienen, weil man vom Raube leben konnte, oder sich zum Selbstverdienen zu schwach fühlte.

Auf diesen Fuß gingen die Verbesserungen in die Länder Europens. Der Spanische Vives und Sanktius, die Wiederhersteller der Literatur in Frankreich und England; in Deutschland die Agrikola's, Regiomontans u. s. w. was waren sie? Philologen, die in Italien meistens gezogen, lateinisch dachten, und die Wissenschaften, die sich zur neuen Form gebaren, mit lateinischem Wasser tauften. Die lateinische Form hat sich von diesem zarten Alter an sehr erhalten: der Zuschnitt der Gelehrsamkeit, die Stiftung und Einrichtung der Akademie, die Zunftgesetze der Literatur, die Schulen und die Bildung im Ganzen ward Römisch — und ist es noch.

In Deutschland hat Luther in diesem Gesichtspunkte großes Verdienst. Er ists, der die deutsche Sprache, einen schlafenden Riesen, aufgeweckt und losgebunden: der die scholastische Wortkrämerei, wie jene Wechslertische, verschüttet: er hat durch seine Reformation eine ganze Nation zum Denken und Gefühl erhoben. Laß es also seyn, daß ihm der feinste Pedant, den vielleicht die Welt gesehen, Erasmus, Schuld gab, er thäte der Lateinischen Literatur Abbruch — Dieser Vorwurf bringt ihm keine Schande, und man darf ihn also nicht wider die Geschichte läugnen: denn Latei-

nische Religion, scholastische Gelehrsamkeit und La=
teinische Mönchs=Sprache waren zu sehr verwebt in
einander.

Das seltsame Urtheil des seligen Christs ist
nur dem ersten Anblick nach selten: die Deutsche
Sprache habe seit dem sechzehnten Jahrhundert viel
von ihrer Vortreflichkeit verlohren. Betrachtet man
es näher, und hat wahres Gefühl von der innern
Stärke einer Sprache, und vermag die wichtigen
Vortheile der schwäbischen Sänger, und die kör=
nichte Sprache Deutscher Schriftsteller voriger Zeiten,
oder auch nur den Vater Opitz in seiner Prose und
Poesie zu schmecken: so muß man bei der Rück=
kehr zu unsrer neueren Sprache, man muß ausru=
fen: das ist ganz ander Deutsch! Jenes hat
andre Fehler und andre Schönheiten; der Geist hat
sich verändert. Alsdann werden freilich die Neulinge
unsere junge Mundart loben, und sie haben Recht;
denn unstreitig ist sie geläufiger und runder im
Perioden, artiger in Bestimmung der Wortwürde,
und künstlicher geworden. Aber ein ächter Deutscher
wird sich aus dieser rauhen und einfältigen Sprache
unendlich viel zurückwünschen; er wird sich die Mühe
nicht verdrießen lassen, in dem Kothe der alten Deut=
schen Ennius Gold zu suchen: er wird alsdann
denen fluchen, die uns diese Sprache entwandt; er
wird dem Eigensinne des guten Christs wenigstens
völlig Recht geben, da er erst über ihn lachte. Kom=

met her, ihr schönen Geister, ihr französirenden
Wißlinge, ihr prosaisch=poetischen Stolperer, ihr berühmten Wochenschriftsteller, ihr gelehrten Weisen
im akademischen Paragraphenstil, ihr erbaulichen Redner im Kanzelstil, versucht es doch, aus euren reichen
Vorrathskammern ein Buch unsres Jahrhunderts zu
suchen, das, in Absicht der Schreibart, die Würde
der Bibelübersetzung des Luthers erreichte.
Versucht es, diese arme, veraltete Bibelübersetzung,
über die mancher Neuling am Geschmack spottet,
mit einigen neuern Verbesserungen zusammen zu halten. Leset Luther, und dann den Wertheimer in
seinem Paragraphenstile, mit Wolfischen Kunst-
ausdrücken verbrämt; ihr werdet solch einen Unterschied finden, als zwischen dem Griechischen Homer
und dem Deutschen Homer, wenn er in der Sammlung alter Reisebeschreibungen, als ein
reisender Schulmeister, in Paragraphen übersetzt ist.
Und doch ist der Wertheimer in seiner Vorrede ein
wirkliches Muster der Schreibart: was soll man
nun sagen, wenn man Dammische Uebersetzungen,
oder akademische Paraphrasen lieset — ich rede hier
blos von der Schreibart nach ihrer innern Stärke.

Die Literaturbriefe führten aus Lohenstein*
ein Muster des prosaischen Stils an: wir könnten
aus vielen Schriftstellern der vorigen Jahrhunderte
noch mehr Beispiele geben, daß der gute körnichte

* Lit. Br. Th. 21. p. 139.

Vortrag nicht so fremde gewesen, als man meint.
Die Deutsche Sprache aber kroch meistens unter aka=
demischen oder homiletischen Fesseln: sie hatte keinen
Glanz, keine Reinigkeit, aber innere Stärke man=
gelte ihr nicht. Der ganze Schade war: man sahe sie
als keine gelehrte Sprache an, denn dazu war
allein die Lateinische gekrönt: man achtete sie blos
als die Sprache des gemeinen Volks, und unterließ
ihre Cultur. Wer dies Jahrhundert kennet, wird
mir Recht geben, daß blos die Lateinische Sprache
die unsrige zurückgehalten, weil man bei den gelehr=
ten Zänkereyen, die mit zum herrschenden Ton des
Ganzen gehören, theils der scholastischen Handwerks=
sprache, theils der schönen Lateinischen Sprache nöthig
hatte. Man gehe die besten Schriftsteller dieser Zeit
durch: entweder Römisch= oder akademisch Latein ist
ihre Mundart: die Muttersprache ward als eine
Mundart der Mütter, der Weiber und der Unge=
lehrten angesehen. Ists nicht eine wahre Schande
dieser Zeit, daß es große und schönlateinische Schrift=
steller dieser Zeit gibt, die in ihrer Sprache Barba=
ren waren, daß es Masorethen der Prisciane gab,
die jede Deutsche Zeile lächerlich machten, die die
Prosodie Anakreons verbesserten, und ihre Sprache
in Schlacken ließen: Deutsche Römer, die der ge=
nius seculi in seiner genealogia criticorum so ziem=
lich herzählet.

Endlich fieng man an, beschämt von den Nach=

barn ringsumher, die Sprache zu beſſern, — aber
wie? — als eine gelehrte Sprache, um
vielleicht die ſcholaſtiſche Lateiniſche einzuſchränken?
Nein! denn das hätte von Akademien geſchehen müſſen, und hier regierte noch Ariſtoteles! — Als eine
gelehrte Sprache, um uns, ſtatt des ſchönen
Lateiniſchen Styls, einen ſchönen Deutſchen Bücher-
ſtil zu geben? — Das hätte von Schulen aus geſchehen müſſen und da herrſchten noch Römiſche
Monarchen! Wie denn? — Großer Gott! als eine
politiſche, als eine galante, als eine reim-
reiche Sprache ſuchte man ſie zu bilden: war das
nicht am umgekehrten Ende? Und wer unternahm
dieſe Schöpfung zum politiſchen, zum galanten
Stil? Etwa Hofleute — nein! treufleißige Schul-
rektors, Uhſens, und Weiſens, und Hübners.
Und wie bildeten ſie ihn galant? Nach Franzoſen,
durch eine Sündfluth franzöſiſcher Wörter: nun
kamen die Menantes und Talanders und zehn andre
Anders: ſo war die Deutſche Sprache von einer
andern Seite gemißhandelt.

Gott'ſched erſchien, und "der hat doch aus
„der Sprache gewiß alles Latein und Franzöſiſche ſo
„glücklich weggeſchwemmt, daß einem wackern Deut-
„ſchen kein Lateiniſches Wort mehr in die Feder
„kommen muß!„ Ja, das hat er gethan! Er als
ein ruhmwürdiger Goldfinder (nach der Bedeutung
dieſes Worts im Engliſchen) hat den Stil des

Augias mit Herkulischer Hand durchwässert und
gereinigt, und hat mit eben so tapferer Hand seinen
Ruhm an jedes Fenster des gereinigten Pallastes geschrieben und schreiben lassen: dies ist sein Verdienst.— Aber dazu braucht man ja auch blos gesunde Augen und einen guten Kopf, zu sehen, daß
er die Deutsche Sprache viel zu Lateinisch
behandelt, wie Heinze und andre mit Recht ange-
merkt. Und so ward die Deutsche Grammatik wieder
nach Lateinischem Leisten: und die Deutsche Sprache
das Gegenbild der alten Deutschen Kernsprache.*
Seine Nachfolger, und zum Theil Gegner, suchten
sie fruchtbar zu machen, wodurch? — Durch Nach-
forschen in altdeutschen Wörtern, in den Zeiten ihrer nervenvollen Stärke, wie es der natürlichste Weg
gewesen wäre, um ihr Charakter auf ihrem Boden zu geben? Nein! denn die langen Lateinischen
Zeiten hatten diese Denkmäler theils weggebracht,
theils war die Arbeit zu mühsam: was that man
also? Man übersetzte: und bildete sie insonder-

---

* Zum unsterblichen Ruhm des Hrn. D. Trillers muß ich,
damit ich nicht zu den "unbändigen und gallsüchtigen
„Mückenseigern, zu einigen großen und breiten Kunst-
„richtern, zu elenden und schwindsüchtigen Füchsen, son-
„dern zu vernünftigen und höflichen Lesern,, gehöre, seine
stattlichen Verbesserungen des Opitz "nach löblicher christli-
„cher Gewohnheit, edelmüthig,, loben, als mit welchen er
sich um den Opitz selbst und dessen Leser nach Vermögen
verdient zu machen gesucht: wie in seiner Vorrede mit meh-
rerm zu ersehen.

heit nach der Französischen, durch die sie freilich uns
glaublich viel gewonnen, und sich gebildet, aber nicht
zum Urbilde ihrer selbst, wie es hätte seyn
müssen, wenn man aus ihren vorigen verlebten
Zeitaltern ihr die abgegangenen Kräfte hätte zu
ersetzen gesucht.

Unsre Sprache ist also jetzt gebildet und verschönert, aber nicht zu dem erhabnen gothischen
Gebäude, das sie zu Luthers Zeiten, (etwas
Mönchssprache ausgenommen) und noch mehr zu den
Zeiten der schwäbischen Kaiser war: sondern zu einem neumodischen Gebäude, das mit fremden Zierrathen überladen, bei seiner Größe, klein
und unansehnlich ins Auge fällt. — Dies beobachten
nun am ehesten die, welche unter den Sprachen der
Alten wandeln, und dies ist der Grund, warum
die Geßners und Christe, und noch neuerlich
Heinze*, "über das Neumodische und Glänzende
"in unsrer Sprache klagen, das durch die vielen
"morgenländischen, Griechischen, Englischen und
"Französischen Redensarten eingeführet würde."
Wenn Heinze mehr als Worte versteht: so hat
er nicht Unrecht, und sein Recensent würde zugeben,
daß, wenn allein durch die Aufnahme fremder Bürger ein Staat bevölkert wird, so werde diese Be-
völkerung leicht schädlich; denn sie verdrängen bald

* Lit. Br. Th. 13. p. 118. 119. und Uebersetzung der
Reden des Livius.

die Eingebohrnen, und wenn sie auch eben nicht neue Gesetze einführen, so geht der Charakter des Staats doch verloren.

Aber warum läßt Heinze unter den Ankömmlingen, denen er den Eintritt versagt, wohlbedächtig die Lateinischen Redearten und Wortfügungen aus? Verliert sich durch sie nicht das alte reine Deutsche, das er erhalten will? Mehr, als durch alles Vorige; denn das Morgenländische ist seit Jahrhunderten mit unsrer Religionssprache verwebt, und wird sich nie, dem herrschenden Tone nach, trennen: das Englische ist mit unsrer Sprache sehr verwandt: das Französische hat sich mit einem Theile unsrer neuern Cultur herübergetragen; diese beiden Stücke sind also auch nicht immer zu trennen; vom Griechischen ist noch wenig angewandt; aber vom Lateinischen, das fast mehr, als alle vorigen Sprachen, vom Genie der unsrigen abgehet, und ihr so lange hinderlich gewesen, von ihm hat sie am meisten unter diesen zu besorgen.

Daher schreibt Heinze zwar rein Deutsch; aber auch naiv körnicht Deutsch? — Ich habe sein Soliloquium: quo consilio genitus sit homo? in seinem schönen Latein mit Vergnügen gelesen; (ob es ächt Römisch ist, kann keiner in unsrer Zeit, sondern bloß ein Römer beurtheilen.) Aber hätte ein Römer dies Soliloquium geschrieben, und Heinze es übersetzt: wäre alsdann der starke und nachdrückliche

Vortrag erschienen, der in Spaldings Bestim=
mung des Menschen spricht? Wenn ich seine
Uebersetzungen aus dem Lateinischen kenne, und ein
Gefühl von der Eigenheit unsrer Sprache habe:
so glaube ich dies schwerlich.

Der Deutsche Periode ist gemeiniglich die Klippe
derer, die ihre Denkart nach dem Latein gebildet:
"denn hier sind die Genie's beider Sprachen sehr ver=
„schieden. Im Deutschen ist ein Styl schon perio=
„disch, wenn auch die Bindewörter der Lateiner
„nicht so genau dazwischen gestellet, und die Absätze
„so gekettet an einander gehänget sind. Die Römer
„mußten dies wegen der Kürze ihrer Worte thun,
„wenn sie nicht in den abgeschnittenen Styl verfallen
„wollten. Im Deutschen aber, welcher Unterschied!
„Wenn wir die Perioden nicht schleppen wollen,
„müssen wir sie manchmal trennen; und wenn wir
„nicht ganz zurückbleiben wollen, müssen wir unsrer
„Sprache Hülfe geben*.„ So schleppet sich in
Klotzens Deutschen Schriftchen der Periode manch=
mal, und der große Joh. Matth. Geßner em=
pfand dies sehr wohl, da er in der Vorrede zu seinen
Deutschen Schriften hierüber ein ungeheuchel=
tes Bekänntniß abgelegt, das der Bescheidenheit die=
ses Mannes Ehre macht. Das wahre Deutsch unsrer
Väter geht auch zu sehr von dem Latein ab, als daß
sie neben einander seyn könnten. Unsre Seele bauet,

mit

* Lit. Br. Th. 13. p. 120.

mit Montagne zu reden, diese Stockwerke über einander, und welches soll das unterste von allen, und die Grundlage seyn? — Eine fremde, oder die Muttersprache? — Die letztere ohne Zweifel; oder sie muß das Joch der Lateinischen tragen.

Wenn man nun diese Winke verfolgt, und die Geschichte der Deutschen Sprache durchgehet: sollte es so gar fremde seyn, daß sie durch die Lateinische Sprache gelitten; wenigstens, daß diese jener ein gewaltiges Hinderniß gewesen? —

3.

Aber man blicke etwas weiter: wenn die Lateinische Sprache, es sey die mittlere oder alte, sogar unsre Bildung fesselt, statt sie zu erheben; ja dieselbe Jahrhunderte durch gefesselt hat: sollte denn der Schade unbedeutend seyn?

So bald man es zu einem letzten Zweck macht, Lateinisch zu lernen, und diese an sich so angenehme und nützliche Sprache nicht blos als Mittel gebraucht; um durch sie Geschichte zu lernen, in den Geist großer Männer zu blicken, und gleichsam das ganze Gebiet einer ausgebildeten vortreflichen Sprache sich zu eigen zu machen: so wird den Musen Latiums zu viel Raum in den Schulen, und zu viel Antheil an der Erziehung gelassen. Ich dehne dies bis auf einzelne Stücke aus: so bald die Erklärung eines Autors, oder der Autor selbst, der

Jugend nichts als Worte und mechanischen Stil zu
lernen gibt: so bald die Methode eines Lehrers oder
die Materie der vorgegebenen Uebungen, auch nur
zum Hauptzweck hat, die Wahl und Stellung
der Worte grammatisch genau einzuprägen: und
wenn sogar in dem ganzen Plan einer Schule
oder einer Unterweisung ein gewisser Lateinischer
Geist herrscht, der auf der andern Seite die größten
Mängel nach sich ziehen muß: so opfert man der
Lateinischen Sprache, sie sey so schön und nützlich,
als sie wolle, zu viel auf.*

Zu viel von Seiten der Jugend. Es ist gewiß,
daß das Gedächtniß unsrer blühenden Jahre allein
fähig ist, Sprachen in ihrem ganzen Umfange zu
erlernen; und daß man diese Zeit also, die zu den
nothwendigen Sprachen die einzige ist, nicht versäumen müsse. Ich gebe es auch gerne zu, daß jede
Methode, die das Gedächtniß in diesem Frühlinge
unfruchtbar und müßig liegen läßt, es auf eine ganze
Lebenszeit verderbe, weil es wie ein unbesäter wil-
der Acker durch unzeitiges Schonen untauglich und
ausgemergelt wird (man erlaube mir dies Wort.)
Aber das gebe man mir doch auch zu, was ich nur
gar zu oft aus Erfahrung gelernt, und nicht genug

* Wer von unsern Philologen ist ein Geßner, an Känntniß
und Liebhaberei der Römer? und wie sehr er den Lateinischen
Geist in unsern Schulen hasset, das mögen seine kleinen
Deutschen Schriften beweisen.

überdenken kann: daß unsre Seele bei ihrem unend-
lichen Durst nach Wahrheiten, doch nie eine unend-
liche Menge derselben faffen kann: daß sie uns sehr
bald wie ein beschriebnes Blatt vorkomme, wo man
am Rande und zwischen die Reihen freilich noch vieles nützliche zuschreiben kann; aber der ganze Anblick
des Blattes ist beschrieben; unglücklich! wenn man
sagen muß, es ist beschmieret, oder verschwen-
det: alsdann läßt freilich der Rest es zu, zu bessern
und auszustreichen; aber im Ganzen ist der Schade
unersetzlich.

Es ist eine Wahrheit, die mehr als eines Schul-
programms werth wäre: daß manche Wissenschaft,
manche Geschicklichkeit kein andres Opfer, als die
Erstlinge unsrer Jahre, unsrer Munterkeit und
unsrer Begierde, annehmen könne; daß zu gewissen
Bildern und Begriffen ein gewisser erster
Adlersblick nöthig sey, die man, wenn dieser
fehlt, nachher nie im gehörigen Lichte sieht, nie mit
der gehörigen Macht empfindet, nie mit dem wahren
Feuer denket, und im ganzen Umfange umfasset. Es
kam auf den ersten allmächtigen Eindruck an; ist
dieser verfehlet, so ist alles verloren: verloren der
erste unerklärliche Scharfsinn, der nie durch Geduld
und Fleiß ersetzt wird: verloren das große innerli-
che Gefühl eines Bewußtseyns, daß man das Ganze
habe; verloren das Hausherren- und Eigenthums-
recht, mit diesen Begriffen schalten und walten zu

M 2

können; kurz, verloren das, was man Genie nennt. —
Nachher kann man freilich viel l e r n e n, aber nicht
mehr mit der kühnen und muntern Anwendung auf
sein Ich, daß man es, mit allem Nachdrucke,
könnte f a s s e n nennen: man kann allerdings viel
andern n a c h d e n k e n lernen, allein mit ihnen m i t -
d e n k e n, oder ihnen gar v o r d e n k e n, wird man
niemals mehr: kurz! man wird noch viel wissen,
aber nicht mit dem Lichte der Anschauung und Selbst-
gefühl, daß dies Wissen auch b i l d e t e: ein Wort,
das in unsrer Erziehung so oft g e n a n n t, aber
wenig d u r c h d a c h t, und noch weniger a u s g e ü b t
wird.

Ich muß diese Saamenkörner einer äußerst wichtigen und reichen Materie nur im Vorbeigehen hin-
werfen, und mich zurückfinden. Wenn die lateinische
Sprache Hauptzweck wird, so wird der Blick
des Jünglings von allen diesen Aussichten abgewandt,
und mit dem grammatischen Zepter, wie mit einem
glühenden Eisen, auf einmal geblendet. Seine Wange
wird zu Runzeln eines grammatischen Sophisten gewöhnt: Falten, die er äußerst ungern annimmt,
und die nachher nie völlig und ohne Merkmal verschwinden können. Die erste Farbe, die unsrer Denkart aufgetragen wird, verliert sich nie; wehe uns!
wenn sie uns unangenehm, oder gar verunzierend ist.
Seufzen muß der Menschenfreund, wenn er sieht,
wie in den Schulen, die mit dem Namen: Latei-

nische Schulen prangen, die erste junge Lust ermüdet, die erste frische Kraft zurückgehalten, das
Talent in Staub vergraben, das Genie aufgehalten
wird, bis es, wie eine gar zu lange zurückgehaltene
Feder, seine Kraft verliert. Wer sollte je auf den
Gedanken fallen, daß die Methode der S p r a c h e n-
e r z i e h u n g für die Jugend paßlich sey: wenn man
sich nur einmal aus unsrer Denkart hinaussetzt; allein
wie schwer wirds, sich da hinaus zu setzen? Und
dann kann eine Betrachtung, wenn man sie auch als
wahr erkennen sollte, von Jugend auf eingewurzelte
Vorurtheile zerstören, die den Erziehern zur andern
Natur geworden? Kann eine kalte Wahrheit einem
fühllosen Eigensinne Gefühl geben? Kann sie Pe-
dantenseelen so ergreifen, daß sie, wenn sie sich auch
in allem Lichte zeiget, ihnen auch den Willen einflößt,
nach ihr handeln zu wollen; die Kraft einflößt, nach
ihr handeln zu können; die Menschengüte einflößt, wie
der Gewohnheit und Beispiel nach ihr zu handeln? — —
Unterdrückte Genies! Märtyrer einer blos Lateinischen Erziehung! o könntet ihr alle laut klagen! —

"Was ist denn aber an G e n i e s gelegen?„ desto
mehr liegt uns an b r a u c h b a r e n M ä n n e r n. Zu
diesen wird eine glückliche T e m p e r a t u r von
G a b e n und G e s c h i c k l i c h k e i t e n erfodert: eine
gewisse M i t t e l m ä ß i g k e i t, die sich nicht zu
Genies und Geistschöpfern hebet, und nicht
zu dummen Dorfteufeln herabsinket: eine m i t t l e r e

Größe, die eben den Punkt der Nußbarkeit trift. Von diesem Punkt aus werden die Linien zu Realschulen gezogen, die diesen Hauptzweck haben, brauchbare und tüchtige Männer zu bilden, und den vorigen Plan zum Schattenrisse ihres ganzen Gebäudes haben: eine gewisse Temperatur, die die gemeinste, brauchbarste und glücklichste ist.

Realschulen müssen sich zuerst nach den meisten Subjekten richten; von da können sie am füglichsten auf beide Seiten auslenken: zu Genies und Blindgebohrnen. Sie müssen sich nach den meisten Zwecken der Brauchbarkeit richten, von denen die meisten weder ein Maximum noch Minimum fodern, und leiden können. Sie müssen sich nach der Mehrheit der Werkzeuge richten, die da bilden sollen, weil wieder das recht Hohe und recht Tiefe gleich selten und gleich unbrauchbar ist. — Wenn nun diese glückliche Mischung das Meisterstück bei Erziehung und Unterricht ist (wie es einem jeden, der die Welt, die menschliche Seele kennet, überlassen wird zum Nachdenken), so kommt alles aus seinem Gleichgewichte, wenn wir für Latium erzogen werden, und die Lateinische Sprache der herrschende Ton des Ganzen wird. Die Welt braucht hundert tüchtige Männer und einen Philologen: hundert Stellen, wo Realwissenschaften unentbehrlich sind; eine, wo eine gelehrte und grammatische Känntniß des alten Roms gefodert wird.

Nun schränke ich mich drittens so gar auf die Sphäre eines Gelehrten ein; auch in seiner Bildung kann der Lateinische Geist fesseln, so gut als in der Bildung des Genies und brauchbaren Mannes. Ich setze hier schon wahre Bildung voraus, daß man ihn nicht blos mit den Worten, den Gebräuchen und Alterthümern; sondern mit dem Sinn der Römer bekannt mache, und diese ihm zum Muster der Nachahmung vorhalte — selbst hier setze ich eine kleine Einschränkung hinzu. Das ist doch einmal gewiß, daß die Römer auf einer andern Stufe der Cultur gestanden, als wir, daß wir sie in einigen Stücken hinter uns haben, und in andern, wo sie vor uns sind, nicht nachahmen können. Die Gestalt unsrer Literatur hat nicht blos eine andre Farbe, sondern eine andre Bildung, als die altrömische; und es bleibt also nicht schlechterdings ein Ruhm : dieser Dichter singt wie Horaz, jener Redner spricht wie Cicero, dieser philosophische Dichter ist ein andrer Lukrez; dieser Geschichtschreiber ist ein zweiter Livius. Ich sage : nicht schlechterdings! aber das ist ein großer, ein seltener, ein beneidenswerther Ruhm, wenn es heißen kann : so hätte Horaz, Cicero, Lukrez, Livius geschrieben, wenn sie über diesen Vorfall, auf dieser Stufe der Cultur, zu der Zeit, zu diesen Zwecken, für die Denkart dieses Volks, in dieser Sprache geschrieben hätten.

Das Letzte heißt: einen Alten nachbilden, und ihm nacheifern; das Erste, ihn kopiren, und ihm nachahmen. Das Erste ist leider! sehr selten, weil man dabei das beiderseitige Genie zweier Sprachen, Denkarten und Zeiten kennen, vergleichen, und so brauchen muß, daß keinem Zwang geschieht. Diese Kunst ist bildend für das Genie; weil sie es aber auch sehr oft unterdrückt; weil die, so die Alten in ihrem Glanze kennen, oft auch von ihnen geblendet werden; so hat Young in seiner Schrift von Originalwerken * Recht, daß meistens das Lesen der Alten schädlich wird; er hat Recht, ohne doch daß das Lesen der Alten auch nur im geringsten Stücke deswegen abzuschaffen wäre. — Es erfordert noch eine eigne und sorgfältigere Betrachtung; ob dieser Schade nicht unter so vielen großen Nutzen verschwinde, ob wir denn Originalköpfe so nöthig brauchen, wie fern sie heut zu Tage möglich und zu hoffen sind u. s. w.

So bald wir aber die Alten loben, anbeten und knechtisch nachahmen, weil sie Alte sind: so bald man von ihnen abborget, oder sie bestiehlt, weil man alsdann eine neue Antike, oder ein Moderner nach altem Geschmack wird: so ist die Nachahmung un-

---

* Ich führe dies Exempel an, weil man den guten Young in Deutschland förmlich widerlegt hat: s. Rambachs Sendschreiben über die Frage, ob das Lesen der Alten an dem Mangel der Originalscribenten Schuld sey.

leiblich: man betrachte diesen geplünderten Alten als einen Neuern und Fremden: so wird man das Zwangvolle sehen. Und stünde der Alte selbst auf, lernte uns kennen, und sähe dann die Heerde Nachahmer, die sich um seine Urne drängen: — über Gewaltthätigkeit, über Straßenraub würde er schreien, und das servum pecus von seiner Asche vertreiben.

4.

Meine Meinung von der Deutsch-Lateinischen Erziehung überhaupt habe ich gesagt: daß ein Lateinischer Geist in den Kern der Wissenschaften eingedrungen, läßt sich, wie ich glaube, von selbst einsehen. Man durchgehe z. E. die Lehrbücher der meisten Weltweisheiten; man wird eine wissenschaftliche Sprache finden, in welche die Begriffe verwebt sind.

Ganze Jahrhunderte durch war die Lateinische Sprache das einzige vehiculum der Aristotelisch-Scholastischen Philosophie: man hat sie als das allgemeine Band der Gelehrten in allen Ländern Europens angesehen; sie hat auch zur lehrenden Sprache der Weltweisheit unter allen Sprachen, die ich kenne, nach der Griechischen vielleicht die größten Anrechte, wegen ihrer Kürze, und des Nachdrucks in den philosophischen Kunstwörtern, über die man nur sehr langweilig spottet: sie ist lange im Besitz dieser Vorzüge: in ihr hat man die besten Schriften dieser Art, und

sie ist dieses philosophischen Ranges doch immer
ungleich würdiger, als die französische, die jetzt neben
ihr um den monarchischen Zepter der Literatur buhlet.

Aber diese lange Regierung hat ihr eben eine
Macht über das Innere der Literatur gegeben, die
dieser vielleicht nachtheilig ist. Ich führe einige Bey=
spiele an, und lasse einen jeden mehr suchen. — In
der Schuloratorie und Schullogik bestand bei vielen
Schulen ein Theil der Weisheit darinn, wie man
einige rhetorische und logische Kunstgriffe, Werkzeuge
und Spielwerke Lateinisch benennen sollte, und
diese Terminologie verschlingt man oft so begie=
rig, als jener Kranke, nach Hudibras Ausdruck, das
Recept, statt der darauf geschriebenen Pillen. Dies
bringt jene dürre unfruchtbare Barbarei in die Methode,
die ein Lexicon von Namen zu lernen aufgiebt, und
die Seele vom Denken zurückhält. Hier haben einige
neuere Weltweise mit Recht gesagt, wie Sokrates,
da er durch einen Jahrmarkt voll Volk ging, zu seinem
Begleiter: Freund! wie viel können wir entbehren?

Dazu kömmt zweitens dies, daß eine jede Schu=
le gewisse Lieblingswörter sich gewählet, die sie als
Spaziergänge gebraucht, um die Materie nach Be=
lieben zu betrachten. „Man hat einige Grundfäden,
„die zu allen Schriften dienen müssen, und in die
„man nachher nur die veränderten Figuren hinein=
„würket.“ Hieraus entsteht eine gewisse Bequem=
lichkeit im Denken, man könnte freilich von allen

Seiten herumgehen, um den Gegenstand aus allerlei Gesichtspunkten zu betrachten; allein man setzt sich auf dies oder jenes Wort, als eine alte Ruhestätte, und sieht — was alle Menschen vor uns sahen und nach uns sehen werden. Oder man schichtet seine Materie nach gewissen alten Eintheilungen, die sich auf Schulen herunter erben, und ein Joch im Denken auflegen, weil der Zuhörer nicht vor sich über uns, sondern mit uns oder uns nach denken soll.

Daher entspringt der dritte Schade, der zu den bösen Krankheiten der Weltweisheit an ihren heimlichen Orten gehört: nämlich ein Lawischer Aktien-„handel in Worten, da man keine Idee, als nach „dem Werthe der Worte, hat.„* Der Kunstrichter hält dies fast für nothwendig, und nennt es ** „äst-„hetisch Gewäsch, wo immer Gedanke vom Aus-„druck abgesondert behandelt wird.„ Er sieht aber doch dabei eine Schwierigkeit, die er nicht ausdrücken kann. Vielleicht gelingt es mir, sie kurz und gut darzustellen, und wenigstens die Sache auf beiden Seiten zu betrachten: wie fern es nöthig und nütz-lich; und wie fern es unnöthig und schädlich werde, daß der Gedanke um Ausdruck klebe — eine delicate Materie der philosophischen Sprachkunst! — Mein Spaziergang entfernt sich, aber endlich muß er doch in den Weg einschlagen, den ich verlasse.

* Lit. Br. Th. 17. p. 115.   ** p. 114.

5.

Alles kömmt auf den Unterschied an; lernen wir die Sprache, oder erfinden wir sie uns selbst. Schriebe ich von dem letztern, wie ohngefähr bei den ersten Erfindern habe der Ausdruck am Gedanken kleben müssen: so würde ich einen andern Weg nehmen müssen, als jetzt, da wir die Sprache lernen. Dort wäre erst die ganze Zeichensprache des Menschen zu erschöpfen, die Beredsamkeit des Auges und des sprechenden Antlißes: die unzählige Menge unartikulirter Töne bey einem thierischen Menschen, seine mimische Sprache, — eine Menge von Sprachmitteln, die an sich die kräftigsten, die ersten, und auf eine Zeit die einzigen müssen gewesen seyn — ehe der Mensch zur Sprache seine Zuflucht nahm.

Uns ist dieser ganze Wald ein böhmischer Wald: wir verstehen diese Zeichensprache nicht mehr, denn man läßt uns nicht eine Sprache erfinden, sondern lehrt sie uns: man läßt nicht das Thier sich so lange entwickeln, bis es sich endlich dem Menschen von selbst nähert: sondern man erweckt eben Gedanken durch Worte: und diese ersten Wörter, die wir lallen, sind die Grundsteine aller unsrer Erkänntniß. Bei allen sinnlichen Begriffen; bei den einfachen und Erfahrungsideen verhält sich „der Ausdruck zum Gedanken, wie „die Haut zum Körper.„ Man versuche es, die Methoden der Sprachen in Gedanken umzukehren: alles

wobei, wenn wir die Sprache erfänden,
der Ausdruck willkührlich wäre, alles dies wird
meistens, wenn wir die Sprache lernen, unzertrennlich verknüpft. So waren in einer Jüdischen Republik die Gesetze, die zur äussern Bestimmung ihres Staats gehören, und andern willkührlich vorkommen müssen, drohender und schwerer,
als die Gesetze des allgemeinen Naturrechts.

Da nun auf diesem Wege die menschliche Erkänntniß fortschreitet, mittelst S a c h e n zugleich W o r t e
zu lernen, so möchten zweitens alle die G e g e n-
stände des Lebens, die ich, sinnlich klar unter-
scheide, ohne mir des unterscheidenden Merkmals
deutlich bewußt zu seyn, noch den Gedanken mit
dem Ausdruck paaren. Wer kann sich in der Sprache
des gemeinen Lebens über alle Gegenstände,
mit denen er durch die Erziehung vertraut geworden ist, geläufiger und treffender ausdrücken, als
der gemeine Mann von gutem gesunden Verstande?
Aber nun versucht bei ihm den G e d a n k e n vom
Ausdruck zu sondern: ihr verstehet das Wort
nicht, er soll euch seinen Begriff durch a n d r e W o r t e
erklären (ich meine nicht sinnliche Zeichen) so ist für
ihn keine größere Mühe in der Welt; und für euch
wirds ein lächerlicher Auftritt seyn, einen Worter-
klärenden Bauer zu sehen: seine Seele und seine
Sprache sind zwo Schwestern, in Gesellschaft erzogen, zu einander gewöhnt, und unabtrennbarer, als

Julie und Clare für den philosophirenden St.
Preux, wenn er mit der einen allein buhlen wollte.

Drittens, die feinere Sprache des Umganges macht
zwar die Zunge freier, und bindet sie mehr vom Gedanken los (ich meine hier nicht moralisch, sondern
psychologisch), daß sie sich zum Vernünfteln bildet.
In dem großen Reichthume von Ausdrücken über
„die Vorfallenheiten des Lebens, über Dinge, wo-
„bei abstrakte Untersuchungen wegfallen,„ wechseln
wir mit Worten, wie mit Geldstücken: jedes soll
seinen bestimmten Werth haben: aber ob es ihn
hat, und ob der andre weiß, wie viel es haben soll; das ist eine ganz andre Frage. Ein Frauenzimmer, das gut, nicht aber gelehrt, erzogen ist,
wird über Dinge, die in ihrer Sphäre sind, mit einer
Geläufigkeit, ungekünstelten Bestimmt-
heit, und naiven Schönheit sprechen, daß sie gefällt; kömmt aber ein Schulgelehrter, der ihre Worte wägen will, so wird sie schüchtern werden; will
er philosophische Erklärungen und Bestimmungen; so wird sie stammeln — nochmals stammeln, und endlich dasselbe Wort wiederholen; will
er jetzt aber grammatische Zierlichkeiten lehren,
wie sie besser hätte sagen können, so wird sie sich los-
winden, und ihn von weitem anhören:

als ob der graduirte Mann
mit einem Zauberfluche
sie zu beschwören suche.

Man erlaube mir hier ein Wort dazwischen von
dieser sinnlichen Sprache. Der Weltweise darf nicht
auf sie schimpfen, und mit hoher Miene einen Zaun
zwischen der gemeinen, ästhetischen und gelehrten* Sprache machen: drei Wörter, die für
mich immer unbegreiflich gewesen, wenn man sie neben
einander stellet. Sie laufen in einander, ihre Zirkel
durchschneiden sich, und sie haben ganz und gar nicht
einen gemeinschaftlichen Mittelpunkt: jede ihren Zweck,
jede ihre ausschließenden Schönheiten und Fehler:
die Sprache des gemeinen Lebens die ihrigen, die philosophische Sprache die ihrigen, die höchste Dichter-
sprache die ihrigen. Sich also einen Ton auf Kosten
eines ganz unschuldigen Fremdlinges geben, der unter
eine andere Obrigkeit gehöret, ist widerrechtlich: und
ein gelehrtes Gehege ziehen, worinn blos eine gelehrte Sprache gilt, die nach lateinischen Ausdrücken
deutsch gemodelt ist, wird oft lächerlich. Der Erfinder der Aesthetik, Baumgarten, vermuthete
es vielleicht nicht, daß einige seiner Lieblingswörter
und Eintheilungen bei seinen Nachfolgern Wort-
schranken werden sollten, wie z. E. seine Horizonte
der Erkänntniß, Reichthum, Wahrheit, Größe,
Licht, Gewißheit, Leben der Begriffe u. s. w.

Eine Anwendung des Gesagten kömmt hier vielleicht zu rechter Zeit. Wenn der ganze Schatz menschlicher Begriffe durch Worte gesammlet wird: wenn

---

* s. Meiers gelehrte Sprache. Litt. Br. Th. 17. p. III.

in der ganzen Sprache des gemeinen Lebens Gedanke am Ausdruck klebt: wenn selbst in der Sprache des Umganges nicht eben häufig die Idee ohne Wort gedacht wird — wie muß der Vortrag seyn, der sich in diese S p h ä r e passen soll? Unmöglich anders als in Worten, die dieser Mundart geläufig sind.

Alle Bücher, die in der Welt von Gegenständen, Verrichtungen und Vorfällen zu Hause gehören, in welcher der g e m e i n e M a n n lebt, können sich nicht in einer neuen Sprache brüsten, oder sie werden lächerlich, unverständlich und unnüß. — Wenn jene Fruchtbringende Gesellschaft der Katze und dem Schorsteine neue Namen geben wollte: so war sie am Kopfe krank, und mancher Klügling hat sich über ihre Krankheit beinahe selbst krank gelacht. Aber wenn Halle über K ü n s t e und H a n d w e r k e eine neue Sprache redet: mit ästhetischen Umschreibungen und galanten Umschweifen uns eine wächserne Nase drehet: wenn er die G e s c h i c h t e d e r T h i e r e nicht wie ein Lehrer der einfältigen Natur uns erzählet, sondern mit artigen und feinen Männchen uns bald dies, bald das, als ein Schattenspiel an der Wand zeigt, damit wir ja die Brillanten an seinen Fingern sehen sollen: so ist das ein schöner Schriftsteller von Geschmack. — Ferner: wenn im gemeinen Leben eine Großtante nach der alten Welt höflich zu sprechen glaubt, wenn sie sagt: meine Füße mit Respekt zu sagen! oder die Straße ist salua venia unrein! so lachen wir über die

die gute Frau. Aber darüber lachen wir nicht, wenn ein Schulgelehrter für einem Barbarismus zittert; wenn er vor jedes zweideutige Wort, vt ita dicam etc. setzt: wenn er in der Naturlehre der Erfahrungen undeutlich umschreibt, um nur zierlich thun zu können. — Möchten doch Schriftsteller dieser Art bedenken, worüber sie schrieben, daß hier das Wort den Gedanken, nicht der Gedanke das Wort erzeuge.

Zweitens: Ueberall wo ich zum gemeinen Mann rede: (ich meine hier jeden, der kein Büchergelehrter ist) muß ich in seiner Sprache reden, und ihn zu meiner Sprache nur allmählich gewöhnen: ich muß nicht wie aus den Wolken zu ihm reden, sondern auf seinen Grund und Boden treten, und ihn allgemach in meine Sphäre heben. Unter der großen Menge von Beispielen wähle ich die mir hier beifallen.

Der gemeine Mann liest wenig, und noch weniger ist für ihn geschrieben. Dies Wochenblatt * soll für ihn geschrieben seyn? — Unmöglich! denn es ist voll Bücherwitz, voll gelehrter Gründlichkeit, in einer Sprache, die die Büchermotten verstehen mögen, aber

---

* Eine der schönsten neuern Wochenschriften, der Hypochondrist, hat mich wieder an den Einfall erinnert: wie eine Provinzialwochenschrift, die dies in hohem Verstande wäre, ein originales Werk seyn könte, das blos mit den Sitten dieser Provinz unterginge, und das Lieblingsbuch etlicher Zeitalter wäre.

nicht er, der statt Büchern unter Menschen wandelt, sie mögen seyn, von was Stande sie wollen. Der Mensch, der Mann, die Frau, der Gesellige; und wie der Leser weiter will, ist vor dem Pulte geschrieben, und hat nicht die Sprache in seiner Gewalt, die jeder Leser sich von der Zunge gerissen glaubt, in der er seine Worte und mit ihnen seine Ideen wiederfindet. Dies ist ein Wochenblatt zum Besten der Kinder? Sollen Kinder es lesen? Der Titel lügt, oder es ist ihnen mit allen seinen Abhandlungen, und Fabeln, und Gedichten eine Quaal! Sollen Eltern es lesen? Haben sie dazu Zeit? Ist dies ihnen zu wissen nöthig? Gibt es ihnen, worinn sie Rath wollen und brauchen, kurz und gut, Rath? Spricht es die Sprache der Eltern, die ans Herz dringt? Nein! Für Hofmeister mag das ein Buch seyn, die langweilig, wie die Verfasser, denken wollen! — Ich urtheile zu frei? wohl! so schenke man mir mehrere Beispiele, über die ich noch freier schreiben müßte; man höre, was ein Schriftsteller schreibt, den ich nicht genug lesen kann:*

„Es hat sich in der feinern Welt nach und nach „eine Sprache aus der Metaphysik und andern Wissen- „schaften eingeführt; es haben sich Redensarten aus „andern Sprachen in die unsrige eingeschlichen, die „jeder sinnreiche Schriftsteller brauchen will, und „brauchen muß, die aber der gemeine Mann nicht ver-

* Abbt vom Verdienste, p. 349.

„ſteht, wenn er ſie auch zu verſtehen ſcheint. Er iſt im-
„mer noch achtzig, hundert Jahre zurück; ſeine Bibel,
„ ſein Katechismus, ſeine alten Bücher, ſein täglicher
„Gebrauch enthalten den ganzen Umfang der Begriffe
„und Ausdrücke, die ihm bekannt und geläufig ſind.
„Was davon abgehet, iſt für ihn eine fremde Spra-
„che, die er weder Geſchicke, noch Muße, noch Ge-
„duld hat, zu erlernen; — die ihm auch nicht nöthig
„iſt.„ — Nun gehe man nach dieſem Geſichtspunkte
die Wochenſchriften, die Erbauungsbücher,
die Predigten durch; alles ſoll für den gemeinen
Mann ſeyn, und wenig iſt für ihn. O eine Schrift,
die das iſt, was eine Erbauungs- eine Bil-
dungsſchrift für den größten, nußbarſten und ehr-
würdigſten Theil der Menſchen, das Volk, ſeyn
ſoll: — gebet mir, wenn ich Alexander wäre, einen
goldnen Kaſten her; ich weiß nichts beſſers in demſelben zu verwahren! — Doch nein! Ein Schriftſteller der Art wird mich mit dieſer Ehre auslachen:
er hat einen ſchönern Ort für ſein Buch, den armen
Kleiderſchrank; und für die Lehren, die ſein Buch
enthält, das Herz des redlichen Leſers, der ihn theuer
hält. Macht mich mit einer Schrift bekannt, die
für den Menſchen, den Bürger, für ſeine
Denkart und für ſein Herz, für ſeinen Stand
und Bedürfniß geſchrieben iſt: die das ſaget, was
er immer gedacht, und doch nicht gedacht, was
er thun wollte und muß, und doch nie gethan,

worüber er Rath und Unterricht will, und wie
er ihn will: die ihm in die Seele spricht, in der
er sich finde, die ihm seine Worte von der Zun=
ge, seine Einwendungen und Wünsche geraubt:
die recht ein Buch für ihn ist! Wo ist ein
Mann der Art:

> Wo ist er? und der Kranz des Patrioten
> soll sein ehrwürdig Haupt umziehn! —

Noch eine Anwendung! Das Frauenzimmer ge=
hört ohne Zweifel nicht in die Hörsäle und Studier=
zimmer der Gelehrten, wenn es sich bilden will zu
seiner Bestimmung, damit es seine Seele ver=
schönere, und das Vergnügen des männlichen Ge=
schlechts sey: damit es die Würde der Bürgerinnen,
und Hausmütter, und Ehegatten, und Erzieherin=
nen erreiche: damit es alle die Talente ausbilde, die
ihm die Natur gab, und die Pflichten fordern,
das schöne Geschlecht zu werden. Ohne allen
Zweifel muß also ein Lehrbuch zu ihrer Bildung
nicht nach männlichem, noch weniger nach gelehr=
tem Zuschnitt seyn: es muß statt eines Skeletts
von Schulweisheit sich ihrem Verstande bequemen:
und weil in der Welt der Damen immer die Worte
gleichsam die Hüllen sind, in denen sie denken: so
ist es das sicherste Zeichen, daß man für sie denken
kann, wenn man mit ihnen zu sprechen weiß.
Ob unsre Schulmethoden, unsre zerstückten
Unterweisungen, unsre Kathedersprache,

unsre gelehrte Gründlichkeit auf ihre Bildung
(ich sage nicht: Unterricht!) passe? — Können nichts
als Versuche und Erfahrungen entscheiden. Lasset
nun einen ehrlichen Schulrektor oder gelehrten
akademischen Professor einen Lehrer in dem wer=
den, was sie bilden soll und kann: gebet ihm die
fähigsten Zöglinge: lasset eine Frauenzimmerakademie
ihm zuhören, die aber aus Gliedern bestünde, die
selbst verständige, nicht aber gelehrte, und ja keine
Daciers, seyn müssen; nun gebet Acht: sein ge=
lehrter Vortrag ermüdet, er gibt auf zu lernen,
Worte, die nie in ihre Sphäre gehören, Sachen,
die sie nie brauchen können, Wahrheiten und Lehr=
sätze, die nicht für sie sind. — Haben wir
daher eine Encyklopädie der Frauenzimmerwissenschaf=
ten? — die sich zu den bekanntesten Begriffen herab=
läßt, in denen sie erzogen worden, sie über Sachen
unterrichtet, die rings um sie sind, die Empfindun=
gen entwickelt, die in ihren Herzen schlafen, ihnen
ihre ganze Bestimmung und Zwecke stufenweise ent=
wickelt: von der ganzen Gelehrsamkeit, Weltweis=
heit und schönen Litteratur, von der Geschichte und
den schönen Wissenschaften ihnen nur so viel vor=
hält, als nöthig ist, sie zur Schönheit des Gei=
stes zu bilden, ihnen es in der Ordnung vor=
hält, die sie immer muntrer macht, und mit den
Worten, die, ihren Lippen entwandt, den Weg
wissen, in ihre Seele und an ihr Herz zu schleichen:

Haben wir im Deutschen ein solches Buch zur Bil=
dung? Ich zweifle gar, daß eine Mannsperson es
schreiben kann, und die französischen Philosophien
in dieser Art sind als Bildungen für einen glänzen=
den Witz in der Gesellschaft, zum Zeitvertreibe für
galante Toiletten, vortreflich: haben sie aber für den
guten gesunden Verstand des Lebens ge=
schrieben seyn sollen? Da nun die Franzosen in der
Cultur des Frauenzimmers nach ihrem Ideal des ge=
sellschaftlichen Tons uns weit voraus sind: — ihr
Deutsche, wo haben wir sie denn? Ich würde mich
schämen, einen Köster neben Fontenelle zu
setzen!

6.

Jetzt bitte ich einige Dichter auf ein Wort bey=
seit. Wenn bei sinnlichen Begriffen, bei Er=
fahrungsideen, bei einfachen Wahrheiten,
und in der klaren Sprache des natürlichen Le=
bens der Gedanke am Ausdruck so sehr klebt:
so wird für den, der meistens aus dieser Quelle schöpfen
muß, für den, der gleichsam der Oberherr dieser
Sphäre gewesen, (wenigstens in der alten sinnlichen
Zeit der Welt) für ihn muß der Gedanke zum
Ausdruck sich verhalten, nicht wie der Körper
zur Haut, die ihn umziehet, sondern wie die Seele
zum Körper, den sie bewohnet: und so ists für den
Dichter. Er soll Empfindungen ausdrücken: —

Empfindungen durch eine gemahlte Sprache in Bü=
chern ist schwer, und eigentlich zu sprechen unmög=
lich. Im Auge, im Antliß, durch den Ton, durch
die Zeichensprache des Körpers — so spricht die Em=
pfindung, und überläßt den todten Gedanken
das Gebiet der todten Sprache. Und armer Dichter!
und du sollst deine Empfindungen aufs Blatt mahlen,
sie durch einen Kanal schwarzen Safts hinströmen,
du sollst schreiben, daß man es fühlt, und doch dem
wahren Ausdrucke der Empfindung entsagen;
du sollst nicht dein Papier mit Thränen benezzen,
daß die Tinte zerfließt, du sollst deine ganze leben=
dige Seele in todte Buchstaben schließen, und par=
liren, statt auszudrücken. — Hier sieht man,
daß bei dieser Sprache der Empfindungen, wo ich
nicht schreiben, sondern in die Seele reden muß, daß
es der andre fühlt, daß hier der eigentliche Aus=
druck unabtrennlich sey. Dichter! du sollst den
natürlichen Ausdruck der Empfindung künst=
lich vorstellen, wie du einen Würfel auf der Ober=
fläche zeichnest; du sollst den ganzen Ton deiner Em=
pfindung in dem Perioden, in der Lenkung und Bin=
dung der Wörter ausdrücken: ein Gemälde hinzeich=
nen, daß dies selbst zur Einbildung des andern ohne
deine Beihülfe spreche, sie erfülle, und durch sie sich
zum Herzen grabe: du sollst Einfalt und Reich=
thum, Stärke und Kolorit der Sprache in
deiner Gewalt haben, um das durch sie zu bewürken,

was du durch die Sprache des Tons und der Geber-
den erreichen willst — wie sehr klebt hier alles am
Ausdrucke: nicht in einzelnen Worten, sondern
in jedem Theile, im Fortgange derselben und im
Ganzen. Daher rührt die Macht der Dichtkunst in
jenen rohen Zeiten, wo noch die Seele der Dichter, die
zu sprechen, und nicht zu plappern gewohnt war,
nicht schrieb, sondern sprach, und auch schrei-
bend lebendige Sprache tönete: in jenen Zeiten, wo
die Seele des andern nicht las, sondern hörte, und
auch selbst im Lesen, zu sehen und zu hören wußte,
weil sie jeder Spur des wahren und natürlichen
Ausdrucks offen stand. Daher rühren jene Wunder,
die die Dichtkunst geleistet, über die wir staunen und
fast zweifeln; die aber unsre süßen Herren verspotten
und närrisch finden. Daher rührt alles Leben
der Dichtkunst, was ausstarb, da der Ausdruck
nichts als Kunst wurde, da man ihn von dem, was
er ausdrücken sollte, abtrennete: der ganze Ver-
fall der Dichterei, daß man sie der Mutter Natur
entführte, in das Land der Kunst brachte, und als
eine Tochter der Künstelei ansah: der Fluch also,
der auf dem Lesen der Alten ruhet, wenn wir blos
Worte lernen, oder den Inhalt historisch durchwan-
dern, oder ästhetische Regeln suchen, oder Beispiele
ausklauben, kurz! wenn wir Gedanken und
Worte in ihnen abgetrennt betrachten: nicht das
schöpferische Ohr haben, das die Empfindung in seinem

Ausdrucke, in vollem Tone höret; nicht jenes dichterische Auge haben, das den Ausdruck als einen
Körper erblickt, in welchem sein Geist denket und
spricht und handelt. „Daher rührt das ästhetische
„Gewäsche, wo immer Gedanke, vom Ausdrucke
„abgesondert, behandelt wird *: „ und der Unsegen,
daß es uns schwer wird, wie die Alten zu denken,
weil man das Denken ohne Ausdruck erhaschen wollte,
und wie die Alten zu sprechen, weil man wiederrum den Ausdruck vom Gedanken abgesondert betrachtete. Je mehr ich der Sache nachdenke, daß man
es für nützlich, ja für nothwendig habe halten können,
in Poesien Gedanken und Ausdruck unverbunden zu
behandeln, in Poetiken unverbunden zu lehren, und
in Alten unverbunden zu zergliedern: desto fremder
kömmt mir diese Zerreißung vor.

Gedanke und Ausdruck! verhält er sich
hier wie ein Kleid zu seinem Körper? Das beste Kleid
ist bey einem schönen Körper blos Hinderniß. — Verhält er sich, wie die Haut zum Körper? Auch noch
nicht genug: die Farbe und glatte Haut macht nie
die Schönheit vollkommen aus. Wie eine Braut bei
ihrem Geliebten, wenn derselbe, seinen Arm um sie
geschlungen, an ihrem Munde hanget: wie zwei
zusammen Vermählte, die sich einander mittheilen;
ein Paar Zwillinge, die zusammen gebildet und erzogen, sich lieben und begleiten wie Shakespears

* Lit. Br. Th. 17. p. 114.

Freundinnen? Diese Bilder sind bedeutend, aber, wie mich dünkt, noch nicht vollständig. — Wohl! es fällt mir ein Platonisches Mährchen ein, wie der schöne Körper ein Geschöpf, ein Bote, ein Spiegel, ein Werkzeug einer schönen Seele sey, wie in ihm die Gegenwart der Götter wohne, und die himmlische Schönheit einen Abdruck in ihn gesenkt, der uns an die obere Vollkommenheit erinnert: ich setze diese schöne sokratische Bilder zusammen, und zeige meinen Lesern ein Bild, daß Gedanke und Wort, Empfindung und Ausdruck sich zu einander verhalten, wie Platons Seele zum Körper.

Wenn einer von meinen Lesern, der bei den Werken der Alten in das Jahrhundert der goldnen Zeit und einfachen Natur entzückt gewesen ist, sich bei meiner Erzählung dessen erinnert, was er hier in diesem Elysium für Gedanken gesehen, für Ausdrücke gehört, und wie beide in einander geflossen sind: wie würde ich mich freuen, wenn einer von diesen mir Recht gäbe, und damit mich schadlos hielte, daß zehn schöne Geister, die sich in das schöne Kleid, und den Putz des Costume, in die schönen Fingerspitzen der Chineserschönheiten, in das blendende Teint französischer Wendungen, oder in das oft überladene Kolorit brittischer Bilder verliebt haben, mich für einen Träumer und Enthusiasten schelten werden.

Aus dem seligen Reich der Götter ward die Empfindung, wie bei Plato die Seele, heruntergesandt in den Schoos der irrdischen einfältigen Natur. In dem Schoos dieser gesunden, und starken und fruchtbaren Mutter sollte die Bewohnerinn des Himmels einen schönen und blühenden Körper sich zum Wohnhause bereiten: daher nahm sie das zarteste und feinste Geblüt ihrer Mutter zur sanften Hülle, und ward die Schöpferinn des Gebäudes rings um sich. Kein Sturm widriger Wallungen und kein Blizstrahl von ungesunden Zuckungen hinderte ihr Gewebe, in welches sie ohne Gefühl gewaltsamer Störungen ihr Bild voll ruhiger Stille eintrug, als das Bild einer Freundinn der Götter und Gespielinn der Göttinnen. Sie vollendete ihre Schöpfung: sie brachte die Frucht zur Reife: sie vollführte den Pallast ihrer Wohnung: ihr gelang das Bild ihrer selbst, das von ihr zeugen sollte. Kurz! der himmlische Gedanke formte sich einen Ausdruck, der ein Sohn der einfältigen Natur war, sie aber in den schönsten Jahren seiner Mutter: er ward in ihrem Schooße reif, ohne gewaltsame Gährungen, und mit einer stillen Größe vollendet. Er wand sich seiner Gebährerinn sanft vom Herzen, und bei seiner Geburt beglückten ihn die Grazien und Göttinnen lächelten ihn an.

Nun steht dieser Körper vor dir: willst du ihn als ein todtes Kunststück betrachten, blos seine Farbe lieben, blos seinen Putz anbeten, seine Nägel an den Füßen bewundern, und umarmen eine kalte Bildsäule: willst du im Ausdrucke ohne Gedanken Schönheit finden! — Elender, fühlloser Betrachter! siehe diesen Körper an als ein Sinnbild der Seele, die ihm blos so viel körperliche Reize gab, als erfordert wurden, um ihn deinen irrdischen Augen sichtbar und schön darzustellen. — Begnüge dich also nicht mit grammatischer Schönheit, der Wörterwahl, der Stellung der Worte und des todten Rhythmus; denn wenn du da trockne Richtigkeit suchest, wo Schönheit dich erfüllen soll: so liesest du wie ein Meßkünstler und Handwerker, oder Taglöhner.

Aber siehest du den Ausdruck als ein Geschöpf, das sich die Empfindung geschaffen, als ein Sinnbild, in dem sich ihr Bildniß abdrucket, als einen Boten des Gedankens, und als den Pallast, den seine ganze Größe erfüllet: so wirst du mit den Augen sehen, mit denen Plato sah, wenn er sich der unkörperlichen Schönheit aus dem Reiche der Geister erinnerte; mit denen Winkelmann siehet, wenn er bei dem Apoll, oder dem Herkules im Torso, oder dem Laokoon, oder der Niobe ins Reich unkörperlicher Ideen geräth; du wirst mit dem Auge sehen, mit welchem Mengs die Hand seiner Schüler leitet.

Ich rede nicht von einzelnen Stücken, sondern

von dem vollendeten Ausdrucke eines ganzen Werks
der ältesten Zeiten, wo ich Gedanken und Rede
eines Schriftstellers mir zu einem Ganzen bilde.
Wenn hier die Stärke der Gedanken sich mit dem
starken Ausdrucke paaret: so steht ein Bild vor mir,
wo der einförmige Umriß des Körpers für mich blos
ein Zeuge jenes Gedankens ist, der sich denselben
formte: die äußere Gestalt der wohlgebildeten Form
erinnert mich des bildenden Gedankens, der sich hier
in seinem Werke spiegelt: die freie Stellung redet
von dem Werkmeister, der dies Werkzeug so leicht
zu brauchen wußte: die Macht, die nichts Leeres
übrig läßt, ist eine Hülle des großen Bewohners:
alles wird ein Gegenschein von seinem Urbilde, und
eine Morgenröthe, die sich in Strahlen der Sonne
gekleidet. Wenn ich auf die Art Ausdruck und Gedanken zusammen betrachte: soll ich jenen allein bemerken? — einen Körper ohne Seele; diesen allein?
— eine Seele ohne Körper. — Und wohnt sie in einem wüsten, ungestalten Hause, wo sie wie aus einem
dunkeln, unregelmäßigen Kerker herausblickt, wo
Sehnen wie Stricke, und Adern wie unreine Kanäle
sich erheben, und sichtbar fortlaufen: wo ein dürf-
tiges mißgebohrnes, schmachtendes Werk uns Zittern,
oder Eckel, oder Abscheu erwecket: so muß uns der
Traum des Plato beifallen: in dieses Gefängniß
ward der Gedanke gesandt, zur Strafe für die in der
Oberwelt begangenen Verbrechen. — So wenig ist

in der wahren Dichtkunst Gedanke und Ausdruck
von einander zu trennen: und es ist beinahe immer
ein Kennzeichen einer mittelmäßigen Poesie, wenn
sie gar zu leicht zu übersetzen ist.

7.

Ich thue noch einen Schritt: wenn in der Poesie
der Gedanke und Ausdruck so vest an einander kleben, so muß ich ohne Zweifel in der Sprache dichten, wo ich Ansehen und Gewalt über die Worte,
die größeste Känntniß derselben, oder wenigstens eine
Gewißheit habe, daß meine Freiheit noch nicht Gesetz-
losigkeit werde — ohne Zweifel ist dies die Muttersprache. Sie druckte sich uns zuerst, und in den
zartesten Jahren ein, da wir mittelst Worte in
unsre Seele die Welt von Begriffen und Bildern
sammleten, die dem Dichter eine Schatzkammer wird.
In ihr muß er also mit der größten Leichtigkeit
nachsinnen, und Ausdrücke finden: in ihr den
Reichthum von Bildern und Farben finden, der
einem Dichter unumgänglich nöthig ist: in ihr die
Donnerkeulen und Blitzstrahlen finden, die er als Bote
der Götter wirft; denn in sie ist unsre Denkart gleichsam gepflanzet, und unsre Seel' und Ohr und Or-
gane der Sprache sind mit ihr gebildet. — Wo werde
ich mich also besser ausdrücken, als in der Muttersprache? Sie übertrift, so wie das Vaterland, an
Reiz alle übrigen, in den Augen dessen, der der

Sohn ihres Herzens, der Säugling ihrer Brust, der Zögling ihrer Hände gewesen. —

Die Sprache, in der ich erzogen bin, ist meine Sprache: denn so wie, nach Montesquieu Anmerkung, alle unsre Begriffe von Schönheit sich auf den ersten mächtigen Eindruck beziehen, auf den die Seele nachher jedes Bild, das sie gewahr wird, schnell zurückführt, und daher oft den liebenswürdigen Eigensinn schön findet, der mit ihrem Urbilde des Eindrucks übereinstimmet — so ist auch die Muttersprache selbst mit ihren Idiotismen voll Eigensinn, und mit ihren kleinen Schwachheiten der Liebe für uns ein Bild der Schönheit. So wie ein Kind alle Bilder und neue Begriffe mit dem vergleicht, was es schon wußte: so passet unser Geist insgeheim alle Mundarten der Muttersprache an: sie behält er auf der Zunge, um nachher desto tiefer in den Unterschied der Sprachen einzudringen: sie behält er im Auge, daß, wenn er dort Lücken und Wüsten, hier Reichthum und Ueberfluß in fremden Sprachen entdecket, er den Reichthum der seinigen liebgewinnen, und ihre Armuth, wo es seyn kann, mit fremden Schätzen bereichere: sie ist der Leitfaden, ohne den er sich im Labyrinth vieler fremden Sprachen verirrt: die Rinde, die ihn auf dem unermeßlichen Ocean fremder Mundarten vor dem Sinken bewahret: sie bringt in die sonst verwirrende Mannichfaltigkeit der Sprachen Einheit. Nicht um meine Sprache zu verlernen, lerne ich andre Sprachen, nicht um die Sitten meiner Erziehung umzutauschen, reise ich unter fremde Völker; nicht um das Bürgerrecht meines Vaterlandes zu verlieren, werde ich ein naturalisirter Fremder: denn sonst verliere ich mehr, als ich gewinne. Sondern ich gehe blos durch fremde Gärten, um für meine Sprache, als eine Verlobte meiner Denkart, Blumen zu holen: ich sehe fremde Sitten, um die meinigen, wie Früchte, die eine fremde Sonne gereift hat, dem Genius meines Vaterlandes zu opfern. Wenn ich mich meiner Heimath entziehe, und mich in fremden Sprachen weide, ahme ich Kleists Bienen nach,

. . . die in zerstreueten Heeren,
Die Luft durchsäuseln, und fallen auf Klee und blühende
                                                    Stauden
Und dann heimkehren zur Zelle mit süßer Beute beladen
Und liefern uns Honig der Weisheit.

Ich setze zwei Schriftsteller zusammen, von denen der eine in seiner Sprache, der andere in einer fremden todten Sprache schreibt: wer von ihnen kann größer werden?

Wenn der, so in einer fremden Sprache schreibt, die Muttersprache verachtet, in der er erzogen ist, so muß er von ihr übel erzogen seyn, daß die ersten Eindrücke der Bildung gar nicht bei ihm zur Reife gekommen; denn sonst sind die Spuren dieses frühen Gepräges der Seele unauslöschlich. — Wie viel verliert ein Schriftsteller hiebei, dessen Geist

Geist nicht durch seine Sprache mächtig geformt ist! alle sein späteres Lernen bemahlt die Oberfläche der Denkart: er irret in fremden Gegenden, ohne Vaterland und Hausgötter.

Ein Originalschriftsteller im hohen Sinne der Alten ist, wenige Beispiele ausgenommen, beständig ein Nationalautor. Ein Mann, dessen Seele, von Gedanken schwanger, zu gebären ringet, denket nie darauf, wie ein ästhetischer Regelnschmid einst an ihm sitzen wird, um Beispiele des Ausdrucks zu seinen Schulgesetzen auszuklauben: und es wird ihm also unmöglich, den Ausdruck abgesondert vom Gedanken zu behandeln, zu ordnen, zu wählen. Er bildet sich das Ganze des Gedankens in seinem Geiste, stellet jeden Theilbegriff schnell an seinen Platz, in sein gehöriges Licht, zu seinem eigenthümlichen Zweck, in allem erforderlichen Gleichmaaße: das Bild schaffet sich in seinem Kopf und tritt, vollständig an Gliedmaßen, und gesund an Farbe, mit glänzenden Waffen gerüstet, hervor, und wird Ausdruck. Dieser ist eine sichtbare Wohnung, in die sich der Gedanke mit Gewalt drängete, ihn ganz einnahm, alles an ihm belebte und zusammenfügte. Da steht er nun sichtbar und hörbar, wie ihn der Andre unsichtbar dachte: soll ich den Ausdruck ändern, so schwindet der Gedanke: habe ich den Gedanken gefasset, und will ihn sagen: da steht wieder das Wort! Der Schriftsteller dachte

Worte, und spricht Gedanken. Er wollte sich nicht um den Ausdruck allein bekümmern, ihr seine beurtheilenden Schulmeister: er hat nicht geschrieben, um euch ein Exempel-Magazin zu liefern: er gönnt euch die Freude, ihm hier unsichtbare Fehler des Stils abzulauern; er gönnet euch, ihr Groß- und Kleinmeister der Schreibart, die Ehre, an ihm berühmt zu werden, und ihn nach allen Regeln der Grammatik hochmüthig zu verdammen, und nach allen Privilegien der Poetik und Rhetorik großmüthig loszusprechen; er gibt allen kurz- und langweiligen Nachrichtern der Gelehrsamkeit die Macht, ihn hier der Dunkelheit, und wo das Licht durchblickt, der Größe, ihn dort der fremden Anspielungen, und wo ihr sie versteht, des Nachdrucks, ihn hier des Zwanges, und wo ihr seinen Zweck erreicht, des Nahrhaften; kurz, aller gegeneinander laufenden Fehler des Ausdrucks und Tugenden der Gedanken zu tadeln und zu rühmen: er dachte, und der Gedanke formte den Ausdruck: mit diesem hadert! Jura negat sibi data --

Aber man siehet, daß, wenn dieser Schriftsteller nicht mißrathen will, so muß er in seiner Muttersprache schreiben; denn wenn der Gedanke den Ausdruck formen soll, muß der ganze Umfang der Sprache so unter mir seyn, als das Feld von Gedanken: sonst drücke ich mich entweder nicht aus, oder sündige unaufhörlich wider die Sprache. Ich will diesen großen

Gedanken in seiner ungeheuren Gestalt zeigen: schreibe ich in meiner Sprache, so stößt er sich selbst in einen Ausdruck dahin; aber in einer fremden Sprache wird er vielleicht ein Barbarismus, bei dem die Ohren gellen. Dieser neue Gedanke drängt sich in meiner eignen Sprache in alle sein Licht, daß er gesehen werden muß; unter einem fremden Volke hat er nicht die Freiheit, oder paaret sich vielleicht mit einem derben Soldcismus. Dieser fruchtbare Gedanke will mit allen seinen Nebenbegriffen auf einmal in die Seele: meine Muttersprache steht ihm mit ihrer ganzen Fülle zu Gebote; aber in einer todten Sprache muß er betteln, trift vielleicht arme Hütten an, und wird bei reichen Pallästen zurückgewiesen oder herausgestoßen. Kurz! seiner Seele den Zügel und den Gedanken den Lauf lassen, ohne auf eine bekannte und sichere Mutter Erde sich verlassen zu können, macht mißrathene Schriftsteller, die in einer Gegend sich verirren, in die sie nicht zu Hause gehören; der Gedanke war groß, aber unförmlich sein Ausdruck.

Das ist doch gewiß, daß eine todte Sprache, die ich nach Regeln der Grammatik lerne, nothwendig äußerst einschränket, weil nach diesen Gesetzen der Gedanke sich richten muß, dagegen in lebendigen Sprachen schon eher das Gesetz sich nach dem Gedanken richtet. Wenn in jener das Genie hervorbricht: so scheint es rasend, reißt alles nieder, und schreckt Gelehrte und Ungelehrte,

furit, ac velut urſus,
  obiectos caveæ valuit ſi frangere clathros,
  Indoctum doctumque fugat —

Oder auf der andern Seite, wenn nicht die fremde
Sprache Gewalt leidet, ſo thut ſie Gewalt an.
Wie kann ich eine Sprache aus zehn oder zwölf
Schriftſtellern ganz, in ihren ganzen Umfange,
mit aller ihrer Stärke, Würde und Reiz
lernen? Man nehme doch zehn Schriftſteller
unter uns; ja, man nehme die ganze ungeheure Menge der unſrigen, laſſe unſre Sprache
ſterben, und wecke ſie aus ihnen wieder auf? Ver-
gebliche Arbeit, die für Thorheit würde, und uns
doch Weisheit dünkt, wenn wir naturaliſirte Römer
ſehen, die in der Lateiniſchen Sprache — ſchreiben?
Gedichte ſchreiben und Horaziſche Oden ſchreiben:
vielleicht die höchſte, ſchwerſte und künſtlichſte Art
des Vortrages. Nun ſetze ich würklich ein Genie,
von der Größe, als Horaz in ſeiner Sprache war:
es hätte allen innern Reichthum, Fülle, Größe und
Feuer der Gedanken in ſeinem Lande, nach ſeiner
Cultur, nach der eigenthümlichen Wendung ſeines
Geiſtes: dieſer Horaz, von einem würdigen Gegen-
ſtande aufgefordert, von der Muſe geſalbet, von
edlem Feuer durchdrungen, greift nach der Leyer des
Venuſiſchen Dichters; er würde Horaz ſeyn, aber
nun ſingt er in Horazens Sprache. Sogleich wird
der Gedanke vom Ausdrucke gefeſſelt; das Bild ſoll

in seiner Schönheit erscheinen, und hat Flecken, die
den Glanz beschimpfen: es soll reich an Nebenbegriffen
seyn, und diese Nebenideen erniedrigen es: es soll
groß erscheinen, und wird gezerret, es soll mit einem
mal überraschen, und schlägt uns ins Antlitz: es
wird mit Putz überladen, und erscheint klein. Ge=
danke und Ausdruck sind wie jene zusammengewach=
sene Misgeburt, die mit einem Haupte lachte, mit
dem andern weinte, mit dem Rücken an einander
stieß, sich fortzerrete, und auf einer Stelle blieb.

Wahrlich! der Dichter muß seinem Boden getreu
bleiben, der über den Ausdruck herrschen will: Hie=
her kann er Machtwörter pflanzen, denn er kennet das
Land! Hier kann er Blumen pflücken; denn die Erde
ist sein; hier kann er in die Tiefe graben, und Gold
suchen, und Berge aufführen, und Ströme leiten:
denn er ist Hausherr. Die wahre Laune drucket sich
blos in der Muttersprache ab, und ich schäme mich
nicht, die Schwäche meiner Seele zu gestehen, daß
ich mir Lebenslang nicht zutraue, mehr als eine e i n=
z i g e Sprache vollkommen fassen zu können: ich meine
aber unter dem Wort v o l l k o m m e n so viel, daß
drei junge Herren, die vor mi. ehen, und mir
Französisch, Italiänisch und Englisch, und drei
Schulmeister, die mir L a t e i n i s c h und G r i e c h i s c h
und K o p t i s c h, mit großer Geläufigkeit vorsprächen,
mich noch nicht widerlegten. Ich würde jedem Glück
wünschen, daß er vielleicht in drei Sprachen nichts

ſagen könne, als was andre vor ihnen, und vielleicht
beſſer, geſagt, und jeder andre nach ihm ſagen kann:
würde ſie aber verlaſſen, und den Dämon des un-
wiſſenden Sokrates citiren, um ihn zu fragen, ob
jemand in mehr als einer Sprache ein gleich
vollkommener Homer, in einer todten Sprache
ein Pindar oder Horaz, und in einer andern
als ſeiner Mutterſprache, ein Shakeſpear ſeyn
könne? — Alsdann würde ich niederfallen, wie Bru-
tus, und die Erde umarmen, die meine Mutter iſt,
und ihre Sprache ſoll meine Muſe ſeyn!

8.

Ich habe die Sache blos von einer Seite betrachtet: daß in fremden todten Sprachen der Gedanke
verliere; aber, wenn es Schriftſteller gibt, die von
dieſer Höhe herunter ſteigen und blos durch den Ausdruck gewinnen wollen — blos durch den Ausdruck? wieder wird Ausdruck und Vortrag getrennet! Doch ich will zuhören:

Gewinnt der Ausdruck, weil eine Sprache an ſich
ſchöner iſt? ſo denken blos die Schulmeiſter, die aus
den Alten Phraſes aufjagen, Lexicon und Grammatik plündern, und ſich ein buntes Kleid zuſammen ſticken, mit vieler Mühe es verbrämen, um
lächerliche Arlekins zu ſeyn. Aber wenn junge Zöglinge aus den Alten Phraſes aufjagen, Lexicon und Grammatik plündern, und ſich von lateiniſchen

Lappen mit vieler Mühe einen Arlekinsrock zusam=
men flicken müssen: so wird aus dem lächerlichen
ein Thränenwerther Anblick. Ohne Zweck ist die
Lappländische Sprache so gut, wie die Römische.

Gewinnt der Ausdruck, weil die Sprache älter
ist? — so denken blos die, so zweitausend Jahr zu
spät gebohren sind, und auf eine allgemeine Wieder=
auflebung warten, um dem Horaz und Properz
ihre Centonen aufweisen zu können. Nun bin ich
zwar kein blinder Wahrsager des jüngsten Gerichts,
wie andre größere Leute; aber doch möchte ich nicht
dabei seyn, wenn Horaz unsern Rollers, Klotzen
und andern Schulpoeten ihre Exercitien corrigiren
müßte zu Ehre der Deutschen Nation — Eben weil
die Sprache so alt und verlebt ist: so wüßte ich nicht,
ob die Römische Sprache nicht immer germani=
sirt, wenigstens in eine Deutsche Denkart einge=
kleidet werde.

Gewinnt der Ausdruck, weil er Belesenheit
zeigt? — Es kann seyn, aber je mehr Schriftsteller
ich gelesen, je mehr ich aus ihnen Nahrung gezogen,
desto unbestimmter muß meine Schreibart wer=
den, und ihren Charakter verlieren! Wenn ich hier
einen Kernausdruck von Tacitus in einen Perioden
des Cicero flechte, dort Blumen aus Horaz,
Virgil und Juvenal breche und dazwischen
knüpfe: so kann dies freilich ein Kranz werden,
der mich als einen Kenner des Alterthums

bezeichnet; aber was wieder ein alter Römer spräche, wenn er einen so ungleichen holprichten Stil erblickte, kann ich nicht sagen. Mir ists freilich, wenn ich einen alten Autor eine Zeitlang gelesen, und schnell einen neuern Homerischen Briefsteller erwischt, manchmal vorgekommen, als wenn ich einen Cento von Redarten läse: aber ich kann überhaupt über eine todte Sprache nicht so gewiß urtheilen, als andre. Wäre ich ein Lateinischer Dichter; mir würde jenes Virgilianische Mistrauen eindrücklich seyn: "Auch mich „nennen die Hirten einen Dichter; aber so leicht „glaube ich ihnen nicht: noch scheinen mir meine Arbeiten „nicht eines Varus oder Cinna würdig; „vielleicht klingt mein Gesang, wie unter Schwänen „das Schnattern der Gänse."

Gewinnt der Ausdruck, daß ich doch Lateinisch einen Lateiner besser nachahmen kann, als Deutsch? Es scheint! aber was heißt besser nachahmen? Mit seinen eignen Worten; das heißt, grammatisch! Ausdrücke zusammen fädeln, ist alsdann blos Handwerk; und da ich mich doch wieder nicht in das Wörterbuch eines Schriftstellers einkerkern kann, ohne äußersten Zwang, so muß ich wieder fürchten, selbst in der Schreibart ungleich zu werden. — Aber nachahmen, um den Ton eines Alten zu lernen? Diese Nachahmung ist schon höher, und eine Arbeit des Geistes. Wenn man einen Autor mit dem Feuer lieset, mit dem er geschrieben

hat, so muß er uns so beseelen, daß wir eine Zeitlang gleichsam verzückt in seine Sphäre der Gedanken sind: sein Ton schallt noch in unsern Ohren;
wir sehen mit seinen Augen, wir athmen in seiner
Denkart wie in unsrem Elemente: die Saite der
poetischen Empfindungen tönt in uns, erweckt von
der seinigen, mit ihr zusammen: die Worte formen sich nach der Wendung seines Geistes: wir lesen usque ad scribendi sollicitudinem — und schreiben. Nun lebt noch seine Sprache in uns, sein
Rhythmus tönt noch in unserm Ohre, die Reihe
seiner Bilder steht noch vor unserm Auge: wir ahmen in seiner Sprache, in seinem Sylbenmaaße,
in seiner Composition der Gemälde nach, und zeigen
uns also als Virtuosen.

Ich setze dazu: sein Feuer facht unsern Geist an,
wir schaffen in seine Bilder neue Züge und prägen
seine Ideen um, wir bilden uns nach seiner Form
neue Figuren, ein Ausdruck gelingt uns vor ihm;
eine Wendung glänzt hervor; ein Gleichniß mahlen
wir besser aus — wir werden mehr als Nachahmer,
wir werden Nacheiferer. Unsere Nachbildungen werden für uns angenehme Denkmale, die uns an die
süße Stunde der Begeisterung zurück erinnern,
da die Muse eines alten Schriftstellers vor uns stand,
und auf den Flügeln seiner Ideen uns in die Gefilde
ihrer Lieblinge führte. Für das Publikum sind diese
Stücke Pfänder von dem Werthe eines Mannes, der

sich so vorzüglich nach den Alten gebildet, der ihren Geist kennet, der den Geschmack der antiken Schönheit in sich gesogen, ben man bewundern muß, von dem man viel hoffen kann — sie sind also als Mittel zu gewissen Zwecken vortreffliche Dinge; aber als Zwecke? —

Als vollendete Werke des Zwecks reichen diese Stücke wohl an die Alten? Der Sprache nach? — Wollt ihr dies wissen, so

schifft euch in Charons Kahn,
steiget zu der Sternenbahn,

nach jenem Knüttelliede, und fragt die Alten! — Reichen sie an die Alten, als Kunststücke? — Nicht so recht! Denn es ist immer schwer, sich mit einem zu messen, mit dem man nicht auf gleichem Boden stehet! Da bei den Denkmälern der Alten uns viele Dinge unbekannt sind; worauf Horaz vielleicht hiemit gezielet, auf wen er dort angespielet, was in seiner Zeit den Lesern hiebei beifallen mußte, was dort für verdeckte Züge hervorschimmern, was hier für viele reiche Nebenideen sich zusammengesellen — kurz, die ganze Seite, die sich auf einzelne Fälle gründet, auf seine Gelegenheit und Umstände beziehet, sie einem Römer vorzüglich schätzbar macht, diese ganze Seite ist für uns oft dunkel: und die beste Horazische Satyre läuft Gefahr, von ihrem Urbilde vieles auf eine unerlaubte Art zu borgen, unpassend zusammen zu setzen, und also als Kunststück betrach-

tet, weit hinter dem Originale zu stehen. — Jetzt vollends als Dichterei, als ein Werk des Genies?
Hier entfernen sich die Parallelstriche immer mehr. Mit
einer todten Sprache ist uns alles ausgestorben,
was der Dichtkunst Leben und Nerven gibt. — Die
Lage von Vorfällen, über die jener schrieb, aus
denen sein Gedicht allen Saft zog, die es bis auf
die kleinsten Umstände nutzte, durch welche es sich seinen
Lesern so sehr empfahl, so unvergeßlich machte, so nahe
in ihre Seele ging — ist ausgestorben. Was hilft
es mir, daß meine Gelegenheit im Ganzen mit
des Horaz Vorfall stimmet? Stimmet sie auch in
Theilen, daß ich dies und jenes Bild hier mit dem
Nachdrucke brauche, als mein Vorgänger? Ihn
lehrte ein Vorfall dichten; und er sang in seiner
Sprache, um ganz diesen Vorfall zu nutzen; ich
singe über einen ganz veränderten Umstand, und
muß mit meiner Sprache die kleinen Züge verlieren, die mein Gedicht bestimmt machen; ich singe
aus Horaz, statt aus mir zu singen! Ich wollte
gern einen Commentar über Horaz lesen, und mit
ganzer Seele durchstudiren, wo er nicht als ein classischer Autor behandelt, sein Gedanke langweilig und ungefähr bestimmt, sein Ausdruck
abgetrennt vom Gedanken zergliedert und verdol-
metschet, wo er mit den Regeln neuerer Aristarche
verglichen wird, die man doch aus ihm abgezogen,
die oft eigensinnig genug sind, und nie seine Schön-

heiten erschöpfen oder sichtbar machen. Einen Com=
mentar wollte ich wünschen, wo man ihn als einen
lebenden Dichter betrachtete, der über diesen
Vorfall zu diesem Zwecke so schrieb, und
schreiben mußte, wo er als ein Höfling erschiene,
der voll feiner und galanter Scherze, Ge=
danken und Anspielungen ist, die gleichsam
ihre Welt haben müssen, in der sie leben, aus
der sie ihre Reize nehmen, ohne die sie todt sind.
Das hieße Horaz erwecken, seine Gedichte in seine
Person verwandeln, und mündlich von ihm lernen: das
hieße, den Ausdruck aus dem Gedanken, den
Gedanken aus der vorliegenden Sache erklären,
und alle drei beleben! So lange das aber ein Projekt,
bei allen Werken des Alterthums schwer, und bei eini=
gen unmöglich bleibt: so lange man die Alten als
todte Männer behandelt, die als Schulmeister schrie=
ben, damit sie einst in den eisenharten Händen eines
Schulmeisters classische Autoren würden: so kann
man sie freilich ungestört und zum Lobe classisch nach=
ahmen! Wie vieles stirbt außerdem mit einer Sprache?
Zwischen diesen Wörtern ist ein Unterschied in der
Würde; er ist verlohren; ich brauche eins fürs
andre, und ein Römer muß vielleicht über die ernst=
hafteste Stelle lachen! — Zwischen diesen ist ein
Unterschied in der Bedeutung; ich sage das schie=
lend, was der Römer ganz sagte! — Hier gehör=
te ein ganz ander Wort hin, das mir aber nicht bei=

fiel, oder das nicht in diesem Autor steht, oder das
ich gar nicht in einem Autor finde. — Und dann?
wo haben wir das Griechische oder Römische Ohr zur
Lenkung des Perioden? Wir ordnen ihn nach
grammatischen Regeln, oder halten ihn, welches noch
ärger ist, für ganz und gar frei und willkührlich? —
Und wo haben wir den lebendigen Wohllaut
in unsrer Gewalt, die wir nach prosodischen Regeln schreiben, bald es für Kunst halten, ohne Elisionen, bald es für erlaubt halten, mit den härtesten
Elisionen zu schreiben, nicht den hohen Wohlklang
hören, in dem die Alten sangen, und ihn also auch
nie so genau treffen können, nicht das Geheimniß des prosaischen und poetischen Perioden verstehen können, weil wir blos aus todten Buchstaben lernen, nicht die stolze Anordnung der
Bilder verstehen, die Leben in die Sprache
bringt. Würde sich nicht oft ein Römer quälen müssen,
um unsern neuern Perioden zu lesen, unsern
nachgeahmten Rhythmus schön zu finden, und
unsre jüngste Bildercompositionen in seiner
Sprache zu bewundern. Sollte ich zu eigen seyn,
so weise man es mir; aber nicht durch entscheidende
Aussprüche: sondern durch eine gründliche Untersuchung der schweren Frage: was geht mit dem
Leben einer Sprache verlohren, und was
bleibt? Was bleibt, um sie verstehen, beurtheilen und nachahmen zu können?

2.

So dörfte also der Ausdruck leiden müssen, und ihm opfert man doch bei dieser Art von Gedichten den Gedanken auf? — ihn sahe man als die Hauptschönheit an? — „man glaubte in dieser Sprache etwas so schön sagen zu können, als es in andern Sprachen nicht anginge:" diesem Glauben zu gut glaubte man das zweite: „daß die Alten alle Schönheiten dieser Art erschöpfet hätten:" diesem Glauben folgte noch ein schwererer: „daß alle diese erschöpften Schönheiten auf uns gekommen, daß sie in einigen Büchern vor uns liegen, daß wir aus diesen wenigen Büchern den ganzen Umfang einer todten Sprache in unsere Gewalt bekommen hätten!" und diesem endlich der schwerste von allen: „daß es wohl anginge, wenn man ihren Ausdruck nur gefasset, auch ihren Geist, ihren ganzen Geist zu haben, und sollte uns von diesem auch etwas entgangen seyn: so halte uns jener für diesen Verlust schadlos!" — Und nun entschloß man sich, des Ausdrucks wegen in der Sprache der Alten zu schreiben: natürlich wars, daß, da dieser der Hauptvortheil und der Hauptzweck war, daß man alles Unclassische vermied, um nicht von den Alten abzuweichen: also entsagte man seiner Eigenheit, man opferte alles auf, das uns den Namen Classisch streitig machen könnte; und ward ein classischer Nachahmer! — O das verwünschte Wort: Claſ

fifch! Es hat uns den Cicero zum claffifchen
Schulredner, Horaz und Virgil zu claffifchen
Schulpoeten, Cäfar zum Pedanten, und Livius
zum Wortkrämer gemacht. Das Wort: Claffifch!
hat den Ausdruck vom Gedanken, und den
Gedanken von der ihn erzeugenden Gelegenheit gefon-
dert, und uns gewöhnet, nach Horaz Exercitien zu
machen, und ihn in feiner Sprache übertreffen zu
wollen. Dies Wort wars, das alle wahre Bildung
nach den Alten, als nach lebenden Muftern, ver-
drängte, und den leidigen Ruhm aufbrachte, ein
Kenner der Alten, ein Artift zu feyn, ohne daß
man damit höhere Zwecke erreichen dörfte: dies Wort
hat manches Genie unter einen Schutt von Worten
vergraben, feinen Kopf zu einem Chaos von fremden
Ausdrücken gemacht, und auf ihn die Laft einer tödten Sprache, wie einen Mühlftein gewälzet: es hat
dem Vaterlande blühende Fruchtbäume entzogen; da
ftehen fie nun auf fremdem Boden, und trauren mit
halbverwelkter Blüthe und finkenden Blättern, ftatt
daß fie uns Bäume hätten feyn follen, unter denen
ihr Gefchlecht wohnen könnte:

Πολλας δ'ιφθιμυς ψυχας αιδι προιαψεν
Ηρωων, αυτυς δ'ελωρια τευχε κυνεσσιν
Οιωνοισι τε πασι.

Will ich die Sprachengelehrfamkeit verläumden?
der lateinifchen Sprache etwas von ihrer Schönheit
oder Verdienften abfprechen? Gar nicht! Sie foll

unsre gelehrte Sprache bleiben, die ein Band
der Nationen ist; — sie soll die Sprache der
Forscher des Alterthums bleiben, weil es ein
wunderbarer Anblick seyn würde, einen griechischen
oder lateinischen Autor mit deutschen Noten und
einer deutschen Vorrede in die Büchersäle der Gelehrten zu senden: sie soll die akademische Sprache
bleiben, weil sonst eine allgemeine Barbarei erfolgen
würde, wenn wir uns auf andre verlassen, und es
blos einem Triumvirat von Schriftstellern in einem
ganzen Lande aufgeben, die lateinische Sprache zu erhalten; sie soll in allen Sachen ihre Stimme haben,
wo die Alten erklärt, ausgelegt, und in ihren Schönheiten vorgezeigt werden: kurz! sie soll das Werkzeug der Gelehrsamkeit bleiben, das seit so
vielen Jahrhunderten diese Ehre gehabt, und mit dem
so große Dinge ausgeführet worden sind.

Aber die eigentliche Sprache des Geschmacks,
der Künste, der Schönheit muß sie nicht werden;
nicht einer Nation die Originalschriftsteller in
ihrer eignen Mundart rauben: nicht die Ehre sich an-
maßen, auf dem Throne der Dichtkunst zu
thronen, und die Sprache der Poeten, der wahrhaftig schönen Schriftsteller, oder derer zu werden, die mit ihren Schriften bilden wollen. Diese
sollen vom Sokrates lernen, Patrioten zu seyn,
und Nebenabsichten dem Hauptzwecke auf-
zu-

zuopfern: denn dieser wußte es genau zu unterscheiden:

      *patriae quid debeat, —

Sie sollen aus verunglückten Beispielen sehen,
daß, wenn man den Ausdruck unglücklicher Weise vor dem Gedanken behandelt; alsdann leicht jene
todte Bildsäule des Styls daraus werde, die ohne
Fehler und ohne wahrhaftig eigne Schönheiten, ohne
Leben und ohne Charakter dasteht, für langweilige Leser eine Augenweide, die Bewunderung des regelmäßigen Dummen, allein der Kluge geht vorüber.
Sie sollen aus Beispielen sehen, daß, wenn man sich
begnügt, was zehn andre vor uns gesagt, auf eine
so Gott will! schöne Art zu sagen, ein Alltagsgesicht
daraus werde, — eine Alltagscomposition von hundert hübschen Stellen und Gedanken und Flicken,
die nicht helfen noch schaden, aber doch ins Auge fallen: — daß, wenn man sein vornehmstes Verdienst in
den schönen Ausdruck einer fremden Sprache
setzt, zuerst unsre Denkart, nachher selbst unsre
Sprache, und wenn dieser Geschmack herrschend wird,
endlich die Denkart und die Sprache der ganzen
Nation zurückbleibe. Alsdann wird vielleicht einst
ein unpartheiischer Nachkomme uns die Grabschrift
setzen:

    tu quoque, tu in summis, o dimidiate Menander
    Poneris et merito: puri sermonis amator.
    Lenibus atque vtinam scriptis adjuncta foret vis

. . . vt aequato virtus polleret honore
cum Graecis: neque in hac despectus parte jaceret:
Vnum hoc maceror et doleo tibi deesse - -

10.

In der Sprache der sinnlichen Welt, überall, wo ich bloß klar denken muß, ohne doch immer des Unterschiedes mir bewußt seyn zu dörfen; vorzüglich in der Dichtkunst, wo der sinnlich lebhafte Ausdruck alles ist: klebt also der Gedanke sehr am Worte — aber jetzt treten wir auf ein Feld, wo sich alles verändert zeigt — die Weltweisheit: wiefern kann und muß in ihr Gedanke am Ausdruck haften. Fragmente liefern keine Abhandlungen, ich zeichne also Gesichtspunkte hin.

1. Man kann zu einem Begriffe kommen, sinnlich, wo man mit dem anschauenden Blicke zugleich den Namen verbindet: dieser Weg, zu Begriffen zu gelangen, ist offenbar nicht die Straße der Philosophie: sie verirrt sich unter qualitates occultas, wenn sie mit dem Verstande empfinden will, und das Empfundene mit einem von ihm unabtrennbaren Namen umgibt. Ich weiß nicht, ob ich mich deutlich genug erkläre: damit man nicht glaube, ich wollte die Weltweisheit dem Boden der Beobachtung entwenden. Ich sage nur: jeder Begriff, den ich glaube anschauend zu erkennen, da er doch blos eine Würkung der Abstraktion ist, ist

ein Scheinbegriff in der Philosophie: und wenn ich
ihn mit einem Namen gatte: so ist dies ein leerer
Name, den ich nicht entwickeln, und der andre also
sich nicht erklären kann, auf gut Glück annimmt, und
ein Wort spricht, dabei er nichts deutlich denkt. Ein
großer Theil der scholastischen Wortkrämerei kam da=
her, weil sie abstrakte Begriffe, wie anschauen=
de Gedanken, sich vorbildeten, etwas wahrzuneh=
men glaubten, was sie schlossen, und sich unter
unerklärliche allgemeine Namen versteckten.
Wenn eine neuere Philosophie fortfährt, die Wahr=
heit wie eine Farbe anzusehen, und es zum obern
Grundsatz des Denkens nimmt: was ich nicht anders,
als wahr oder falsch denken kann, das ist wahr oder
falsch. — wenn man den Grundbegriff der ganzen
Aesthetik, die Schönheit, in ein Ich weiß nicht
was? des Geschmacks verwandelt: und die Grund=
lage der Moral in ein Gefühl, oder Gewissens=
empfindung, oder gar in einen angebohrnen Ge=
horsamstrieb setzet, um es zu bestimmen, was gut
ist: — ich sage, wenn dieser Weg die philosophische
Methode wird: so sind wir wieder in dem Labyrinth
unerklärlicher Worte, wo der Gedanke am Aus=
druck haftet, aus welchem uns Baco, Locke und
Leibnitz haben erretten wollen.

2. Man kann zu einem Begriffe kommen, wört=
lich, wenn der Name genetisch und aus dem Wesen
der Sache hergenommen ist. So sind aber blos Wort=

erklärungen, wo ich will kührlich zusammengesetzte
Gedanken gemeiniglich, auch durch einen Ausdruck
gleichsam darstelle. Dies ist noch nicht die eigentlich
philosophische Methode, zu Begriffen zu gelangen:
denn es sind wenige Namen in der Philosophie, die
ihren Begriffen zu gut erfunden sind, weil bei dieser
Art der Verbindung zwischen Gedanke und Wort
beide unter der Gewalt ihres Erfinders stehen müssen,
der sie beide schuf und paarte. So sind nicht die
Worte des gemeinen Lebens, denn die Erfinder der
Sprache waren selten Philosophen; sondern meistens
die eigentlichen Kunstwörter, die daher offenbar
als Zwecke nichts gelten; weil der Erfinder nichts
anders im Sinne hatte, als mit ihnen, wie mit
Werkzeugen, höhere Endzwecke zu erreichen. Ist
also eine Weltweisheit mit solchen Kunstwörtern
überladen, ohne daß man diese Kunstwörter anders
gebrauchet, als zum Beschauen: so verwandelt sich
mit einemmal das, was bei den Erfindern eine
Rüstkammer zum Gebrauch gewesen war, in eine
Galanteriebude, wo man eins nach dem andern be-
sieht, auskramet, und höchstens hier und da etwas
putzet. So ist die gemeine Art, Philosophie zu
lehren, die eine abgezählte Menge philosophischer
Worte hat, sie ihren Schülern vorzeigt, erklärt, und
dieselbe höchstens mit einigen Exempeln und Veränderungen bereichert. Der eigentliche Geist der Weltweisheit aber ist nicht, wie ich glaube, zu wissen,

was andre vor uns gedacht und gesagt: sondern es
sich eigen zu machen, wie sie es gedacht und gesagt.
Wer Philosophie versteht, erläutert und vorträgt,
ist vielleicht noch kein Philosoph, und einen jungen
Kopf blos auf diesem Wege fortführen, heißt noch
nicht ihn denken, sondern andern nachdenken lehren.
So viel halte ich von einer Methode, die da glaubt:
Gedanke klebt am Ausdruck; und sich zum einzigen
Zweck nimmt, Worte zu erklären, damit man Ge-
danken blos verstehe: das heißt, Weltweisheit l e r n e.

3. An grammatische Entzifferungen
der Worte lohnt es hier kaum zu denken; denn sie
sind gewiß nur am Rande der Philosophie. Nicht,
wie ein Ausdruck sich etymologisch herleiten, und
analytisch bestimmen läßt: sondern wie er g e b r a u c h t
wird, ist die Frage. Ursprung und Gebrauch sind
oft sehr verschieden, und die Untersuchung des ersten
ist nichts, als ein Mittel, den letztern genauer zu
erforschen.

Wie klebt nun in der Philosophie G e d a n k e am
W o r t? so wie ich im g e m e i n e n L e b e n mit dem
Worte den Gedanken s i n n l i c h k l a r erkenne, und
an dieser klaren Erkänntniß genug habe? — Nein!
denn ihr Geschäffte ist, s i n n l i c h k l a r, aber v e r-
w o r r e n mit den Worten uns überlieferte Begriffe
deutlich zu machen. Dies ist der erste Gesichtspunkt.

Klebt der Gedanke am Worte t e c h n i s c h, damit,
wenn ich Worte in ihrer Bedeutung lerne, ich zu-

gleich die Gedanken lerne? Die Gedanken wohl, aber denken zu lernen, wird diese technische Verbindung blos zu einem Werkzeuge.

Klebt der Gedanke am Worte bildlich, wie in der Mathematik das Wort Quadrat im Anschauen seiner Figur? Noch weniger! denn grammatische Auflösungen eines Worts sind selten der Art, daß sie die Begriffe uns eben damit vorbilden: weder wie sie entstanden sind, noch wie sie zusammen ein Ganzes bilden. — Nun wende ich an:

II.

1. Wir haben durch die Sprache denken gelernt: sie ist also ein Schatz von Begriffen, die sinnlich klar an den Worten kleben, und vom gemeinen Verstande nie getrennet werden. Nun kömmt die Weltweisheit, um die Beschaffenheit der Dinge zu erforschen; das ist, sie macht die in der gemeinen Sprache gegebenen Worte deutlich, und mit ihnen werden die Gedanken entwickelt. Wenn also eine philosophische Methode unsrer Erziehung und Bildung analogisch seyn soll: so nimmt sie die Gegenstände, die wir schon durch Hülfe der Worte sinnlich klar kennen, setzt die bekanntesten Ideen auseinander, die in ihnen liegen, jeder begreifen und niemand läugnen kann, steigt zu denen immer feinern, bis sie endlich zur Definition kömmt: jetzt erkennen wir in dem Begriffe jeden Theilbegriff, und da wir vorher blos

unterſchieden, ſo fern wir mit dem Wort einen klaren Begriff verbanden: ſo erkennen wir jetzt den Unterſchied, weil wir uns der Merkmale bewußt ſind, die beide Sachen unterſchieden.

Die wahre und einzige Methode der Philoſophie iſt alſo die analytiſche: dieſe muß nothwendig die Begriffe des geſunden Verſtandes zum Grunde legen, und von hier ſich zu den Höhen der abſtrahirenden Vernunft erheben. Alle wahrhaftig philoſophiſchen Begriffe ſind dem Weltweiſen gegeben; er kann ſie alſo nicht in einem Verſtande nehmen, wie er will, und willkührliche Worterklärungen von Raum, Zeit, Geiſt, Tugend u. ſ. w. vorausſetzen, oder er öffnet die Quelle zu allen Wortgezänken. Sie ſind ihm ſinnlich klar gegeben, und jeder gute geſunde Verſtand muß alſo durch die Philoſophie gleichſam höher geleitet werden. Sie ſind ihm aber verworren gegeben, er ſoll ſie durch die Abſtraktion deutlich darſtellen, und zergliedert ſie alſo, ſo weit er kann.

Man ſieht bei dem erſten Anblick, daß alle Weltweisheit ertödtet werde, wenn man ſich begnügt, den Gedanken implicite mit eben dem Ausdruck zu denken. Eben von ihm muß ich ihn abſondern, ihn in andre kleinere Beſtimmungen auflöſen, ihn immer in verſtändlichen, aber nach und nach in vernünftigern Worten zeigen, bis die Seele ſich endlich gleichſam erinnert, was ſie

mit dem Worte gedacht hat, und vorher nicht
sagen konnte, was sie in Platons Reich der
Geister sahe, und jetzt nochmals siehet, was in
ihr schlummerte, und jetzt erwachet. — Wenn wir
nie ohne Worte deutlich denken können: so ist's
eben der Zweck der Weltweisheit, die blos verständ-
lichen Worte so lange umzusetzen, und zu wechseln, bis sie deutlich werden; der Unterschied dieser
beiden Ausdrücke ist eben dadurch geschwächt, daß
wir im gemeinen Leben verständlich und deutlich
für einerlei halten, weil wir vom Letztern in ihm
wenig wissen.

Die Weltweisheit also, die von eigensinnigen
Bestimmungen anfängt, sich hernach sogleich
hinter barbarische Kunstwörter versteckt, um ihren
vorangesetzten Eigensinn zu beweisen, ist nicht meine
Muse, denn sie verachtet den gemeinen Verstand, dessen Worte sie verwirft: sie hat sich aus
der Sphäre des Lebens in die Atmosphäre der
Katheder versetzt. Bildend ist sie nicht, und wenn
sie auch wahr wäre, unnützlich. — Aber die Weltweisheit ist die Abgöttin meines Herzens, die zuerst
den sinnlichen Verstand leitet, sich zu seiner
Sprache herabläßt, mit ihm gehet, ihn nach und
nach mehr erhebet, und ihm endlich in der Sphäre
der Vernunft mit allem Glanz der Deutlichkeit erscheinet und verschwindet.

Daß diese Art zu philosophiren schwer sey, ist

offenbar; denn sie kann nicht mit Worten spielen, wie die Arithmetik mit Zeichen, wobei man die bezeichnete Sache vergessen kann. Sie soll den Begriff eben von seiner Hülle absondern, in der man ihn zu sehen gewohnt ist, und von Jugend auf zu sehen gewohnt war. Er sträubt sich, und wenn wir ihn mit Gewalt entkleiden, so entwischt er, und läßt uns das Kleid in der Hand; oder wir verunstalten ihn, haben ihm mit seinem Gewande zugleich seine Haut zerrissen: da steht er unkenntlich und verwundet in philosophisch-barbarischen Hüllen. In der That, die Mühe ist nicht so leicht, immer den Gedanken zum Augenmerk zu haben, ihn von den Worten zu entkleiden, in denen wir ihn kennen, aber nicht nackt-erkennen: ihn in das Licht der Deutlichkeit zu zaubern, daß jeder spricht: das ist er! und genau sagen kann: warum ers ist?

Man sieht auch, daß dieser Weg zu philosophiren Schranken habe: denn es muß endlich unzergliederliche Begriffe geben, die von den einfachsten Worten nicht mehr zu trennen sind, und deren muß es vermuthlich mehr als einen geben. Eine Schule der Weltweisen glaubt, daß sich alles auf Gedanken, und selbst der Begriff des Seyns dahin zurückleiten lasse; dies sind ohnstreitig die Grundsteine unsrer Erkenntniß. Allein unter dem Begriffe des Seyns stehen vielleicht gleich unmittelbar drei unzergliederliche Begriffe: Raum

und Zeit und Kraft: das ist, neben, nach und
durch einander. Für mich wird es also schwer, es
zu begreifen, daß, wo etwas ist, ein anders neben ihm sey? wenn etwas ist, ein anders nach
ihm sey? wie etwas ist, das andre durch dasselbe
sey? Ich sage begreifen: nicht aber mit Worten
zu spielen, daß eins im andern enthalten sey, daß
diese Begriffe verwandt sind u. s. w. — Eben so
ists für mich einer der größten Knoten, den Begriff
des Schönen und des Guten auf den Begriff des
Gedankens zu reduciren, daß ich aus ihm begreifen könne, wie das Anschauen des Einen im
Mannichfaltigen, das ist, der Begriff der
Schönheit, Vergnügen, und die Erkänntniß
der Vollkommenheit, Wollen würke. — Ich
führe einige der wichtigsten Grundbegriffe an, die
sich nicht weiter entwickeln lassen: hier muß der
„Gedanke am Ausdruck endlich kleben bleiben.„
Aber dies hier und dies endlich kann man nicht
nach Belieben hinsetzen, wohin man will: sonst verfällt man in eine Philosophie der Faulen.

2. Ich habe jetzt die Materie der Philosophie erwogen, von der Form kann ich kürzer seyn. Will
man jene Metaphysik nennen, so gibt es eine Grund-
wissenschaft der Physik, Mathematik, Logik
und Moral, die die Begriffe dieser Wissenschaften
von ihrer klaren Verständlichkeit bis zur einfachsten
Deutlichkeit fortführt, und also ein Schatz deutli-

cher Begriffe ist. Die formelle Philosophie hat
es zum Zweck, daß, indem wir nach und nach zu jenem Schatze gelangen, wir selbst denken, und
da wir nie ohne Worte denken, uns ausdrücken
lernen. Hier wird es schon einleuchtender, daß ich
dies auf keine andre Art lerne, als wenn ich mit
großen Meistern mit-, daß ich aber auf keine Art
so leicht diesen Zweck verfehle, als wenn ich ihnen
blos nach- denke. Mit dem ersten rechtfertigen sich,
auf einmal die Kunstwörter der Philosophie gegen
alle Spöttereien der Unwissenden: sie sind nöthig
und nützlich, denn an ihnen klebt der Gedanke großer Philosophen, in deren Geist ich mich durch diese
Worte setze, mit ihnen denke, schließe, beweise, eintheile, und also denken, schließen, beweisen, eintheilen lerne. Aber Zwecke
müssen sie nicht seyn, daß ich blos diese Worte verstehen und ausdrücken könne: wer dies zu seinem
Ziel erwählt, kann allerdings ein guter Interpres
der Philosophie, ein brauchbarer Mann, angenehm
in Schriften, und berühmt im Vortrage seyn; aber
im schärfsten Verstande so wenig ein Philosoph, als
Warburton und Johnson Poeten sind, weil
sie über Pope und Shakespear commentiren.
Reiflich erwogen ist der Name eines wahren Weltweisen, eines Erfinders in der Philosophie so eine
Seltenheit, als der Name eines wahren Dichters:
nur daß freilich unsre Zeit geschickter ist; jenen, als

diesen, hervorzubringen. Selbst unter den Deutschen ist ihre Mutter, die Philosophie, so fremde
geworden, daß man höchstens einige akademische
Thyrsusträger sieht, die sich Bacchus zu seyn
glauben. Sie lernen Worte und glauben: "mit
ihnen haben sie Gedanken."

Genug! in der Weltweisheit Ausdruck statt
Gedanken nehmen, ist verderblich; den Gedanken blos im Vehikulum des Ausdrucks verschlin-
gen, ist unnützlich; aber Begriffe aus den gegebenen Worten entwickeln und deutlich machen: das
ist Philosophie. — Nun sollte ich mein Fragment
mit den wahren und gründlichen Bemerkungen unsers
philosophischen D. krönen, ob wir ohne Worte
denken können?* — von der Nothwendigkeit der symbolischen Känntniß** — von
Leibnitzens allgemeiner philosophischer
Schrift und Sprache***, und andre Materien,
die ich in einer Abhandlung vorausschicken müßte,
aber in Fragmenten von dieser Art blos citiren darf:
denn vielleicht sind mehrere, die mit mir von diesem
Weltweisen denken, was dort Antimachus zum
Plato sagte, da dieser seinen ganzen Lehrsaal füllte:
Plato ist mir statt vieler! Die werden hier
meine Fragmente aus der Hand legen und die citir-
ten Stellen lesen.

* Lit. Br. Th. 9. p. 45.
** Th. 13. p. 81.   *** Th. 4. p. 234.

12.

Ich habe in einem Labyrinth von verschiedenen Aussichten umhergeschwärmt; jetzt kömmt mir mein Leitfaden wieder in die Hand, und ich knüpfe ihn an meine vorige Materie an: daß die Lateinische Sprache einigen Eindruck in das Innere des wissenschaftlichen, insonderheit phi= losophischen, Vortrages gemacht habe, und daß hier der Ausdruck oft den Ge= danken beherrsche.

Ob sich gleich jede Wahrheit, die ich doch, um sie deutlich zu denken, nicht ohne Worte denken kann, in jeder ausgebildeten Sprache muß sagen lassen; so daß es nachher blos die Pflicht der Sprachweisen ist, die Sprache dazu zu schaffen, daß sie jede Wahrheit leicht und ganz und nachdrücklich sage: so rede ich hievon doch jetzt gar nicht. Ich ver= werfe bei Lehrbüchern nicht nur nicht die Lateini= sche Sprache: sondern wünsche ihr aus guten Ursa= chen, die Ehre wieder zu erobern, die Sprache wahrer Systeme, und das allgemeine Band der Ge= lehrsamkeit zu seyn. Seit dem man von ihr abgewi= chen: so sind jene neumodischen Lehrbücher erschienen, die ästhetische Kabriolen schneiden, wo sie mit vestem philosophischem Tritt einhergehen sollten. Ich gebe es also zu, daß, wenn ein blos dogmatisches Buch durch eine Lateinische Uebersetzung viel von seinem Innern verliert, so sey das Abgegangene gewiß

Schlacken, sie mögen so glänzen und locken, als sie
wollen. Ich gebe es zu, daß jeder Lehrer seinen Lehr-
begriff in aller Kürze und Strenge überschauen müsse,
und wenn die Lateinische Sprache zu dieser Kürze
und Strenge hilft und bildet, so müsse er sie ganz
in sich gesogen haben. Ich gebe es zu, daß wir uns
unsre Gelehrsamkeit weitläuftiger und schwerer machen, wenn jede Nation allgemeine dogmatische Wahrheiten in ihrer Muttersprache schreibt, und daß,
wenn die Litteratur auf diesem Wege fortgeht, wir
bald nicht blos Französisch, Englisch und Italienisch,
sondern auch Schwedisch, Dänisch, Holländisch, Spa-
nisch, Rußisch u. s. w. werden lernen müssen, wenn
wir die Erfindungen werden wissen wollen, die dem
ganzen Markte der Gelehrsamkeit zugehören. Ich
sage also mit Geßner: An uti Germanica lingua
convenit in prælectionibus Academicis? Serum est
interrogare. Quæramus potius, an non in aliquam
partem honoris sui restitui possit Latina?

Hievon rede ich nicht, sondern frage: ob diese
Sprache auch über Begriffe, über Reihen von
Wahrheiten, über Beweise, über Eintheilungen und Unterschiede, ja gar über Methode und Denkart eine Zauberkraft habe? Wäre
dies, so kann man in reinem Deutsch doch Lateinisch denken, seinen Vortrag doch nach dieser Sprache
modeln, und also noch immer Gefahr laufen, Worte
statt Sachen, Lehren statt Wahrheiten, Ka-

theberwissenschaft statt Weisheit, und
Ausdruck statt Gedanken, auf gute Treu und
Glauben zu verkaufen.

Unsere Wissenschaften wachsen sämtlich und besonders nicht auf unserm Grund und Boden: Jahrhunderte durch sind ihre Wurzeln in die Abgründe und
Adern der Lateinischen Sprache verwachsen: wir
müssen die Denkmäler der Weltweisheit in ihr studiren, unsere Gelehrsamkeit weit und breit zusam-
menholen: und nun begeben wir uns zu schreiben —
Es sey eine Sprache, welche es wolle, wir werden
etwas von diesem Zwange in sie bringen. Wer kann
es also einem gelehrten und sehr verdienten Gottesgelehrten, wenn man nicht selbst ein Schwätzer ist,
denn so bitter verargen, wenn sein Vortrag, unter
eine Last Lateinischer Literatur gekrümmt, sich mühsam fortziehet. Freilich wäre seine Geschichte der
Glaubenslehren ein anderes Werk, wenn man
sie in das natürliche Deutsch einer Winkelmannschen Geschichte der Kunst übersetzte: aber be-
klaget sie vielmehr, die Baumgartens, die
Semler, die Heilmanns, daß sie nach der Lage
der Gelehrsamkeit zu ihrer Größe kaum gelangen
konnten, ohne einigen Zwang von ihren weitläuf-
tigen Wanderungen anzunehmen. Man spottet so
häufig über den akademischen Styl in Paragraph-lan-
gen Perioden: man hat Recht, ihn zu tadeln: aber
die eisernen Ketten, unter denen er einherschleicht,

sind freilich oft geschraubte Mühsamkeit, oft aber offenbar aus dem Lateinischen übertragen.

Ferner: es sind in dem Anblick der Wissenschaften und der Weltweisheit vielleicht fremde Vorstellungsarten, und Gesichtspunkte, aus fernen Völkern, Zeiten und Situationen, die uns nicht mehr wundern, weil man uns gleich vom Anfange der Unterweisung in sie gleichsam eintaucht, die aber einem Kopfe, der die Literatur als Fremdling studiret, so fremde und buntschäckig vorkommen, als in dem altgalanten Stil die Lateinischen Wörter. Diese entfernten und veralteten Vorstellungsarten geben dem Ganzen des Vortrags die Miene des Gelernten: sie öffnen dem gelehrten Psittacismus die Thüre, der sich ihnen bequemt, und Worte nachplaudert. Sie sinds eben, die den Bücherphilosophen von der Weisheit des Lebens getrennt, da er sich doch auf sie mächtig stützen, und jederzeit von ihr ausgehen sollte, um nachher seine eigne Sphäre zeitig genug zu finden. Sie sinds, die den philosophischen Magisterton aufgebracht, der Ballast statt Gold führet, und von Weisheit strotzet, die nicht eine einladende Miene hat. Welch ein Unterschied zwischen einem Moses und Kölbele!

Ohne Zweifel ist auch selbst zu Lehrbüchern die Sprache des gesunden Verstandes die beste, die sich gelegentlich der wissenschaftlichen Vernunft mitzutheilen weiß. Es führen hierin aber andere das Wort

Wort statt meiner schwachen Stimme, und man
muß überhaupt dem Lobe beistimmen *: "wenn es
„dem Reiche der Wissenschaften zuträglich gewesen,
„einem mit willkührlichen Begriffen, Hypothesen
„und Schlüssen offenbar zu weit getriebenen und zu=
„letzt nur in bloße Schalen einer kernlosen Methode
„verwickelten philosophischen Geschmacke sich entgegen
„zu setzen, so hat Göttingen Antheil an der Ehre
„eines gebesserten oder geretteten Geschmacks."

* Pütters Geschichte der Akademie zu Göttingen.

II.

Vom neuern Gebrauche der Mythologie.

I.

Von hieraus gehe ich, wie ich glaube, den sichers
sten Weg einer Materie entgegen, die in einer der
neuesten und feinsten critischen Schriften* unter uns
von neuem rege gemacht ist: wie weit wir die
Mythologie nachahmen können, und müs=
sen? Klotz nehmlich, in seinen Epistolis Home=
ricis, untersucht diese Frage im Vorbeigehen, und so
wie dieser Verfasser überhaupt in seinen Parenthesen
unterhaltender seyn möchte, als in den Sachen, die
er zweckmäßig abhandelt: so gebe ich auch der exem=
pelreichen Abhandlung, daß die Mythologie nicht in
geistliche Gedichte der Christen zu mischen sey, mei=
nen ungetheilten Beifall.

Aber wie fern uns die Mythologie im
Ganzen, erlaubt, nützlich, ja nothwendig
zu brauchen seyn möchte: hier scheint seine
Calliope, die er vor dieser Betrachtung anruft**, ihn
etwas zu weit verführt zu haben; oder er ist undank=
bar gegen seine Führerin, die ebenfalls zur Mytho=
logie gehört, und ihren Schüler also verlassen mußte,

---

* Klotz. Epistol. Homer. Epist. II.
** Epist. Hom. p. 124.

da er der Mythologie zu nahe trat. Wir wollen ihm nachschleichen, und ihn etwas zurück zu locken suchen.

"Warum, frägt er, ist Neptun ein Gott des "Meers, Pluto der Hölle u. s. w. man kann nichts "bei allen diesen Fabeln zur Ursache angeben, als "weil es den Griechen und Römern so gefiel*!" Freilich, der Name ist willkührlich! und meinetwegen mag statt Jupiter, Neptun und Pluto, auch Perkunos, Pikollos und Potrimpos, oder Odin, Thor und Locke stehen, nur müssen diese Namen, so durchgängig bekannt, mit so hohen poetischen Begriffen gleichsam verknüpft, und unsrer Sprache so angemessen seyn, als die Griechischen und Römischen Namen der Götter. Alsdann ist uns nichts daran gelegen, ob sie von den Griechen oder Scandinaviern, den Römern oder alten Deutschen erfunden sind. Nur, ich wiederhole es nochmals, sie müssen so durchgängig bekannt, mit so vielen dichterischen Erzählungen ausgeschmückt, und an Tönen nicht rauh seyn. Der Dichter und Artist braucht, um seine vollkommen sinnliche Schönheit zu erreichen, oft solche personificirte Stücke der Natur: hier einen Wasser- dort unterirdischen Gott, wo der Begriff von Meer nicht paßlich, und die Idee vom Teufel nicht edel genug war. Hier hat der Verfasser die Ursache, warum

* Epist. Hom. p. 124.

Q 2

ein Neptun und Pluto nöthig waren, blos als
poetische Geschöpfe, nicht Namen.

Er fährt fort*: "die Mythologie beruht auf
„nichts, als dem Irrthum und dem Aberglauben
„der Alten!„ Gut! Religionsbegriffe, Bilder der
Wahrheit muß sie also uns nicht geben, aber wir
nützen sie auf einer andern Seite, der sinnlichen
Schönheit wegen. Wenn ich mythologische Ideen
und Bilder gebrauche, so fern gewisse moralische,
oder allgemeine Wahrheiten durch sie sinnlich erkannt werden: so sind mir ja mythologische Personen erlaubt, die durchgängig unter einem bestimmten und dazu sehr poetischen Charakter bekannt sind, oder in der Fabel Aesops müßten
die Thiere nicht mehr sprechen, und in keiner
Fiktion müßte ich erdichtete Personen gebrauchen können — warum? weil sie der Wahrheit entgegen
sind. — Der Wahrheit wegen brauche ich sie auch
nicht; aber ihrer poetischen Bestandheit: und
wenn es personificirte Dinge sind: der sinnlichen Anschauung wegen. Freilich, die die mythologischen Namen blos "als leere Schälle** gebrau-
„chen,„ die können ihrer entrathen; sind das aber
Dichter? Weiter: "es ist ein sehr mittelmäßiger
„Kopf, der nichts selbst in Vorrath hat, sondern hun-
„dertmal wiederholte Bilder wiederholen muß***!„

---

* pag. 125.   ** pag. 126.
*** pag. 127.

Nicht blos ein mittelmäßiger, sondern ein schlechter Kopf ist, der nichts im Vorrath hat, der blos wiederholt; aber wer hundertmal auf einerlei Art gebrauchte Bilder, auf eine neue Art braucht, wer hundertmal gebrauchte Personen zu Maschinen einer im Ganzen neuen Fiktion braucht, wer in hundertmal gesehene Körper einen neuen Geist hauchet, daß sie ihm zu großen Zwecken dienen, und in einer neuen Sphäre, ihrem Charakter gemäß, poetischschön handeln, der ist mehr als mittelmäßiger Kopf. Nicht darin besteht sein Verdienst, daß er sie brauchet, (weil er damit seine Känntniß zeiget) nicht darin, daß er die Schwürigkeiten ihres abgenutzten Alters zu überwinden wußte, denn warum ließ ers, wenn dies sein einziges Verdienst war, nicht gar bleiben? sondern weil er sie zu schönen poetischen Zwecken schön zu brauchen wußte.

Ich will ein Zeugniß anführen, dem der Verfasser vielleicht glauben wird: es erlaubt zwar allein den Künstlern die Mythologie: wenn sie der Dichter aber zu eben den Zwecken brauchen kann, und nöthig hat; warum sollen wir hart, oder eigensinnig seyn, und sie ihm denn versagen? Ich setze meines Zeugen eigene Worte her, damit der Leser nichts vom schönen Ausbruck verliere, oder ich untreu würde: artificum ratio hujus disputationis severitatem refugere videtur. Nam ut in sermone verba, sic in pictura signa quædam sunt, ab antiquis temporibus, atque ex mythologia profana repetita, quæ quasi verborum sermonisque vim nacta sint. — Porro harum allegoricarum figurarum ope illud commodi nancifcuntur artifices, ut in una tabula complures res exponere queant, quarum singulæ singulas tabulas postularent, si ab hac ratione recederent. — Præterea res, quæ in sensus non cadunt, hoc modo ante oculos ponuntur, et obmutescenti quasi historiæ succurrit allegoria: attentio igitur conservatur, et dum omnia videmus, lætamur. — Wozu braucht sie also der Künstler? Zuerst wegen ihres bestimmten Charakters, da sie bedeutungsvolle Worte sind: ferner, durch den Reichthum von Ideen, der sie begleitet; drittens, sie mahlt abstrakte Begriffe sinnlich. Nun! und wenn sie zu dem allen der Dichter brauchen kann, und muß: um ihrer allgemeinen Bestandheit, um ihrer hohen poetischen Nebenbegriffe, um ihres Lichts der sinnlichen Anschauung willen: damit er allen verständlich, damit er poetisch-edel, reich und schön, damit er für die anschauende Phantasie rede: wer soll sie ihm verwehren? Unser Verfasser nicht, denn er erlaubt sie ja beswegen dem Künstler; ich auch nicht, da ich für sie rede; der Verfasser der Homerischen Briefe auch nicht, denn das angeführte Zeugniß ist sein eigenes*, aus

* s. Epist. Homer. 2. p. 129.

demselben Briefe, und in derselben Sache. Ich habe ihn durch sich selbst zurückgeführt: vorher hat er blos die Mythologie zu einseitig angesehen. Nicht wie Griechen und Römer sie brauchen†, (als Religions= und Historienwahrheiten,) nicht, wie sie die Reformatoren nach der Barbarei oft beibehielten††, (als eine heilige Antike, aus einem Vorurtheile des Ansehens,) nicht, wie sie gehirnlose Köpfe brauchen*, (als einen leeren Schall,) nicht, wie sie elende Schwä= zer brauchen**; (um neun und neunzigmal gebrauchte Gleichnisse, statt eines neuen, das Kopfbrechens macht, hinzustellen,) sondern mit einer neuen, schöpferi= schen, fruchtbaren und kunstvollen Hand — und zwar blos, wenn er sie nöthig hat, und zu den angezeigten großen Zwecken gebrauchen kann.

***

2.

Ganz nothwendig für einen jeden Dichter schlechthin, ist die Mythologie gar nicht. Ich sehe die Ursache, womit ein Kunstrichter*** Klotzens Meinung begegnet, für gar keine Ursache an: "der „Dichter überzeugt uns durch seine Mythologie, daß „er mehr als bloße Verse machen kann; er gibt ei= „nen überzeugenden Beweis, daß er ein Gelehrter „ist, der sich in den Werken des Alterthums um=

† pag. 132.   †† pag. 125.
* pag. 126.   ** pag. 127.
*** s. Deutsche Bibl. 1. B. 1. St. pag. 203.

„gesehen hat, oder noch umsehen kann, welches unsre
„Poeten als was ziemlich Ueberflüßiges anzusehen
„anfangen.„ Der Recensent, dessen dies Urtheil ist,
will uns damit vielleicht überzeugen, "daß er mehr,
„als bloße (d. i. nackte) Recensionen schreiben
„kann; er will uns damit einen überzeugenden Beweis
„geben, daß er ein Gelehrter ist, der sich in den
„Werken des Alterthums umgesehen hat, oder NB.
„noch umsehen kann, welches unsre Recensenten als
„was ziemlich Ueberflüßiges anzusehen anfangen.„
Dessen hat er mich auch überzeugt, aber nichts mehr.
Durch den Gebrauch der Mythologie lernt man nicht
gleich mehr als bloße Verse machen: wer ein Com-
pendium der Mythologie durchgelesen, ist noch kein
Gelehrter, der sich in den Werken des Alterthums
umgesehen haben muß: ein Gelehrter ist noch kein
Dichter; und ein Alterthumskenner kann sich eben,
wenn er sich im Staube der Alten umsieht, das
poetische Auge verderben: und dann, um sich in den
Alten umsehen zu können, lieber Gott! dazu
braucht man ja nicht mythologische Gedichte gemacht
zu haben; so wenig als der Recensent mythologische
Gedichte darf vertheidigt haben, um sich in den
Werken der Alten umsehen zu können.

Aber noch eine Ursache von ihm *: „wenn die
„Mythologie aus der pindarischen oder horazischen
„Ode verwiesen werden sollte: so sehe ich gar nicht,

* s. Deutsche Bibl. 1. B. 1. St. p. 204.

„ wie ſie den Namen einer pindariſchen oder horazi-
„ ſchen Ode verdienen könnte. Der Begriff von bei-
„ der Art Oden involvirt die Mythologie, ohne ſelbige
„ iſt es nicht möglich, einen vollſtändigen Begriff da-
„ von zu geben, oder wenn Sie das nicht zugeſtehen
„ wollen, Herr Klotz: ſo müſſen Sie ꝛc.„ O ja,
lieber Herr Präceptor, auch ich will Ihnen alles zugeſtehen, wenn Sie mir etwas, was für mich ſehr
ſchwer fällt, den Begriff, den v o l l ſ t ä n d i g e n Begriff einer pindariſchen oder horaziſchen Ode geben,
und ſich herablaſſen, mir in ihm die Mythologie zu
evolviren, die Sie involvirt haben. An meinem
ſchwachen Verſtande liegts vermuthlich, daß ich dieſen
Begriff noch nicht v o l l ſ t ä n d i g auseinander ſetzen
kann, ſo genau ich ihn zu bemerken und mindeſtens
zu empfinden geſucht; daß ich nicht ſo entſcheidend
behaupten kann, dies gehört zur pindariſchen und
horaziſchen Ode weſentlich, und dies zufällig; dies
muß, und jenes darf nicht nachgeahmt werden, in
einer fremden Sprache, bei einer ganz verſchiednen
Religion, auf einer ganz verſchiednen Stuffe der
Literatur, unter ganz andern Umſtänden und zu ganz
andern Zwecken. Ich habe nach dieſer ſchwachen
Blödigkeit endlich geglaubt, daß der Charakter Pindars und Horazens am ſicherſten, nicht in dem, w a s,
ſondern w i e ſie es ſingen, ertappet werde, daß es nicht
darauf ankomme, ob ſie eben dieſe Materialien zu
ihren Farben nähmen, ſondern, daß hier die Ma-

nler zu mahlen in Betracht komme. Ich habe geglaubt, daß man, um ihren Geist zu erforschen, genau darauf Achtung geben müsse: wie sie die Umstände ihres Helden oder Vorfalls nützen, wie sie in der
Anlage des Plans, in der Fortführung der Ideen,
der Art, Gleichnisse zu mahlen, und sie zu stellen
u. s. w. sich charakterisirten. Ich glaube, daß eine
Nachbildung schon den Namen einer pindarischen oder
horazischen Ode verdiene, (etwas, was ein Römer
oder Grieche allein e n t s c h e i d e n müßte, der uns ken-
nete,) die damit ich das Gleichniß von einem Gebäude
gebrauche, die Materialien, die sie gebrauchen
könnte, nach der Bauart, Form, den Theilen,
und der äußern und innern Zierlichkeit einer griechischen oder römischen, aufrichtete : ich glaubte dies nicht
allein, sondern ein andrer *, der schon seinen Mann
besser kennet, sagt sogar: „seit dem Homer hat
„man geglaubt, daß die Zusammensetzung der Haupt-
„züge eines bestimmten Subjekts nach den Regeln
„der Uebereinstimmung, und nach der Beschaffen-
„heit des Zwecks, den man hat, den Plan eines
„schönen Werks ausmachten, so wie die Grundrisse
„der Zeichnung und die Stellung der Figuren gegen
„einander den Plan eines Gemäldes darlegen.„ Alles
dies glaubte ich, und wünschte also unsern Homers,
Pindaren und Horazen mehr die Art, wie jene die
Mythologie nutzten, anwandten und zum.

* Lit. Br. Th. 19. p. 97.

Theil erfanden, um dieses Namens würdig zu seyn, als die Mythologie selbst; aber —

Nun höre ich so viel Aussprüche neuerer Kunstrichter, die mein ganzes Ohr fühlet, und meine Zunge kaum nachstammelt: z. E.* „Machen Sie mir doch „einmal ein Heldengedicht, ein Deutsches, aber nach kei- „nem Griechischen oder Lateinischen Maaßstabe; oder „eine Ode; aber das versteht sich, weder nach Grie- „chischen noch Lateinischen Mustern. Ich möchte „dergleichen wohl sehen!„ Hier lief mir ein Schau- der über den Leib, und meine Hände sanken. Mir strichen zwar Fingal, und Regner Lodbrog und die Skaldrischen, und Bardengesänge, und die Psalmen Davids, und arabische Gedichte, durch die Seele, aber in der Angst schnell und ver- worren. Ich wagte nichts hervorzubringen, denn das gravitätische Kopfnicken des Präceptors, bei den Worten: „ich möchte das wohl sehen!„ schreckte mich. „Ei! dachte ich; diese Leute haben vielleicht die Punk- „te, welche die Alten festgeheftet, vielleicht un- „wissentlich aus einander gerissen, und dies ist als- „dann ein neuer Geschmack, der nothwendig ver- „kehrt seyn muß, — weil er von den Regeln des „weisen Alterthums abgeht**.„ Nun entfiel mir aller Muth zu hoffen, daß, da wir Helden haben, größer als die Helden Pindars, und Könige, grös- ser als die Mäcene des Horaz, wir weit leichter, und

* Lit. Br. Th. 21. p. 45.   ** Ebendas. p. 44.

paßlicher Stoff zu Oden für Pindars und Horaze
hätten, als für Homere und Virgile: mir entfiel der Muth, es zu versuchen, ob nicht eine pindarische neuere Ode sich so unter die Heldenthaten
und Vorfahren eines Königes verirren könnte, wie
der alte Thebaner in seine Mythologie, die national und verwandt mit seinen Helden war; ich gab alles
auf, und entschloß mich zum sichersten, meinem Lehrer die Oden Pindars und Horazens selbst zu
zeigen, ohne an Nachbildungen zu denken, und da
war es freilich wahr: „wenn die Mythologie aus ihnen
„verwiesen werden sollte, so sind sie freilich (p. princ.
„contrad.) nicht mehr ohne Mythologie, was sie
„mit Mythologie waren, pindarische und horazische
„Oden. Q. E. D.„

Ich finde mich zum Verfasser der Homerischen
Briefe zurück. Ich glaube erwiesen zu haben, daß
der Gebrauch der Mythologie an sich nicht ganz verwerflich sey: nun bleibt die große Frage übrig: ist
er denn so nützlich?

3.

Es ist eine leere Furcht, ohne alte Mythologie
werde man schlechtere und frostigere Verse machen:
Tantam rerum, quae hodie est, facies sententia-
rum novarum et imaginum copiam praebet, ut homini ingenioso nunquam deesse possint, quibus

exornet carmina *. Hier muß ich erst wissen, was
fodert die Dichtkunst; und wie weit kann ich ohne
Mythologie dies erreichen? Man denke nicht, daß
ich aus der Erklärung der Poesie das Ideal im Allgemeinen bestimmen werde; ich sehe blos die Fode-
rungen der Poesie an, so fern sie mit der Mythologie gränzen, oder nicht. So bald es in der
Dichtkunst auf mehr ankommt, als auf Verse machen,
und fließend reimen: so kann sie entweder für den
Verstand reden, oder für die Einbildungskraft: für
diese, um sie blos kalt zu vergnügen, oder zu rühren
und gleichsam zu täuschen. Dies, glaube ich, ist die
psychologische Eintheilung derselben.

Wenn die Dichtkunst für Vernunft redet: so ist
das Ganze ihres Inhalts Wahrheit: was sie dazu
thut, sind blos kleine Auszierungen, und Schnitz-
werk: das Allgemeine ist ihrem Gebiete gleichsam
entnommen. Da ich unsre geistlichen Gedichte gleich
ausgeschlossen: so bleiben mir hier philosophische Lehrgedichte übrig; in diesen kann nie die
Mythologie mehr als Schmuck und Erläuterung
seyn, ohne zur Bildung des Ganzen was beitragen
zu wollen. Allein, in dem angezeigten engen Gesichtspunkte, wer wollte sie ausschließen? Wird sie
blos zu verdunkelnden Anspielungen angewandt,
so ist sie verwerflich — aber zu Beispielen, zu
Vergleichungen, zu einzelnen Bildern, da

---

* Epist. Homer. p. 126.

betrachte ich sie auf dem Rande der Geschichte,
als eine Quelle von poetischen Exempeln,
(würde ich historische Wahrheit immer verlangen, so
könnte ich ja auch wenig aus der alten Geschichte,
die immer halb Fabel ist, anführen,) prächtigen Farben, und redenden Bildern: und hier lasse ich sie mir
nicht nehmen.

Wenn die Dichtkunst für den Verstand redet, durch
die Fabel, von der Aesop der Urheber ist: so kann
ja die Mythologie handelnde Subjekte liefern,
die uns in einem einzelnen Fall, der als würklich vorgestellet wird, einen gewissen allgemeinen Satz anschauend erkennen lassen: und
warum sollte sie nicht die Quelle mancher Fabeln seyn
können? Wenn man einige Geschichten aus Bacons
Weisheit der Alten von der gar zu vielen
Kunst entkleidete, die er tiefsinnig in sie legte —
wenn man sie aus der Dämmerung der Allegorie, in
der sie bei ihm stehen, mit dem Licht einer Geschichte völlig bekleidete: so würden doch wohl einige so schöne Fabeln daraus, als Leßings 5te im 1sten
Buche, seine 10te, 18te, 23ste, 28ste, im zweiten:
und diese so schöne Fabeln will mir der Kunstrichter
rauben, die unter den Lessingschen gewiß zu den
besten gehören? wie viele werden wir aus Gellert,
Gleim, Hagedorn, Lichtwehr verlieren? Hier sind
ja die mythologischen Personen nicht leere Schälle,
sondern handelnde Wesen; nicht bloße Namen, son-

dern Wesen von einem beständigen Charakter; nicht gedankenlose Wiederholungen, sondern ein künstlicher Gebrauch edler Personen, die mir einen allgemeinen Satz handelnd zeigen: kurz! alles was nur der strengste Kunstrichter der Fabel von ihr fodern kann.

Hier steht die artige Fiktion des Sannazars an ihrer Stelle, die K. angreift *: sie läßt einen allgemeinen Satz: Venedig übertrifft Rom, anschauend erkennen: und wäre Handlung in ihr, so gäbe ich ihr (nicht wie der Venetianische Rath Geldsäcke: denn dies war mehr für die Materie, als die Form,) sondern einen ungehinderten Platz unter Fabeln. Jetzt ist sie blos Epigramm, da ihr das Fortschreitende der Handlung fehlt: aber kann ich wie Trapp ausrufen: ubi hic acumen? quid salsum, quid facetum? ne umbra quidem ingenii! Das acumen und salsum und facetum liegt hier darin, daß der allgemeine Satz, der Venedig so schmeichelte, gleichsam in die Morgenröthe einer Fiktion eingekleidet, und anschauend dargestellet wird. — Kann ich wie Klotz ausrufen: in his versibus nil est, præter inanem verborum sonum, quibus nulla subiecta sententia! Auch nicht! denn eben dazu ist ja das Epigramm erfunden, um hinter bekannte, und poetischansehnliche Personen eine Sentenz unterzuschieben. Freilich wäre zu Horaz und Virgils Zeiten dies Epigramm passender gewesen, aber war's

* Epist. Homer. p. 130 – 132.

nn? aus einer Nebenursache; weil Jupiter und
Neptun damals Götter waren, denen man glaubte,
und die man durchgängig kannte: das Epigramm
hätte damals also Religions=und historische Wahr=
heit erhalten, und wäre feierlicher gewesen, weil je=
der Leser viele hohe poetische Nebenbegriffe sich dachte.
Jetzt wird freilich Neptun und Jupiter verlacht, so
bald sie als Zeugen auftreten: man glaubt ihnen ihren
Ausspruch eben so wenig als dem Sannazar selbst. Was
thut aber dies hier? legt Sannazar dies den Göttern
in den Mund, um seinem Satze durch ihren Aus=
spruch G e w i ch t d e r G l a u b w ü r d i g k e i t zu geben,
so ist er ein Narr! Bezahlte ihn Venedig so theuer,
weil es glaubte, seine Größe würde in dem Munde
der Götter unwidersprechlich: so zahlte es freilich so
albern, als eine Mutter das Lob ihres Kindes in
einer gelognen elenden Leichenpredigt. Aber betrachtet
man das Epigramm an sich, so ists ja artig, und (in=
sonderheit damals, da die Mythologie, als poetisches
Bangerüste, bekannter, und mehr in Ruf war, als
jetzt,) p o e t i s ch. Ists aber so viel Geld werth?
Das weiß ich nicht! wer kann Liebhaberei, und Lob=
gedichte taxiren, als der Liebhaber, und der Gelobte
selbst?

Ich trete eine kleine Stufe höher! Zu den Oden!
Eine Ode, die wirklich E m p f i n d u n g e n singt,
und in mir e r r e g e n will, muß sich in das Labyrinth
der Mythologie gar nicht, oder nur selten verlieren.

In

In einem empfindungsvollen klopstockischen Gedicht, oder in Hallers Ode auf die Mariane würde es ohne Zweifel fremde und gesucht seyn, Bilder, die bei uns nicht so nahe an den Kammern des Herzens liegen, zu brauchen, um an das Herz des andern zu klopfen. Aber eine Ode, wenn ich sie als eine poetische Ausbildung eines lebhaften Gedanken ansehe, die die Einbildungskraft des andern bis zur sinnlichen Anschauung erregen, und bis zur Illusion beschäftigen soll: so erlaubt sie die Mythologie als eine Quelle sehr lebhafter Bilder anzusehen, aus der ich welche herausheben kann, um meinen Gedanken gleichsam in sie zu kleiden, daß er sinnlich anschauend erscheine, die Aufmerksamkeit bis zur Täuschung beschäftige, und durch die Illusion reize. Man siehet, daß ich die Mythologie als Werkzeug, und nicht als Zweck empfehle, um pindarisch und horazisch zu seyn. Hat die horazische und pindarische Ode nicht höhere Zwecke, höhere Verdienste, und Vollkommenheiten, als Mythologie: so kann ja ein Feind der letztern sagen: wohlan! könnt ihr nicht horazisch und pindarisch singen, ohne Mythologie; so laßt auch jenes meinetwegen nach, lernt von diesen guten Alten in andern Stücken, oder gar nicht: und laßt den Vogel singen, nach dem deutschen Sprüchwort, wie ihm der Schnabel gewachsen ist. ——

Es ist bei der Ode auch ferner nur immer ein Mebenzweck, oder vielmehr blos ein Mittel zu Zwecken, woraus einige neuere Kunstrichter so viel machen, eine Anordnung und Stellung der Ode nach gewissen Mustern und Satzungen. Könnte ich doch laut rufen, daß, so wie ein regelmäßiges anbignacsches Theaterstück ein elendes Werk seyn kann, dagegen ein Shakespearscher Lear oder Hamlet ohne alle Anlage den Zweck des Trauerspiels erreicht, dramatisch zu rühren; so sey es ganz und gar nicht die Hauptvollkommenheit einer Ode, so und so, nach diesen und jenen Mustern, mit der und jener Kunst angelegt zu seyn, daß sie die schöne Einheit, und die schöne Unordnung, die schöne Methode habe, und was dergleichen schöne Regeln mehr sind, die nichts gelten, wenn man, um sie zu beobachten, schöne, künstliche und frostige Oden macht. Könnte ichs doch laut genug rufen, daß, wer Horaz nachahmt, um ihm nachzuahmen, und ein schönes, regelmäßiges, künstliches und gelehrtes Gerippe seiner Oden darzustellen, noch kein Horaz sey, wenn er nicht den Zweck der Ode erreicht, uns den lebhaften Gedanken sinnlich darzustellen, daß jeder Zug der horazischen Mythologie, die es für ihn thun konnte, aber für uns nichts zu diesem Zweck beiträgt, der Ode zuwider, unnatürlich und Hinderniß sey; kurz, daß eine Ode, die blos durch Gelehrsamkeit, Kunst und Regelmäßigkeit schätzbar ist, keine Ode sey, weil sie ihren Zweck nicht erreicht,

wohl aber eine Sammlung künſtlicher und ſchöner
Verſe heißen könne. Ich ſehe es alſo nicht als einen
Hauptgrund zur Vertheidigung an, wenn der vorige
Recenſent ſagt: „wenn der Poet mythologiſchen Bil=
„dern einen Standort gibt, von dem ſie, ſo zu re=
„den, die glückliche Aehnlichkeit, die darin liegt,
„von ſelbſt zeigen: ſo zeigt er ſich von der Seite des
„Artiſten *.„ Am Artiſten iſt uns Gottlob! im
Gedicht nichts gelegen, wenn er nicht durch ſeine
Künſteley ſich als wahrer Dichter zeigt.

Nun ſollte ich mich auf das weite Feld des D r a=
ma und der E p o p e e wagen — unermäßlich und
blos durch ſich begränzt, liegt es vor mir: ich wage
es alſo nicht, ein Geſetzgeber zu ſeyn, und zu ſagen:
„ein Heldengedicht, ein Drama ohne Griechiſchen und
„Römiſchen Schnitt, iſt unmöglich.„ Da würde Sha=
keſpear und alle unſre ungebohrne Shakeſpears, die
wir für unſre Bühne hoffen, da würde O ß i a n, und
K l o p ſ t o c k, und alle O ß i a n s und K l o p ſ t o c k s,
die wir noch hoffen, wider mich ſchreyen. Ich wage
es aber auch nicht, ihnen Mythologie zu verbieten,
ſie auch der Oper zu verbieten, und ſie blos dem
Epigramm ** zu erlauben; hier mag jedes Genie ſelbſt
ſehen, was es zu machen, und der Kunſtrichter weiß in
dieſen Fächern auch ſchon mehr, was er zu urthei=
len habe.

* Deutſche Bibl. 1. B. 1. St. p. 204.
** Epiſt. Homer. p. 132.

Herr Kloß scheint überall blos einen Gebrauch der Mythologie zu meynen, der in leeren Anspielungen, bloßen Wortblumen, aufgedunsenen Vergleichungen, in Einkleidungen nach schiefem Geschmack, und in gelehrter Bilderkrämerei bestehet. Alsdann geben wir ihm völlig recht: so bald aber die Anspielung vielsagend, die Wortblume ein Schmuck der Materie, die Vergleichung natürlich und belebend, die Einkleidung poetisch, täuschend und schöpferisch, die Fülle der Bilder redend, lebhaft und beschäftigend ist: so ist die Mythologie nicht Zweck, sondern Mittel zu großen Absichten — wer sie uns untersagt, gebe uns andere.

Der Verfasser gibt uns einige; aber Schade, daß sie nicht völlig seyn können, was jene sind: er empfiehlt uns Allegorie*: man soll Tugenden und Laster, die Affekten der Seele u. s. w. z. E. Schaam, Fruchtbarkeit, Glück, Treue, Wahrheit, Neid, Wollust, Zorn, Uneinigkeit, Gerechtigkeit, Ueberfluß, Zeit u. s. w. in Leiber hüllen, und wie der Künstler, sie auch poetisch gebrauchen. — Wie Dichter und Künstler in dem Gebrauch derselben unterschieden sind, hat Leßing in seinem Laokoon** im Vorbeigehen berühret: ob sie dem Dichter aber zu den großen Zwecken, zu denen er die Mythologie anwenden kann, dienen — dies möchte hier am un-

---

* Epist. Hom. p. 28.

** Leßings Laokoon p. 113. u.

rechten Orte eine zu lange Parenthese einschalten. Es gehöret, so wie der andre Vorschlag, die neuern Entdeckungen, und die Merkwürdigkeiten der Natur in neuerfundnen Ländern, an die Stelle, da ich von dem neuen Wege rede, den wir einzuschlagen glauben, oder einschlagen können, um Originale zu seyn.

Ich will jetzt mit einigen freyen Gedanken von den Gränzen in dem Gebrauche der Mythologie beschliessen, die ich nicht als künstliches Gebäude zum Anschauen hinstelle, sondern als Materialien hinwerfe. Vorübergehender Leser! brauchst du etwas für dich, so stecke es bei dich, ohne daß ich dich namentlich rufe. Jetzt treffe ich mehr mit dem Verfasser der homerischen Briefe zusammen, und vielleicht erkläre ich seine Gedanken.

4.

Man muß die Mythologie blos als Werkzeug brauchen, nicht als Zweck, um sich von der Seite des Gelehrten, oder Artisten zu zeigen. Die erstern erinnern mich an die Worte in Vida Poetik:

- - - Sunt, qui, ut se plurima nosse
Oftentent, pateatque suarum opulentia rerum
Quidquid opum congesserunt, sine more, sine arte
Irrisi effundunt, et versibus omnia acervant.

Die zweiten, die durch die Stellung der Mythologie sich als Artisten zeigen wollen, bringen mir den Maler des Horaz in den Sinn, der allen Fleiß auf Nägel und Zähen wandte:

Ponere totum neſcius.

Sobald nun die Mythologie blos poetiſches Werkzeug wird: ſo muß man nicht durchgängig in einer mythologiſchen Sprache reden, gleich als wenn unſre Denkart mit ihr umkreiſet wäre: ſonſt verirret man ſich in Anſpielungen und Orakelſprüche aus den Alten.

Man muß die Mythologie von der Seite anſehen, auf die jedes geſunde Auge natürlich und zuerſt fällt. Viele leſen die Alten, aber weiß Gott! wozu? denn was ſie daraus behalten und anwenden, das bemerkt kein andrer ehrlicher Mann. Von dieſem Alten führen ſie ſo einen unbedeutenden Nebenzug aus ſeinem Gemälde an, daß, da ſie ihn für den Leſer unbeſtimmt laſſen, ſie auch die Ehre haben, ihre Anwendung allein zu verſtehen. Die Anmerkung erſtreckt ſich auch auf die alte Geſchichte, wo manche keine Kleinigkeit wollen umſonſt geleſen haben. So ſagt ein neuerer Schriftſteller: „ich er„kannte Sie, ob ich gleich kein Marcell bin!„ Wa„rum denn Marcell? Als ein raſcher, dreuſter, feuriger Held iſt mir Marcell zwar bekannt, als der Erbauer des Tempels der Tugend und Ehre auch: aber was thut das hier? Endlich fand ich, Marcell habe einmal nicht aus Rom ausreiſen wollen, weil

er auf Zeichen gehalten! nun verstand ichs, aber das
hatte ich aus meinem Plutarch längst vergessen.

Man muß die Mythologie nicht außer ihrem
Zweck brauchen: dahin gehört, wenn man ihr einigen
Religionswerth beizulegen scheint. Man legt etwas
in den Mund eines Gottes, damit es Gewicht der
Glaubwürdigkeit und Wahrheit bekomme: oder man
thut Wünsche an diesen oder jenen Gott, von ganzem
einfältigem Herzen. Dies ist lächerlich, es sey denn,
daß diese Wesen personificirte Dinge der Welt, oder
allegorische Personen sind; als solche müssen sie aber
offenbar auftreten: sonst rückt man sie aus der dichterischen Sphäre in das Gebiet der strengen Wahrheit, und da sind sie nicht zu Hause.

Man vermeide bei der Mythologie alles, was
gleichsam leblose Schönheit ist: wohin die topogra-
phischen Beschreibungen gehören, die unsern Dichtern
oft am unrechten Orte so heilig sind, wenn sie von
Mäandrischen Krümmungen, von Skamander,
und der Tiber, vom Helikon und Pindus, dem Ca-
stalischen Brunnen und der Hippokrene, dem Däda-
lischen Labyrinthe u. s. w. blos gelehrt, und wie sie
meinen, poetisch reden, ohne einen geistigen Sinn
diesen anderthalb Schuh langen Worten zu geben.

Man vermeide allen Uebelstand, und hüte sich vor
Maschinen, denen die Veränderung der Zeit und Denkart gleichsam Flecken und verkleinernde Nebenbegriffe
angehänget. Wenn man Helden unsrer Zeit, die

mehr durch den Geist, als Körper Helden sind, immer und immer mit jenen Giganten und Herkuls vergleicht, alsdann Beschreibungen aus den Alten häuft, und für ekle Ohren nicht genug die Nebenbegriffe des alten Pöbelhaften entfernt: so kann man sich freilich mit der Ode des Horaz an seinen Drusus schützen; aber wenn man sich blos schützt, erobert man nicht.

Wenn man mythologische Geschichte erzählt, blos weil sie die Alten erzählt: so fehlt wieder der Zweck des Neuen: ich nehme diesen aber nicht blos im Gesichtspunkt der Moral, sondern der Poesie; sonst würde ich alles einschränken. Soll etwas nicht Uebersetzung seyn: so muß es für uns einen Zweck haben, und wo möglich im Ganzen. Man möchte dies letzte an Wielands komischen Erzählungen vermissen, allein, die Art der Erzählung gibt ihm in allen Theilen Zweck und Neuheit genug. Wenn im Ganzen nicht genug Hauptzweck und Haupton herrschen dürfte: so sind die komischen Nebenzüge unterhaltend.

Man hüte sich vor der Mythologie, die durch einzelne Bilder spricht; denn entweder kann man dieser entrathen, als eines überflüßigen Putzes; oder, wenn man sie zu poetischen Zwecken braucht, so wird leicht spielende und gezwungne Allegorie daraus. Hingegen bediene man sich ihrer in Handlung, dann wird sie nie erscheinen, als wenn sie unentbehrlich ist, und wo sie erscheint, wird sie als poetische Fiktion gleichsam in dem Gewande der Fabel sich zeigen. In diesem Gewande muß sie reizen und illudiren, und alsdann ist sie eine Vertraute Apolls und der Musen. Dieser letzte Rath verdient vorzüglich die Aufmerksamkeit meiner Leser.

5.

Jetzt will ich mich einigen praktischen Betrachtungen überlassen, wie wir die Mythologie zur Bildung unsrer Erfindungskraft nutzen können, um uns den Alten mehr an Geist, als durch Nachahmen, zu nähern.

Was war die Mythologie bei den Alten? Theils Geschichte, theils Allegorie, theils Religion, theils blos poetisches Gerüste! Wie sind sie zu ihr gekommen? wie haben sie sie verschönert? genutzt? verändert? Und können wir in alle diesem was von ihnen lernen?

Was für eine Griechische Einbildungskraft gehörte dazu, um starke Bauerknechte zu Herkuls, zu Helden, zu Halbgöttern zu erheben, sie in allen den Reichthum der poetischen Würde zu kleiden; die Fahrt der Argonauten, die Belagerung von Troja, die Himmelsstürmerei, und alle jene Fabeln, die in der Geschichte ihren Ursprung haben, so schöpferisch in poetische Leiber zu hüllen, und ihnen dichterischen Geist einzuhauchen. Was ist Skamander

und Olymp, und alle die heiligen Oerter und Geſchichten, die der Stoff zu ihrer Mythologie urſprüng-
lich geweſen? Ich beſehe ſie in den Reiſebeſchreibungen, ich ziehe in der alten Geſchichte ihren poetiſchen
Schmuck aus, was ſind ſie? — Himmel! das habe
ich alles in meinem Lande, in meiner Geſchichte,
rings um mich liegt der Stoff zu dieſem poetiſchen
Gebäude; aber eins fehlt: poetiſcher Geiſt. Bewundern müſſen wir euch, ihr Alten, und die Augen
niederſchlagen: ihr erhobt Kleinigkeiten aus dem
Staube zu einer glänzenden Höhe; wir laſſen die
ganze Schöpfung um uns, öde und wüſte trauren,
um euch nur zu plündern, und das Geplünderte elend
anzuwenden.

Wenn Horaz ſich einen Auguſtus unſrer Zeit
wählte: würde er wohl unter den Trümmern alter
mythologiſcher Geſchichten ſich verirren, oder iſts
wahrſcheinlicher, er würde auf das Lob und glänzende
Beiſpiel ſeiner Vorfahren, auf Individualfälle ſeiner
Regierung, auf einzelne Umſtände ſeiner Reiche und
Länder ſich ausbreiten: er würde inſonderheit die
Umſtände und Seiten der Materie nützen, über die
er ſingt, daß ſein Geſang individual für ſeine Per-
ſon, national für ſein Land, patriotiſch für ſeinen
Helden, caſual für den Vorfall, ſekular für ſein Zeitalter, und idiotiſch für ſeine Sprache wäre.

Wenn der Griechiſche Pindar ſeinen Helden
auch nur von ſeiner Vaterſtadt lobet: wie weiß

er jede merkwürdige Begebenheit dieser Stadt, von
ihrer Stiftung an, zu nützen: er zeichnet das Cha=
rakteristische derselben, ihre Vorzüge vor andern, die
Vorfahren aus der Familie seines Helden; wo es
das ehrwürdige Alter und die Würde der Person er=
laubt, kleidet er diesen und jenen Vorfahren und
Stammvater in die Strahlen Olymps, schlingt die
genealogische Kette bis an den Thron eines Gottes,
oder macht einen Ort gleichsam dadurch heilig, daß
hier vormals Götter gewandelt: so wird seine Ode
voll Mythologie, aber warum? Um sich als Gelehr=
ter, als Artist zu zeigen, um eine mythologische Ode
gemacht zu haben? — Ganz und gar nicht! seine
Mythologie ist Geschichte des Vaterlandes,
Geschichte der Vaterstadt, Familien= und
Ahnenstolz seines Helden, Ursprung des
Vorfalls, den er besingt. Und was wird also sein
Gesang? Ein heiliges national= sekular=
und patronymisches Lied, das werth war, in
dem Tempel des Gottes, und in den Archiven
der Stadt, die er sang, mit goldenen Buchsta=
ben geschrieben, aufbewahret zu werden; ein Familien=
stück für ein Geschlecht, und mehr als eine Bildsäule
für den Helden, wie der edle Stolz des Pindars
selbst wußte.

Haben wir zu unsrer Zeit solche Dichter, die das
für den Vorfall, die Person, das Zeitalter, für wel=
ches sie singen, sind und seyn werden? Ein Anderer

antworte für mich; aber — was ist die Pindarische
Ode auf den Tod des Kaisers Franz, gegen
eine Pindarische auf einen Jüngling, der blos gut
laufen konnte? Nichts!

Zweitens: ein großer Theil der Mythologie ist
Allegorie! personificirte Natur, oder
eingekleidete Weisheit! Hier belausche man
die Griechen, wie ihre dichterische Einbildung zu
schaffen, wie ihre sinnliche Denkart abstrakte Wahrheit in Bilder zu hüllen wußte, wie ihr starrendes
Auge Bäume als Menschen erblickte, Begebenheiten zu Wundern hob, und Philosophie auf die Erde
führte, um sie in Handlung zu zeigen. Und, da wir
eine neue Welt von Entdeckungen um uns haben,
ihr Dichter unter uns, so kostet von jenem mächtigen
Honig der Alten, damit ihr eure Augen wacker
macht, um auch so viel Spuren der wandelnden Muse
zu erblicken — Lernet von ihnen die Kunst, euch in
eurer ganz verschiednen Sphäre eben so einen Schatz
von Bildern verdienen zu können. Statt, daß ihr,
nach jenem ekelhaften Gemälde, das, was Homer ge-
spieen hat, euch belieben lasset: so stärket euer Haupt,
um aus dem Ocean von Erfindungen und Besonder-
heiten, der euch umfließt, zu trinken; ich meine,
statt, daß ihr aus den Alten Allegorien klaubet, oft
wo sie gewiß daran nicht gedacht; so lernet von ihnen die Kunst zu allegorisiren, vom philosophischen Homer, und vom dichterischen Plato.

Kurz! als poetische Heuristik wollen wir die Mythologie der Alten studiren, um selbst Erfinder zu werden. Eine Götter- und Heldengeschichte in diesem Gesichtspunkte durcharbeitet, — einige der vornehmsten alten Schriftsteller auf diese Weise zergliedert, — das muß poetische Genies bilden, oder nichts in der Welt. Aber wie groß muß der Mann seyn, der uns diesen Gradum ad Parnassum, dieses Cornu copiæ, diese hylen inventionum poeticarum, diese aurifodinam mythologicam, (oder wie die hochtrabenden Titel einiger Spanischen Bettler mehr heißen) lieferte.

Da diese Erfindungskunst aber zwei Kräfte voraussetzt, die selten beysammen sind, und oft gegen einander würken: den Reduktions- und den Fiktionsgeist: die Zergliederung des Philosophen und die Zusammensetzung des Dichters: so sind hier viele Schwierigkeiten, uns gleichsam eine ganz neue Mythologie zu schaffen. — Aber aus der Bilderwelt der Alten gleichsam eine neue zu finden wissen, das ist leichter; das erhebt über Nachahmer, und zeichnet den Dichter. Man wendet die alten Bilder und Geschichten auf nähere Vorfälle an: legt in sie einen neuen poetischen Sinn, verändert sie hier und da, um einen neuen Zweck zu erreichen; verbindet und trennet, führt fort und lenket seitwärts, geht zurück, oder stehet stille, um alles blos als Hausgeräth zu seiner Nothdurft, Bequemlichkeit und Aus-

zierung nach seiner Absicht, und der Mode seiner Zeit,
als Hausherr und Besitzer zu brauchen.

———

6.

Was? höre ich hier einen Kunstrichter entgegen rufen: "daraus werden mythologische Unwahrheiten: z.E.
„nun darf Sisyphus schlafen, Tantalus
„trinken u. s. w. Diese Fabeln haben in der My-
„thologie einmal ihren gewissen Standpunkt, und
„ihn umdrehen wollen, heißt das System der My-
„thologie niederreißen. Sie werden an keinem ein-
„zigen Orte im Pindar eine solche Inversion finden;
„er läßt, wie alle Poeten, diese Dinge so stehen,
„wie sie das Fabelsystem diktirt hat*.„ Hier wollte
ich zwar einfallen : "Das möchten auch mytholog-
„sche Unwahrheiten seyn: Sobald Sie die Alten in
„Ihrem Scholiasteneifer nicht ganz vergessen wollen,
„so werden Sie wissen, daß die Alten nie ein Fa-
„belsystem gekannt, das sie, wie Luthers Cate-
„chismus, hergebetet. Sie werden wissen, daß so
„viele mythologische Widersprüche, Ungereimtheiten
„und Possen blos daher entstanden, weil die Göt-
„terlehre nie ganz gewesen. Sie werden wissen,
„daß es eine neue und alte Mythologie gegeben,
„daß jeder Poet es für erlaubt gehalten, Zusätze und
„Veränderungen zu machen, und die folgenden Zeit-
„alter endlich alles verunstaltet. Oder wenn Sie

* Lit. Br. Th. 21. p. 73. 74.

„mehr als dies wissen und behaupten: daß Pindar,
„so wie alle Poeten, alles hat stehen laſſen,
„wie es ihm diktirt iſt; haben Sie es etwa ihm und
„allen Poeten diktirt? Wie viele, viele In-
„verſionen hat Pindar gegen die Alten! und ſeine
„erſte Ode ſpricht gewiß vom Tantalus mit Delika-
„teſſe, Sorgfalt und Wahl, die er auch in einem
„Fabelſyſtem, wie es zu ſeiner Zeit ausgeſehen, nö-
„thig hatte.„ Dies wollte ich ſagen; und dachte dem
traurigen Gedanken nach: "wie mißlich es ſey, ſich
„auf ſein Gedächtniß zu verlaſſen —„ wie mißlich,
einem Kunſtrichter zu trauen, der bei jeder Gelegenheit tadeln will, und in vielen Perioden Non-
ſens ſagt (es dürfte dies viele nicht eben eine ungeheure Hyperbel ſeyn).

Aber ich dachte, hätte dieſer Mann Recht; wer
biſt du, daß du es wagſt, "die Punkte zu verrücken,
„die die Alten feſtgeheftet, und einen neuen Geſchmack
„einzuführen, der nothwendig verkehrt ſeyn muß,
„weil er von den Regeln des Alterthums abgeht?„*
"Wie? wenn du alsdann einſt im Reiche der Todten
„vor dem δικαστηριον** der Alten erſcheinen ſollſt,
„und du ſollſt mit dem armen Treſcho auf den Richt-
„platz: du magſt Prediger oder Amtsſchreiber, oder
„Holzinſpektor oder Küſter, oder Schulmeiſter ge-
„weſen ſeyn: dann wird man die erſchreckliche Angſt

* Lit. Br. Th. 21. p. 44.
** Lit. Br. Th. 22. p. 4. 5.

„auf deinem Gesichte abgemalt finden, die dich in-
„nerlich peinigt, und dir alle die Unordnung vorhält,
„die du unbedachtsam in das Fabelsystem eingeführet.
„Jetzt bist du noch ein vermeßner und sorgenloser
„Knabe, dem der morgende Tag keinen Kummer er-
„weckt: aber einst vor der σκυταλη des Gerichts!
„zittre! da wirst du nicht wieder durchkommen. Lu-
„cian, (der, wenn er das Glück gehabt, eine lange
„Zeit später gebohren zu werden, gewiß die Ehre
„hätte haben sollen, ein Mitarbeiter der Literatur-
„briefe* zu werden, weil er schon an seinen Vor-
„schriften ein würdiges Probstück geliefert, das fast
„verdient, ein Berliner Literaturbrief zu seyn, und
„es auch wurde,) dieser Lucian, und Longin, und
„der Kunstrichter werden den Minos, Aeacus und
„Rhadamanth vorstellen. Nun ruft der Dritte** von
„ihnen: Nur heran, Missethäter! - - - Guten Tag!
„Warum hast du nicht den vierzehnten Abschnitt aus
„meinem Herrn Collegen Longin herausgeschnitten,
„und auf das Pult, wo du ordinär deine Muse
                                                    sitzen

---

* Lit. Br. Th. 20. p. 6.

** Ich muß mich hier zur niedrigen Satyre wider Willen herablassen, um mit ihren eignen Worten etwas von der übel-
anstehenden Lebhaftigkeit zu zeigen, mit der einige von den
letzten Recensionen der Literaturbriefe sich wegwerfen. Vielleicht wäre es zur Ehre des Werks gewesen, wenn nach dem
siebenzehnten Theile der vier und zwanzigste gefolgt, oder
einige Briefe (z. E. 288. 91. 92. 95. 216. u. a.) weggeblieben,
oder diese Theile durchgängig nahrhafter gemacht wären.

„sitzen hattest, angenagelt, um jederzeit die großen
„Muster des Alterthums vor dir zu haben? War-
„um die alte Mythologie verrückt? Wohlan! höre
„deinen Namen Griechisch von der σκυταλη lesen:
„ . εδ . . πρετερος ξιθι! denn du hast einen ver-
„kehrten Geschmack einführen wollen.„

Dies jüngste Gericht ging mir lange durch die
Seele: ich entschloß mich in der Angst, nicht blos
den vierzehnten Abschnitt aus dem Longin, sondern die ganze Mythologie, damit kein Punkt in ihr
verrückt werde, fest anzuschlagen, an das Pult, wo
gewöhnlich meine Muse sitzt, oder noch sicherer, diese,
und wenn es sich thun läßt, alle neun Musen des
Alterthums anzuschlagen. — Allein, wie es mit allen Angstentschlüssen geht! sie sind schwer und verfliegen! Ich besann mich, daß alsdann alle alte und
neue Dichter und Kunstrichter müßten in die Acht
erklärt werden; daß sich denn auch Lucian, der
große Verehrer der Mythologie, meiner wohl annehmen würde — ja endlich fällt mir ein: daß der böse
Leßing eine ähnliche Kühnheit begangen, und einen
hevristischen Gebrauch der Fabel vorgeschlagen! — *
Und nun schreibe ich getrost fort von meinem hevristischen Gebrauche der Mythologie.

* Leßings Fabeln, 5te Abhandlung.

_____

7.

Kann man einen neuen Vorfall durch eine Fiktion aus der alten Mythologie erklären! — der schönste Gebrauch, "wenn man seine Grillen zu Orakelsprüchen einer göttlichen Erscheinung zu machen weiß." Jene allerliebste Leßingsche Fabel: Zevs und das Pferd*, die vor unsern Augen das Kameel schaffet: jene**, die den Eseln zum Trost die harte Haut anzieht: jene†, die es uns aus dem Rathe der Götter erklärt, warum das Schaaf unbewaffnet ist, woher den Ziegen der Bart entstanden †† u. s. w. sind kleine Anekdoten eines Dichters, der gleichsam ein Zeuge und Bote der Götter, und Erklärer der Natur ist. So erzählt uns Gerstenberg den Ursprung des Kusses, der Sirene, und des Bärtchens, welches letztere aber die Literaturbriefe glücklich von dem Munde der Schönen weggeküsset haben. So sind Ovids Verwandlungen in diesem Betrachte voll poetischen Erfindungsgeistes. Kurz! aus der alten Mythologie eine Wahrnehmung, eine Erfindung, eine Begebenheit, poetisch wahrscheinlich und poetisch schön zu erklären — dieses ist, wie ich glaube, der am meisten dichterische Gebrauch der Fabellehre, und der Quell zu den schönsten und reizendsten Fiktionen.

Diesem kömmt ein zweiter Gebrauch nahe: aus der neuern Zeit und ihren Sitten der alten Mytho-

---

* 1. B. Fab. 5.   ** 2. B. Fab. 10.
† 2. B. Fab. 18.   †† 2. B. Fab. 24.

logie einen neuen Zug so glücklich andichten zu können, daß das Neue ehrwürdig und das Alte verjüngt
wird. So weiß Rammler seinen alten Hymen
durch das Brautband zu verjüngen und in unsre
Zeiten zu pflanzen.

Hiemit ist eine dritte Freiheit verwandt, in die
alten Fabeln einen gewissen geistigern Sinn zu legen, ohne den sie uns minder gefallen. Da unsre
höhere Stufe der Cultur so viel am Denken gewinnt,
als sie an dem sinnlichen Erkennen verlieren möchte:
so suche man einen neuern Geist in die Fabeln zu
hauchen, daß Götter und Helden nicht als starke,
wilde Männer ihrer Zeit gemäß handeln, sondern
einen Zweck durchschimmern lassen, der sich für
uns passet. Baco betrachtet die Mythologie als
eine politische Bildergallerie, weil sein Auge politisch zu sehen gewohnt war: andere haben sie als
ein chymisch und alchymistisch Laboratorium durch-
träumet: andere sie mit historischem Auge angesehen: andere die Naturlehre der Alten in ihr studirt — der philosophische Dichter hauche in sie einen neuen poetischen Sinn, daß sie reizen. Hier
wäre am besten, zu zeigen, wie ungestalt alles
wird, wenn man die Fabeln der Alten vorzeigt
in ihren Fellen, die die rauhe Seite nach oben tragen, statt sie einzukehren; aber da käme es wieder
auf das verwünschte Anführen schlechter Exempel
an, und das ist beschwerlich.

Endlich einen neuern Vorfall auf einen alten zu=
rück zu führen, in denselben ihn zu kleiden, daß
er von ihm Würde, Reichthum, Anstand
und Reiz borge: dies ist das glückliche Kunst=
stück unsers Rammlers, in allen seinen Gedich=
ten. — Sein meister Gebrauch der Mythologie
ist hier Beispiel, obwohl mir noch der kleine Zwei=
fel übrig bleibt, ob seine Oden, ohne diese My=
thologie, nicht noch schöner seyn würden. Ein dich=
terischer Kopf, wie er, der in Tempeln und
Pallästen ausgehölte Rücken der Vor=
gebürge, und in den Statuen der Künst=
ler die Steine Deukalions sieht, wie sie sich
beleben — ein solcher Dichter könnte, nach mei=
nem vorigen Traume, der Erste seyn, der sich eine
politische Mythologie schüfe, wie einige neuere Dich=
ter sich eine theologische zu schaffen angefangen. So
lange aber, als Niemand dieses wagt, so ists das
Leichtere und Sichere, die Mythologie der Alten zu
brauchen, die schon ein gesundnes Baugerüste der
Dichtkunst ist, und bei einer ungezwungnen und fes=
sellosen Nachbildung noch freilich viel Dichtergeist
und poetisches Verdienst zuläßt.

* * *

Ich betrachte jetzt einige Lateinische Nachbildun=
gen und Nachahmungen: tritt näher heran, Leser,
der du dir nicht die Augen geblendet, um ein=

Römische Brille zu gebrauchen: tritt an die Brust=
bilder unsrer Römer, um sie zu bewundern, zu
studiren, und als Vorbilder zu betrachten. Und
wenn du in diesem Vorgemach voll Bilder der Vor=
fahren wandelst: so belebe dich, wenn du einige ab=
geschlagene Köpfe der Deinen siehest, der Geist des
jungen Cato, da er wider Sulla für sein Vaterland
ergrimmte. Ihr Schulmeister aber, die ihr, wie
der Pädagog des Cato, vor solchem heillosen An=
schlage, vom römischen Joche frei zu seyn, zit=
tert, entfernet euch:

> – – – sacer est locus: extra
> meiite. – – – Pers.

III.
Von einigen Nachbildungen der Römer.

I.
Von der Horazischen Ode.

Welche Altäre sind dem Horaz gebauet t und wie viel Verehrung hat er auf ihnen genossen: sollten wir wohl auf diese Altäre die Brustbilder einiger Deutschen Dichter setzen dürfen? — Auf der andern Seite, wie viel Deutsche Horaze gibt es nicht, die diesen Namen bei einem Publikum, das oft nicht Rom ist, gepachtet haben, und ihn vor sich her ausschreien lassen? — Ein Ding in vierzeilichten Strophen, voll Strohfeuers oder todten Feuers, voll verworrener Construktionen, die über das Ende der Strophe laufen, untermischt mit hinkenden Reimen heißt eine — Horazische Ode. Pindar kennt man zum Glück nicht: sonst würde man noch ärgere Misgeburten hervorbringen, die mit dem dreifachen Haupt des Cerberus, der Strophe, Antistrophe und Epode, aus neun Rachen Unsinn bellen und sich nennen — Pindarische Oden. —

Rammler, Klopstock, Uz und Lange, vier Genies von so verschiedenen Talenten, sollten die nicht einem Horaz gleichwiegen? Rammler

in seiner Kunst, das Ganze einer Horazischen Ode
zu bauen: Klopstock im fortgehenden Strome seiner Empfindung: Uz, im Tone der philosophischen
Ode: Lange, in der Zusammensetzung Horazischer
Gemälde — Habe ich die Rollen recht vertheilt?
recht für die Dichter? für den Horaz? für die
Leser? — Ich werde die Stimmen sammlen.

Von Rammler haben wir eine längst erwartete
Ausgabe seiner Gedichte, die klein an der Zahl,
aber stark an innerem Gewichte sind. Wir wollen
seine Muse beschleichen, um ihr ihre Kunstgriffe ab-
zulernen, und vielleicht sind dies die vornehmsten:
Erstlich: Sie zaubert Sujets unsrer Zeit in entfernte Zeitalter zurück, um sie eingekleidet in die
Morgenröthe einer antiquen Allegorie, uns entge-
genzuführen. Besonders weiß sie einen Horazischen Odenplan so geschickt auf einen neuern Vorfall
zurückzuführen, daß sich seine Wendungen, Bilder,
und Ausdrücke, genau auf denselben anpassen. Und
dann ist auch der feine Wohlklang und die genaue
Versifikation der äußere Schmuck, der Rammler zu einem Deutschen Horaz macht.

Fiktionen machen das schönste Ganze der Ode,
und der reinste Quell zu diesen Fiktionen ist unstreitig das Alterthum. Das Alterthum ist voll von
poetischen Erdichtungen, Bildern und Farben; wer
diese mit einer Meisterhand zu brauchen weiß, macht
seinen Gegenstand dadurch neu, ehrwürdig und

finnlich, und wie hoch steht eine Ode, die dies thun
kann. Daher haben die größten Genies aus diesem
Quell der Musen, der Allegorie, wenn ich dies
Wort im weitesten Verstande nehme, getrunken: die
kleinen Geister schaudern vor diesem Trank, weil
Kenntniß und Geschmack des Alterthums, ja fast
ein dramatisches Genie dazu gehört. „Die höchste
„poetische Kunst, sagt vielleicht eben dieser Dichter*,
„ist, die Allegorie in seiner Gewalt zu haben.„

Seine Nymphe Persanteis und Spree verdient den Zuruf:

tu centum et plures inter dominabere nymphas.

Sein Ptolemäus und Berenice, ein edles
hymenäisches Gespräch, das unter den Epithalamien
vielleicht gleich nach dem Doppelgesang des Catulls:
Vesper adest, juvenes! folgt, hat die Naivetät
durchaus, die im horazischen Gespräch: Donec gra-
tus eram tibi — herrscht: ja vielleicht läßt sie sich
hin und wieder zu einer kleinen Nachläßigkeit herunter, wie vielleicht, wenn Berenice von ihrer Locke
sagt:

 — Die funfzehn oder sechzehn Jahr
 Die Zierde meiner Scheitel war.

Die Ode an die Göttin Concordia** ist des
Altars im Janustempel würdig: nur dörfte die Göt-
tinn Ate vielleicht zu altgriechisch, oder altrö-

* Crit. Nachr. aus dem Reich der Gelehrs. St. 1.
** Lit. Br. Th. 23. p. 92.

misch seyn, da sie freilich gegen die wilden Anfälle
auch selbst in Friedenszeiten sich mit Drat und Beil
waffnen mußte; wir bitten eine Concordia vom Himmel, die die Ate von der Erde ablöse, nicht vor sich
gehen habe. — Die Ode an die Feinde des Königes verliert sich glücklich, aber vielleicht zu weit
in jene herkulischen Zeiten, da die Götter dieser Welt
zugleich Ungeheuer heißen konnten, wenn die Allegorie es schön fand; in die poetischen Zeiten, da weder Tapferkeit noch Verfolgung in dem Gesichtspunkt des Moralischen vom Dichter durften
angesehen werden. — Die Ode an Hymen* ist
werth, daß Hymen,

> wenn ihn noch ein festlich Lied
> herab vom Himmel ziehet —

auch dem Sänger selbst erscheine,

> — zwei Ring' an einer Hand
> und um die Schläfe Myrten
> und um den Arm ein goldnes Band,
> ihm eine Braut zu gürten.

Sein Lied an Fabius ist ein feiner Gedanke,
der aber nicht zu einer Allegorie hat durchgeführt
werden können**; denn eben durch sein Zaudern

---

* Lit, Br. Th. 23. p. 90.

** Ich glaube, dies ists, was diesem artigen, schönen,
sinnreichen Gedichtchen zur Ode fehlt; nicht aber die Oden-
wendung (s. Lit. Br. Th. 2. p. 388.) Denn nicht jede
Ode darf ja eben den kühnen Flug der Muse haben, die
sich wirrt, doch nie verirret —
Ich finde auch, nach dem, was ich vom Fabius weiß,
nichts zu beißendes in dieser Ode.

ward Fabius Roms Retter, und vielleicht durch
dies Zaudern allein, das blos der Pöbel in Rom,
der junge hitzige Marcell und der Eisenfresser
Varro, zur späten Reue tadeln konnte. Statt eines
beißenden Tadels wäre also die Ode ein feines Lob
geworden, wenn sie den Einfall fortgesetzt hätte: denn
so kann Sonnenfels auf den Tod dieses Generals
singen:

> Der Held — Rom wagt von seinem Fabius
>   Zu kühn ein Urtheil, Wien von Ihm.
> Den Zauderer rechtfertigt Annibal
>   Und Daunen Friederich.

Man denke aber nicht, daß Rammler blos in
der Wahl seines Hauptgedankens so glücklich sey:
sein allegorischer Genius verläßt ihn nie, und oft
sind in Theilen der Ode die Erdichtungen so schön,
daß sie wieder zu einem Ganzen Gelegenheit geben
können. Die Ode an einen Granatapfel, in
Berlin gewachsen, hat hierinnen viele vorzügliche
Beispiele, und weil ich in einer seltengewordnen
Wochenschrift * Erläuterungen finde, die nicht blos
die Ode erklären, sondern uns auf die feinsten Schönheiten aufmerksam, und mit den Ideen der poetischen
Kunst vertraut machen, nach welchen der Dichter ar-
beitete: so mache ich meinen Lesern und mir ein Vergnügen, wenn ich sie hersetze:

* Critische Nachrichten aus dem Reiche der Gelehrsamkeit. Berlin
bei Haude und Sp. 1750. St. 6.

O die du dich zur Königinn der Früchte
Mit deinem eignen Laube krönen mußt,
Aurorens Kind 1), an welchem Sonnenlichte
Zerspaltest du die Purpurrothe Brust,
Die Proserpinen 2) ihre Körner
Im Tartarus zu kosten trieb,
Und machte, daß sie ferner
In Plutons Armen blieb.

Der Erdball ändert sich 3): das Meer entfliehet
Und deckt uns Wunder auf, der Fels sinkt ein;
Und, o Berlin, dein dürrer Boden blühet;
Pomona füllt ihr Horn in dir allein:
Und Flora muß auf dein Begehren
Aus allen Blumen Kränze drehn,
Und mit gesunknen Aehren
Die blonde Ceres 4) gehn:

1) Sie wächst im heißen Orient und verirrt sich nach Norden.

2) Proserpine ward vom Pluto entführt. Ceres bekam die Erlaubniß, ihre Tochter wieder zu holen, wofern sie noch nichts in der Hölle genossen hätte. Sie ward verrathen, daß sie einige Granatkörner gekostet habe, und ihre Mutter kehrte einsam wieder zurück.

3) Die großen Veränderungen der Erde durch Zurücktretung des Meeres wie zu den Zeiten des Tiberius, oder durch Erdbeben und Verschüttung der Berge, werden mit den fruchtbaren Veränderungen der sonst so sandigen Mark verglichen. Auf die botanischen Gärten wird durch das Wort: alle Blumen gezielet: mit gesunknen Aehren bringt uns die neuesten Bemühungen um den Ackerbau in den Sinn.

4) Pomona ist die Göttin der Gartenfrüchte, Flora der Blumen, Ceres des Getraides.

Und zarte Bäume trägt, ihr Haupt umschoren,
Der Gott Sylvan 5) und zieht ein Labyrinth 6)
Selbstirrend auf vor deinen offnen Thoren,
Die nicht umsonst den Künsten offen sind.
Die Künste nehmen Dädals Federn 7)
Und kommen über Meer und Land
Mit Hebezeug und Rädern
In ihrer harten Hand.

*

Wer hat allhier der Vorgebürge Rücken
Zu Tempeln und Pallästen ausgehölt 8),
Die rund umher der Pyrrha 9) Wunder schmücken,
Noch halb den Steinen gleich und halb beseelt?

5) **Sylvan ist ein Waldgott.** Teneram ab radice ferens,
Sylvane, cupressum. *Virg.* **Das Haupt umschoren.**
Hier bemerken wir eine griechische Wortfügung, welche die
lateinischen Poeten gleichfalls angenommen haben: Et teneras
arbores portat, circumtonsas caput, Deus Sylvanus.

6) **Zwischen Berlin und Charlottenburg** ist ein Irrgar-
ten von jungen gerade geschornen Fichtenbäumen angelegt,
und mit Statuen geschmückt.

7) **Dädalus** war ein großer mechanischer Künstler, welchen
Minos, der König von Creta, nicht von sich lassen wollte,
er machte sich aber Flügel und entkam: die schönsten Ge-
werke und Manufakturen kommen zu uns herüber.

8) Man bauet nach einer großen und edlen Bauart. Einfalt
und Pracht sind beisammen. Das Opernhaus, das Invaliden-
haus, die Akademie, der neue Dohm sind Zeugen davon,
und können deswegen mit einem glatten Felsen verglichen
werden, den man inwendig mit großer Arbeit ausgehölt
hat.

9) **Pyrrha** und **Deukalion** blieben nach der Sündfluth
allein übrig, und warfen, nach dem göttlichen Orakel, mit
verhülltem Angesichte Steine hinter sich, woraus Menschen
in die Höhe wuchsen. Ein schmeichelhaftes Gleichniß für ei-

Ihr Götter! prächtig aus Ruinen
Erhebt sich euer Pantheon 10);
Die Weisen alle dienen,
Die Völker lernen schon.

Sagt, Sterbliche! den Sphären ihre Zahlen
Und lehrt dem tollen Winde seinen Lauf,
Und wägt den Mond und spaltet Sonnenstrahlen 11),
Deckt die Geburt des alten Goldes auf,
Und steiget an der Wesen Kette 12)
Bis dahin, wo der höchste Ring

nen Bildhauer, wenn seine Statue mit einem Menschen verglichen wird, in dem Zeitpunkte, wo er aufhört, Stein zu seyn, und anfängt, lebendig zu werden!

10) Pantheon, ein Haus, worin alle Götter wohnen, aus welchen jeder Priester sich einen Schutzgott wählen kann, der etwa über einen Theil der Natur, über Luft, Feuer, unterirdische Schätze, Wälder, Meere, Mond, Sonne, ꝛc. herrscht, oder der eine Kunst und Wissenschaft erfunden hat. Dieses Pantheon bedeutet ohnfehlbar das neue Akademiehaus, welches auf die Brandstätte des alten Stalles und der alten Mahler- und Bildhauer-Akademie gebauet, und mit Götterbildern gezieret ist.

11) Hier werden Sachen, die die Gelehrten noch nicht genug bestimmet haben, und vielleicht nie bestimmen werden, mit solchen zusammengesetzt, die schon mehr bekannt sind, dergleichen die Zerstreuung der Sonnenstrahlen durch ein Prisma ist. Ein artiger Betrug! Alle diese Aufgaben haben eine Art von Wunderbarem an sich: doch so unmöglich sie dem ersten Anblick nach scheinen, so wissen wir doch, daß die gelehrte Welt sich schon an alle gewagt hat.

12) Das mineralische Reich hängt endlich mit dem Pflanzenreiche zusammen: der staudichte Stein hat an beiden sein Antheil. Auch die Pflanzen und Thiere gränzen an einander. Hier zieht sich das fühlende amerikanische Kraut zusammen, so

jede Nummer zeigt " die höchste poetische Kunst des
Dichters, die Allegorie in seiner Gewalt zu haben: „
auf die Art bestrebe ich mich, den Pindar und Horaz mir selbst zu erklären: und so erkläre man sich
jede Ode Ramlers, um ihre sinnlichen Bilder in
aller ihrer bedeutungsvollen Schönheit zu erblicken. —
Ich sollte meinen Lesern diese Ode jetzt von einer
andern Seite zeigen, um sie nach i h r e r g a n z e n
A n o r d n u n g und B a u a r t zu betrachten, die
O r d n u n g , Verbindung und Ausschmückung
ihrer Theile zu bemerken: da dies aber zu weitläuftig ist, und bei andern Oden von ihm füg-
licher geschehen kann: so kann ich nicht umhin,
meine Leser wenigstens auf den feinen Wohlklang dieser Ode aufmerksam zu machen. Ich
rede nicht selbst, sondern schreibe aus dem angeführten Wochenblatt folgende Bemerkungen hin:

1) Die ganze Zusammensetzung der Strophe ist
zum Wohllaute eingerichtet, ihre Zeilen laufen schmal
zusammen, und spitzen sich mit einer männlichen
Schlußsylbe, fast wie ein Pfeil. Diese Figur deucht
dem Auge so schön, als ein solcher Gang des Verses dem Ohre klingt.

2) In den vier langen Versen kann der Abschnitt
bald vorn bald hinten gesetzt, und dadurch der Gleich-
laut vermieden werden.

3) Der Abschnitt bleibt gar weg, wenn eine andere Schönheit erhalten werden kann:

Um-

Umhängt mit ihrer goldnen Tuba kam,
Und nicht gesehn von ungeweihten Blicken
   Den Weg zum Tempel des Apollo nahm.

Beide Verse laufen fort, und drücken einen Gang
aus.

   Mit deinem eignen Laube krönen muß

scheint den Kranz herum zu flechten.

   Und lehrt dem tollen Winde seinen Lauf

läuft wie der Sturmwind.

   4) In jedem Verse findet man einen oder mehr-
rere von den starkklingenden Vokalen A und O oder
einen Diphthongus, welcher gleiche Wirkung thut.

   5) Nicht leicht über 3 Consonanten stehen
hinter einander, auch so gar zwei Wörter bringen
nicht mehr zusammen.

   6) In den Versen:
    Die Proserpinen ihre Körner —
    Pomona füllt ihr Horn in dir allein —
    In ihrer harten Hand —
    Die Weisen alle dienen —
    So sang Calliope, dir voll Entzücken —

sehen wir, daß wenn ein Wort auf einen Consonans
ausgegangen ist, das folgende mit einem Vokal anfängt, und daß es mit einem Consonans anfängt,
wenn das vorige mit einem Vokal schloß. Dieses ist
zwar selten möglich zu machen, wir finden es indeß
in einem jeden Verse einmal bis viermal.

   7) Kein Hiatus beleidiget das Ohr, weder in
der Mitte des Verses, noch zwischen zweien Versen.

8) Vom Reim müssen wir auch gestehen, daß keiner zweimal vorkömmt. Horaz schließt gleichfalls keinen Vers zweimal mit einerlei Worten. Ueberhaupt nimmt er nicht gern einerlei Worte zweimal in seine Ode; welches zu verstehen ist von den vornehmern Worten, nicht von non, qui sunt etc. Dieser Odendichter wird bei seiner Arbeit vielleicht nicht alle diese Regeln deutlich gedacht haben, aber wie kömmt es, daß man sie am Ende doch alle beobachtet findet, und daß das Stück nichts dabei verloren hat?

———————

So stolz höret ein feines lyrisches Ohr, und sollten auch einige dieser Schönheiten wirklich verfliegen, wenn man sie zu Regeln macht: sollten sie auch, so bald als sie Gesetze werden, Hindernisse seyn: so muß man um so mehr den Dichter bewundern, der diesen Zwang hat überwinden und zur Schönheit machen können. Ein so feines Ohr muß auch von einer Zunge begleitet seyn, die eben so stolz deklamirt; denn so wie die lyrische Poesie, nach Klopstocks gerechter Bemerkung, des meisten Wohlklanges fähig ist: so nähert sich auch die lyrische Deklamation der Musik am meisten. Und würde also auch nicht der allgemeine Ruf von Rammlers Deklamation voll seyn: so würde schon sein feiner Wohlklang in mir den Wunsch erregen, ihn deklamiren hören zu können.

———————

Nicht blos Allegorie und Wohlklang:
die Anordnung zum Ganzen der Ode ist
der Vorzug, weswegen der Name Horazisch sei=
nen Oden zukömmt. Oft arbeitet er über Horazi=
sche Plane bei ähnlichen Gegenständen: sein Päan
an die Concordia folgt dem Gange der Ode des
Flaccus an das Glück, so gar bis auf das
Bild der Nothwendigkeit:

> Te semper anteit sæva necessitas
> Clavos trabales et cuneos manu
> Gestans ahena, nec severus
> Uncus abest liquidumque plumbum — —

Ich bin mit Rammler darinnen wohl zufrieden,
daß er dies überladne Bild, das schon Sanadon
und noch neuerlich Leßing für frostig erklärt, ab=
gekürzt; nur scheint der Periode, nach seiner sinn=
lichen Inversion betrachtet, etwas mißrathen zu seyn.
Die Ode an seinen Arzt bringt uns die Horazi=
schen Zurufe an seinen Weinknaben in den
Sinn, und ist mit Geist und Körper nach dem
Flaccus gebildet. Seine Ode an die Kano=
nenkugel bringt uns die an den unglücklichen
Baum: die Ode an Hrn. Krause eine ähnliche
über sich, und am allermeisten die Lobgesänge
auf den König, das Lob in den Sinn, das
Flaccus dem Augustus und Mäcenas opferte.
In einzelnen Bildern, Construktionen
und Wendungen findet Horaz noch häufiger das

Seinige wieder, und überhaupt kenne ich keine
Teutschen Oden, die leichter und schwerer ins Lateinische zu übersetzen wären, als diese — Leichter:
weil man Idiotismen, Periode und Wohl-
klang nach dem Lateinischen abgezirkelt, gleichsam vor
sich findet; schwerer, um der Fülle, Kürze und
dem Wohlklange keinen Eintrag zu thun. Was
Leßing mit dem Anfange des Meßias versuchte,
probire man mit Rammlers Ode an den Arzt,
an die Kugel u. s. w.

Was ist nun von dieser Horazischen Nachbildung
zu urtheilen? Es ist nicht zu vermuthen, daß
Rammler blos Horazische Vorfälle wähle, um
Horazisch singen zu können; wenn wir ihn blos
in diesem Gesichtspunkte betrachten: so dürften die
besten Horazischen Oden nicht alle von ihm nachgebildet seyn, und erreicht? — vielleicht keine. Alsdann
ist er geschmack- und kunstvoller Nachahmer. Aber
er ist mehr, — und hat es bewiesen, daß er ohne
Horazische Plane und Bilder Horazisch singen könne,
und dies erhebt ihn in meinen Augen zum Dichter,
jenes zeigt ihn als einen feinen Kenner des Alterthums, und einen Artisten von Geschmack.

Vielleicht hat Rammler den Grundsatz mit
einem andern großen Genie gemein: daß Horaz
alle Muster aller Oden geliefert, und so zu sagen, jede Schönheit derselben erschöpft: vielleicht sind
die ersten Eindrücke von den Poesien des Römers bei

ihm so mächtig, und in ihren Spuren so ewig ge=
wesen, daß sich leicht alles, selbst Originalgedanken,
nach diesen Eindrücken modeln; denn in der That!
unser Genie und Geschmack nimmt die Bildung von
dem an, was vorzüglich und zuerst auf dieselben
wirkte: vielleicht sehe ich nicht alle die Reize ein,
die gewisse mythologische Bilder noch in unsrer Zeit
haben können — aber ich sage nichts, als meine Mei=
nung. Fesselt nicht Horaz, dies große Genie, oft
zu sehr? — Mir kömmt, damit ich ein paar Bei=
spiele anführe, in der Ode an die Kugel, die Be=
schreibung der Hölle etwas fremde * an diesen Ort:

> — ganz nahe war ich schon dem Styx, ganz nahe
> dem giftgeschwollnen Cerberus.
> Ich hörte schon das Rad Ixions rasseln, sahe
> Die Brut des Danaus
> Verbannt zum Spott bei bodenlosen Fässern —
> Und Minos Antlitz und das Feld
> Elysiens.

Horaz selbst ist kürzer und anschließender, ob=
gleich dieses Bilder seiner Religion waren: hier sind
sie aber zu bekannt, zu allgemein, und zu wenig aus
dem Individualfall genommen; die folgenden sind
es schon mehr:

> — Den großen Ahnherrn eines größern
> Urenkels und sein Zelt
> Voll tapfrer Brennen sah ich! Ihre Lieder

---

* Si quædam nimis antique, si pleraque dure
 — — credit dicta — —
 Et sapit et mecum facit et Jove judicat æquo.
                                        Hor. L. 2. Ep. 1.

Ihr Fest bei jedem Nektarmal
ist Er — —
   Schon sang ich seine jüngste That —
   Alcäus würde jetzt mein Lied beneiden
Schon säh ich Cäsarn lauschend nahn
Mit ihm den weisen Antonin, und den von beiden
Gefeyrten Julian.

Bei dem letzten Ausdruck haben die Litera=
turbriefe * dem Herrn Professor Rammler einen
höflichen Verweis gegeben, daß er es aus der Kaiser=
historie vergessen hätte, wann Julian gelebt: und
trauen ihm beinahe eine türkische Chronologie zu,
daß Cäsar und Antonin den Julian haben feiren
können. Allein, sie vergessen, daß dies im Reich
der Todten vorgeht, und daß ja alle drei Friedrich
feiren sollen. In Rammlers Oden ist vielleicht we=
niger ein Ausdruck zu vermuthen, quem incuria fudit,
als in den Literaturbriefen.

Vielleicht möchte in der Ode an die Feinde
des Königs die herkulische Beschreibung eben die
Note verdienen, die ich bei der Hölle gemacht, daß
ihre Bilder zu bekannt, zu antik, und etwas zu un=
edel seyn möchten.

Abstrahirt von diesem Horazischen, ist Rammler ein
vollkommenes Muster der Ode: jedes Wort abgewo=
gen, abgemessen, abgezählt: jede Construktion gewählt,
geordnet, gewaffnet: jede Freiheit nicht blos Licenz,
sondern Muster: seine undeutschen Redarten bereichern

* Th. 8. p. 388.

die Sprache: seine fremden Worte verdienen das
Bürgerrecht: der Zwang in seiner Periode ist von
der Gewalt und dem hinreißenden Strome der Ode
verursacht: ein Werk des Vorsatzes und Fleißes,
nicht der Noth und des Unvermögens: sein Mangel
an der Cäsur bisweilen, und sein schwerer Reim
durch ein Beiwort sind Boten des lebendigen
Lauts, um Nachdruck anzukündigen. Alle Vor=
würfe, die man seinen Oden von dieser Seite macht,
sind kurzsichtig und eigensinnig.

Zum Schluß will ich die Theorie von der Ode *
hersetzen, die sich am besten aus Rammlers Oden
erklären läßt.

„Die wahre Critik erkennet in der Ode eine hö=
„here Ordnung, die zwar versteckt seyn, aber nie=
„mals vernachläßigt werden darf. Es gibt mancher=
„lei Ordnungen, in welchen die Gedanken unsrer
„Seele auf einander folgen können. Die Ordnung
„der Zeit, des Raums, der Vernunft, des
„Witzes, der Scharfsinnigkeit u. s. w. die
„Ode verwirft alle diese Ordnungen. Sie schreibt
„nicht historisch, wie der epische, nicht to=
„pisch, wie der malerische Dichter: sie folgt auch
„nicht der Ordnung der Vernunft wie etwa der Lehr=
„dichter. Die Ordnung, die ihr wesentlich ist,
„kann die Ordnung der begeisterten Ein=
„bildungskraft genannt werden. Eine einzige

* Lit. Br. Th. 17. p. 149. ꝛc.

„ganze Reihe höchst lebhafter Begriffe,
„wie sie nach dem Gesetz einer begeisterten Einbil-
„dungskraft auf einander folgen, ist e i n e Ode. Die
„Mittelbegriffe, welche die Glieder mit einander
„verbinden, aber selbst nicht den höchsten Grad der
„Lebhaftigkeit besitzen, werden von dem Odendichter
„übersprungen, und daraus entsteht die anscheinende
„Unordnung, die man der Ode zuschreibt. Durch die-
„se Betrachtung läßt sich auch entscheiden, in welcher
„Gattung von Oden ausgemahlte Bilder und Gleich-
„nisse, öfters auch Digreßionen und Nebenbetrach-
„tungen, erlaubt sind, und in welcher die Bilder und
„Gleichnisse, nur mit großen Pinselstrichen zu berüh-
„ren, und die Ausschweifungen von dem Hauptge-
„genstande sorgfältig zu vermeiden sind. Aus diesen
„Begriffen kann man die Regeln herleiten, wo die
„Ode anfangen und schliessen muß.„

„Da die Anlegung des Plans zu einem Gedichte
„und also auch zur Ode kein Werk der Begeiste-
„rung, sondern des Nachdenkens und der überlegen-
„den Vernunft ist: so muß der Plan der Ode dem
„Dichter ungemeine Schwierigkeiten machen: denn
„hier muß die Vernunft überdenken, was die feurige
„Begeisterung für einen Weg nehmen würde. Man
„muß durch Nachdenken und Vernunftschlüsse ergrün-
„den, welche Ideen die lebhaftesten seyn, und in
„welcher Ordnung sie nach dem Gesetz der Einbil-
„dungskraft auf einander folgen werden. Der Dich-

„ter muß sich also in beide Verfaffungen zugleich
„fetzen: er muß nachdenken und empfinden, und man
„fiehet leicht, was ihm dies für Schwierigkeit machen
„muß. Ueberläßt er fich ganz ohne Plan dem Stro-
„me der Begeifterung und dichtet: fo wird er zwar
„eine Folge von fehr lebhaften Begriffen hervor-
„bringen können; aber diefe Folge wird felten ein
„Ganzes ausmachen, felten ein, beftimmtes Sub-
„jekt, und nur durch ein Ungefähr die gehörige Ein-
„heit und angemeßne Kürze haben, vermöge wel-
„cher fie den kürzeften Weg zu ihrem Ziel eilet.
„Diefes gefchieht, wenn die Gemüthsbewegung,
„als die Urfache der Begeifterung, fehr heftig ift.
„Alsdann eilet der Strom der Gedanken feinen Weg,
„unaufhaltfam und ficher, und die bloße Natur er-
„füllt alle Bedürfniffe der Kunft. Wenn aber ein
„gemäßigter Affekt herrfchen foll: als nehmlich
„Hoffnung, Dankbarkeit, ftille Freude 2c.
„fo ift die Natur ohne Leitfaden der Kunft eine miß-
„liche Führerinn. Sie führt den Dichter auf Ab-
„wege, fie erlaubt ihm zu fchwärmen, wo er den
„kürzeften Weg nehmen follte: fie verbindet Gedan-
„ken, die eine allzugeringe Beziehung auf einander
„haben, und bringt alfo poetifche Phantafien
„hervor, aber keine Oden.„

Dies Fragment einer kritifchen Betrachtung
über die Ode bringt mir den Wunfch in die Feder,
daß endlich ein philofophifcher Kopf eine vollftändige

Theorie von der Ode lieferte, die unter den schon
gelieferten Beiträgen zur angewandten Aesthetik
uns noch am meisten fehlt. Denn da Aristoteles
Poetik in diesem Theil verlohren gegangen: so haben sich wenige an eine Arbeit wagen wollen, in der
ihnen niemand unter den Alten vorgearbeitet hat, und
die Wenigen, die sich daran gewagt, wiegen zusammen nicht so viel, als der einzige Aristoteles wiegen würde. Die Poetikenschreiber — die schönen
Geister unter den Franzosen, La Motte, St.
Mard, Batteux, Racine, Fontenelle, und
noch neuerlich Marmontel und Garnier — unter den Deutschen, die Abhandlung in den
Breslauischen Beiträgen zur Philosophie
mit ihrer Recension in der Allgem. Bibl., das
angeführte Fragment, einige Klopstockische,
Rammlerische im Batteux, und das mittelmäßige Gemisch von Anmerkungen in den epischen,
lyrischen und dramatischen Gedichten sind Fuß-
tapfen genug für einen, der aus ihnen eine Land-
straße zu machen weiß.

Ich habe eine Geschichte des lyrischen Ge-
sanges angekündigt gelesen; vielleicht wird der Verfasser den Charakter desselben unter Ebräern, Arabern,
Griechen und Römern bestimmen, und aus der Denkart, Zeit, und den äußerlichen Hülfsmitteln, der
Sprache und Musik erklären: vielleicht wird er das
Genie jedes großen Originals unter den lyri-

schen Dichtern entwickeln, ihre Hauptwerke ästhe-
tisch nach Plan und Composition, nach den
Schönheiten des Details*, dem Licht und Schatten, den Wendungen und Bildern und Versifikation
und Sprache zergliedern: vielleicht wird er die Nachbildungen aus den Alten gegen ihr Original und
ihre Nebengemälde halten, und den großen Zweck
ausführen: ein Odengenie in die magische Werkstatt
des Apolls, und in den Geist seiner Muster einzuführen; ja vielleicht wird er endlich aus diesen verschiednen Gattungen Hauptbegriffe des Schönen in
dieser Dichtungsart herausziehen, sie zu Regeln erhöhen, diese Regeln in unsere Seele zurückführen,
und also einen philosophischen Begriff der Ode festsetzen, aus welchem man auf ein weites Feld der Aesthetik sichere und kühne Blicke wird thun können.

Plaudamus amici!

* „Vielleicht wird er von dem Unterschiede der Griechischen,
„Römischen und Orientalischen Ode handeln. Er wird zeigen,
„warum die Horazische Ode mehr ausgeführte Gleichnisse
„verträgt, als die Pindarische und diese mehr als die Davidi-
„sche, und aus eben demselben Grunde erklären, warum der hei-
„lige Dichter an Kühnheit der Metaphern jene weit hinter sich
„läßt. Er wird ferner zeigen, wie der Odendichter von einem
„Gleichniß in das andre übergeht, und wenn er sich denn
„von seinem Gegenstande zu sehr entfernt hat, plötzlich abbricht.
„Er wird ferner auseinandersetzen, in welchem Fall es dem
„Dichter erlaubt sey, von dem Gleichnisse zurück zu kehren,
„und den Faden seiner Empfindungen wieder zu ergreifen,
„oder wo sein Feuer mitten im Gleichnisse, wie ein Blitz
„verschwinden muß.„ Lit. Br. Th. 9. p. 184.

Sollte dieser Plan mit dem seinigen übereinstim‑
men: so würde er durch die Ausführung Creditiv
genug gezeigt haben, daß er auch folgende Zugabe zu
seinem Werke thun könnte: daß er die zerstreuten
Oden der Deutschen sammlete, sich über alle flie‑
ßende Reime im lyrischen Sylbenmaaß erhübe, und
blos den Geist der antiken Ode zum Rathgeber seiner
Wahl machte: ein mäßiges Bändchen, das aber als‑
dann die fliegenden Stücke dieser Dichtart der Zeit
rauben könnte. Wenn Rammler es für gut geachtet,
die Lieder der Deutschen zu sammlen: so wären
„ernsthafte und erhabne Gesänge unsrer
lyrischen Poeten, die sich besser beklamiren,
als singen lassen: die wenigen Oden der Deut‑
schen, die sich durch Anlage und Schwung und
Wohlklang empfehlen*„, dieser Sammlung eben
so würdig; ja vielleicht noch würdiger, weil meistens
ein Individualfall der Zeit sie gebiert, sie auf seinem
Flügel umherwirft, und sehr leicht verfliegen macht.
Man müßte Stücke wählen, die keine Ausbesserung
nöthig hätten, oder uns wenigstens die Ausbesserung
als eine Note und Marginalglosse geben: denn alle
fremde Correktur ist mißlich und bei einer Ode fast
unmöglich. — Wie sehr muß ich aber befürchten,
daß mein Vorschlag nicht flugs von einem Sammler
aufgefangen werde, der uns vielleicht schon folgende

---

* s. Vorrede zu den Liedern der Deutschen bei Winter,
Berl. 1766.

Meſſe: auserleſene Stücke aus den beſten deutſchen Odendichtern * ungekaut und unverbauet auftrage.

Ich kann Horaz und Rammler nicht verlaſſen, ohne den Wunſch zu wiederholen, daß der letztere uns den erſtern endlich in einem deutſchen Kleide liefern möge: alsdann werden wir den Franzoſen ihre Sanadons, Dacier und Batteux nicht beneiden dürfen.

* * *

Klopſtock hat in ſeinen Oden weniger horaziſche Züge: ſeine Ode an Friederich vor dem Meßias, ſcheint im Anfange das: quem tu, Melpomene, ſemel nachzubilden; allein, bald erhebt ſie ſich zur Welt der Gedanken und Empfindungen**, zu der ihm eignen Kunſt, die Seele des Menſchen und Chriſten zu ſchildern, worin er eben mit Horaz nicht zu vergleichen iſt. Alle ſeine Oden ſind meiſtens Selbſtgeſpräche des Herzens: ſein Pſalm läßt Empfindungen, eine nach der andern, fortrauſchen; wir hören Welle über Welle ſchlagen: eine wird die höchſte und es erfolgt eine Stille: wir ſtehen in Gedanken, bis plötzlich eine neue Folge von Ideen uns mit einer ſüßen gedankenvollen Betäubung berauſcht. Seine meiſten lyriſchen Arbeiten nähern ſich dem Hymnus: in einigen Stücken, die der Sammlung ver-

* Braunſchweig bei • • •
** Lit. Br. Th. 8. p. 229.

mischter Schriften eingerückt sind, sind freilich vortreffliche Horazische Züge; insonderheit in der Ode auf den Zürchersee; allein nie das Ganze, nie der Hauptton, nie der Wohlklang des Horaz. Ich möchte also Klopstock aus seiner Sphäre reißen, wenn ich ihn hier gegen Horaz sezte; und doch — ist es nicht Klopstock, der in einem Stück des Nordischen Aufsehers diese wunderbaren Gedanken sagt:

„Fast allen neuern Oden fehlt etwas von dem „Haupttone, den die Ode haben soll. Horaz hat den „Hauptton der Ode, ich sage nicht, des Hymnus, „durch die seinigen, bis auf jede seiner feinsten Wendungen bestimmt. Er erschöpft alle Schönheiten, „deren die Ode fähig ist. Man wird also den Werth „einer Ode am besten ausmachen können, wenn man „sich fragt: würde Horaz diese Materie so ausgeführet haben? Aber man müßte ein wenig strenge „bei Beantwortung dieser Frage seyn. Denn sonst bekommen wir zu viel Horaze unsrer Zeiten. — Ich „erkläre mich hiedurch gar nicht gegen die Ansprüche, „die besonders der lyrische Dichter auf einen Originalcharakter hat. Ich rede nur von der Biegsamkeit, „mit der sich selbst ein Originalgenie dem Wesentlichen, was die lyrische Poesie fodert, unterwerfen muß. Und dies Wesentliche, behaupte ich, „hat Horaz durch seine Muster vestgesetzt „*. Ueber-

* Nord. Auff. 2. B. St. 105.

haupt ist dies ganze Stück im zweiten Bande so aus-
nehmend, als das 26te des ersten.

* * *

Ich werde von Uz und Lange kürzer seyn können.
Des erstern philosophischer Odengeist ist
bekannt, und von den Literatur-Briefen * würdig
gepriesen worden: er ist der einzige, der so viel Weisheit mit so vielem Schwunge sagen kann. — Von
Lange dürfte es heißen: die Ersten werden die Letzten seyn; und nach meiner Meinung hat er mehr
Horazisch gesungen, als übersetzt. Die besten Oden
des Horaz leiden bei ihm, seines Fleißes, Genies,
und einiger glücklichen Stellen ohngeachtet: überall
verfehlte Stellen, verlohrner Nachdruck, unschickliche
Einkleidung, an Kolorit und Wohlklang nicht zu
denken: quid faciant hostes capta crudelius urbe. —
In seinen eignen Oden hat er insonderheit in der
Anordnung der Bilder, in der Wahl der Beiwörter, und gleichsam dem Zuschnitt zum Wohlklange,
den Horazischen Ton getroffen. — **

---

* Th. 8. p. 214.

** Darf ich hier Gelegenheit nehmen, Klotzens *Vindicias Ho-*
ratii auch denen Liebhabern des Horaz anzupreisen, die sich
nicht mit dem Pat. Harduin streiten wollen. Sie sind voll
von feinen Anmerkungen, Vergleichungen, Erklärungen, die man aber mitten unter Rettungen findet,
zu denen sich der Verfasser nicht hätte herablassen sollen, weil
die meisten Harduinschen Anschuldigungen keine Antwort verdienen. Von Anmerkungen gefällt mir die critische Muth-
maßung, (p. 16.) in welcher Ordnung Horaz seine Gedichte

Ob wir Deutsche Katulls haben? mögen die
Lieder der Deutschen beantworten: unter allen
hat vielleicht Leßing zu seinem Hauptzuge die meiste
Katullische Schalkheit. Ob wir Ovidia-
nische Verwandlungen haben? Dies werden
blos die behaupten, die in einem Journal den Titel
gelesen: Zachariä Verwandlungen, oder Verwandlungen in den Bremischen Beiträgen,
und blos nach diesem Titel urtheilen. Ob Wieland unser Lukrez sey? Diese Frage ist älter, als
die Periode, über die ich schreibe. Ich nehme aber
Gelegenheit, etwas von dem Lukrezischen Lehrgedicht zu sagen.

2. Vom

geschrieben: wie weit er gegen die Griechen sich Original
schätze (p. 25-30.) von seinem Wohlklange und seiner Kühnheit (p. 51-58.) von seinem Urtheil über Plautus (p. 272.
273.) und viele andre. Vergleichungen verschiedner
Dichter voll Belesenheit und Geschmack sind häufig, z. E.
über das Talent des Horaz zur Dichtkunst (p. 18-25.)
über den Flug der Muse (p. 95-103.) über Musa potens
lyrae (p. 104-106.) über den, der seine große Seele ver-
schwendend hingab, den Patrioten, Aemilius Paullus
(p. 119-123.) über die curas laqueata circum tecta volantes
(p. 175-177.) über die Blandusische Quelle (p. 207-210.)
und dann über die Küsse der Venus, Cupido und die
Gratien (p. 125. 249-255.) — Erklärungen und Erläuterungen des Horaz sind häufig und einige neu, insonderheit aus den Werken der Kunst und Denkmäler
des Alterthums.

2.

Vom Lukrezischen Gedicht.

„Ich weiß nicht, was heutiges Tages ein Skri-
„bent für Beifall erhalten würde, der es wagte, nach
„dem Beispiele des Lukrez, die Lehren einer Schule
„mit trocknen Worten vorzutragen, und etwa hie
„und da durch eine poetische Stelle aufzuputzen? Ge-
„wiß ist es, daß er in Reimen und in der gewöhn-
„lichen Versart ganz unerträglich seyn würde. Diese
„Art des Vortrags hat, wenigstens im Deutschen,
„eine gewisse Feyerlichkeit, die so wohl mit dem
„Aufgeweckten des Theaters, als mit dem Trocknen
„der Schule einen seltsamen Contrast macht." — *
Ich weiß nicht, wie mir diese Stelle in die Feder
kömmt, eben da ich Wieland unsern Lukrez genannt: auch er hat die Lehren einer Schule, in Reimen, in der gewöhnlichen Versart vorgetragen, zwar
mit unter trocken, aber schön aufgestutzt mit poetischen Stellen — und hat Beifall gefunden, indeß
offenbar mehr des letztern, als des erstern wegen.
Ich schlage also zurück: **

„Unsre Schriftsteller haben sich in der allgemei-
„nen betrachtenden Weltweisheit ungemein hervor-
„gethan; aber in der besondern ausübenden Sitten-
„lehre möchte der Deutsche eher über Mangel zu kla-
„gen haben — Unsre Lehrdichter sind vortrefflich,
„wenn sie die Systeme der Weltweisen vortragen,

* Th. 8. p. 216.   ** Th. 8. p. 163. ꝛc.

„wenn sie sich in die Höhen des Unermäßlichen em-
„porschwingen, wenn sie den Schöpfer und seine
„Werke besingen; hingegen sinken sie unter das Mit-
„telmäßige, so bald sie sich zu den Sitten der Men-
„schen herablassen. Popens *Essay on man* möchte
„man einem Deutschen weit eher zutrauen, als einem
„Franzosen; aber, seine Moral Essays verrathen eine
„so feine Känntniß des menschlichen Herzens, als
„noch nie ein deutscher Schriftsteller gezeigt.„ —
Diese beiden ganz wahren Bemerkungen machen, daß
ich den deutschen Dichtern die philosophische Dichtungsart des Lukrez, als ein glückliches und reizen-
des Feld anpreise: doch mit einiger Einschränkung.
— Lukrez ist in meinen Augen nach dem Feuer seiner
Bilder einer der ersten Genies unter den Römern.
Wenn man die trockene Philosophie sieht, mit der
er kämpfen mußte, die Schwierigkeiten, mit denen er
stritte — — propter egestatem linguae ac rerum
nouitatem — — und die er doch überwand, die
Strenge, mit der er seiner Schule genug thut, und
die herrlichen Gemälde und Ausschweifungen, die er
einstreuet: so muß man erwarten, daß unsere Lukreze in einer zur Weltweisheit ausgebildeten Sprache, in einer weit bequemern und bieg-
samern Materie, mit einerlei Genie, um so viel
höher vor dem Römer stehen müssen, je höhere Vorzüge sie nach der Cultur ihrer Werkzeuge haben. —
Betrachten wir dies, so bleiben von allen unsern

deutschen Lukrezen,* vielleicht nur drei noch, die
diesen Namen verdienen; die übrigen können gute
Lehrdichter seyn, allein Lukreze sind sie nicht, wenn
Lukrez zu unsrer Zeit gelebt hätte. Haller —
Witthof und Creuz, drei Dichter auf drey verschiednen Stufen! — Nimm Hallers Gedicht auf
die Ewigkeit, und auf den Ursprung des
Uebels, und zeige mir im Lukrez, du, der du
sein Anbeter, und vielleicht ein zweiter Creech bist,
zeige mir im Lukrez so hohe, wahre und dringende
philosophische Wahrheiten, in so reelle und kurze
Bilder eingehüllt. Hallers Geist ist in zween
Dichter getheilt, in Witthof und Creuz. Jener
hat die nachdrucksvolle Kürze in Sentiments und
Beobachtungen oft bis zum Neide in seiner Gewalt;
dieser hat zu viel Talent zur schwermüthigen Male-
rei eines Weisen, als daß man ihn unter den G..
anern vergessen sollte.** Jener weiß abstrakte Ideen
in poetische Körper zu kleiden; dieser, abstrakten Ideen
poetische Farben zu geben: jener ist glücklich im Ausdruck der menschlichen Denkart, so fern man sie aus
einer genauen Weltweisheit kennen kann: dieser in
der dichterischen Abbildung einiger metaphysischen
Hypothesen. Beide würde ich wegwerfen, wenn ich
jenen blos als Dichter nach dem Aeußern, und diesen

---

* Ich sondre hier gleich die moralischen Lehrdichter
ab, Hagedorn, Dusch, Wieland u. s. w.
** Die Literaturbriefe haben nie an ihn gedacht, obgleich
seine Gräber auf ihre Zeit treffen, wie mich dünkt.

als Metaphysikus nach dem Innern allein beurtheilen müßte.

In der That, um ein guter Lehrdichter zu seyn,
wird weder ein Stern von der ersten philosophischen
noch von der dichterischen Größe erfodert. Der wahre
Geist der Weltweisheit an sich leidet kein beinahe Wahres, kein halbgründliches; und unsere philosophischen Wizlinge, die uns Schaum der Weltweisheit, mit dem Goldschaum der Aesthetik über-
deckt, verkaufen, sehen zwar, daß ihre Philosophie
im Anfange siedet, und von Kindern und Narren,
(die aber diesmal nicht die Wahrheit reden) gelobt wird — aber Schaum und Philosophie zergeht
und ist nicht mehr! — Laß diese das philosophische
Lehrgedicht wählen, den Reihn zwischen Philosophie
und Einbildungskraft: sie werden vielleicht gut werden! — Auf der andern Seite gibt es schöne Geister,
die zu viel Philosophie an unrechtem, und zu wenig
poetisches Genie an rechtem Ort haben: die uns
in Fabeln und Erzählungen, in traurigen Lust- und
erbärmlichen Trauerspielen mit seichter Weltweisheit quälen — auch diesen gebe man das Lehrgedicht vor: denn die Epopee, das Drama,
die Ode, und jede Erdichtung fodert Schöpfungs-
geist im Ganzen, und kann kein beinahe Schönes leiden; aber das Lehrgedicht leidet noch zuerst
die Lieblingswendung so vieler deutschen Vorreden:

ubi plura nitent in carmine, non ego paucis
offendar maculis. —

Dies fodert die wenigste Einbildungskraft, ist am wenigsten an Regeln gebunden, und vielleicht ist das freieste und leichteste Syllbenmaaß auch das angemeßenste und einzige für das Lehrgedicht — ich meine nicht das Alexandrinische, sondern das sogenannte Recitativmetrum, das sich am meisten der Prosa nähert, die meisten Formen annehmen kann, sich jeder Materie am besten anschliesset, und die Aufmerksamkeit am füglichsten erhält.

* * *

Bisher habe ich einige Dichterlein mit dem Lehrgedicht abzufertigen, und im Vorhofe der Poesie aufzuhalten gesucht, damit sie, als Ungeweihte sich nicht ins Heilige wagten: jetzt lege ich einen Gegenstand vor, der ins Allerheiligste der Dichtkunst gehört, und, wie ich glaube, würdig ist, die ganze Seele eines Genies allgenugsam auszufüllen: es ist zwar blos ein Lehrgedicht, aber ein Lehrgedicht, dem selbst die epische, dramatische und lyrische Muse zujauchzen würde. Laß es seyn, daß die deutschen Lehrdichter unter das Mittelmäßige herabsinken, so bald sie sich zu den Sitten der Länder und der einzelnen Menschen herablassen. „Laß es seyn, daß sie nicht Kenntniß des menschlichen Herzens genug hätten, um Moral Essays zu schreiben:„ ich zeige ihnen ein Essay on Man an, wo sie sich in die Höhen des Unermäßlichen emporschwingen, und im zwiefachen Verstande Geistschöpfer durch sich selbst werden können.

Man weiß es, daß die deutsche Weltweisen, wenn in einem Stücke der Philosophie, so in der Psychologie vorzüglich, gleichsam auf eignem Grund und Boden sind, weil sie die kühnen Blicke, die Plato, Baco und Locke in die menschliche Seele gethan, weiter verfolgt, oder wenigstens die Erfahrungen dieser drei Männer wissenschaftlicher gemacht. Sie haben wenigstens Kunst und Mühe angewandt, um die Materialien fremder Nationen zu einem Gebäude zu erheben, dessen Bauart das merkwürdigste Phänomenon der neuern Zeiten bleibt. — Und was kann ich hieraus folgern? — Dies, daß ein poetisches Gebäude von dieser Art ebenfalls auch das Denkmaal unsres Volks und unsrer Zeit seyn könnte. In dem eigentlichen Spekulativen der Weltweisheit ist der Dichter immer ein Fremdling; man sage, was man will, er bleibt ein Gileaditer, der sich in diese platonische Republick einstiehlet, um Holzhauer und Wasserträger zu seyn. Das Dichterische, was der Lehrdichter, der Systeme reimt, behalten kann, um den Weltweisen nicht gleich für den Kopf zu stoßen, sind alte Schuh, und verschimmelt Brodt, und aller der Nutzen, den er dem Philosophen gibt, ist, daß er so viel von dem philosophischen Geist ihm raubt, als er ihm dichterischen gibt: eigentliche Bürger können sie nie zusammen werden.

Aber die philosophischen Erfahrungen, Muthmaßungen und Hypothesen über die

menschliche Seele; die sind aller Stärke der Dichtkunst fähig, und aller ihrer Reize werth. An
der Fähigkeit wird niemand zweifeln, und wenn
zehn feige Kunstrichter zitterten und Einwürfe machten,
und Bollwerke bauten, und Schlingen legten: so
fühle ichs doch, daß alle ihre Warnungen zu klein
sind, um ein Genie zittern zu machen: großmüthig
würde es sie verachten, und sehr gern eine Ausnahme
machen, wenn seine Ausnahme nur Meisterstück ist.
Wenn da, wo der Weltweise nur von fern furchtsam
lauschen muß, der Dichter, als Bote der Götter, als
Vertrauter der Geheimnisse des Geistes, mit kühnem
Schritt fortginge, um in das Heilige zu dringen: was
würde er sehen? Von keinem Auge gesehene Dinge!
Was würde er hören? Heilige und geweihte Worte,
die niemand gehöret! Und was sprechen? Geflügelte
Sprüche, die keine Zunge vor ihm wagte. — Ich
will mich erklären. Wenn die Erfahrungen, die
man über und in der menschlichen Seele angestellet,
zu poetischen Körpern umgeschaffen würden:
wenn die Muthmaßungen des Weltweisen vom
Dichter, nach der ihm verliehenen Freiheit, sinnliche
Gewißheit bekämen; wenn die Hypothesen zu
dichterischen Fiktionen sich umbildeten: wenn jede
große psychologische Wahrheit sinnliches Leben er-
hielte: kurz, wenn die ganze Welt der menschlichen Seele ins Licht des poetischen Glanzes trä-
te, dessen sie fähig ist: — welch ein Gedicht! —

Wenn der Dichter die ganze Ausdehnung der menschlichen Seele, ihre Höhen und Tiefen, mit seiner mächtigen Hand umspannte: wenn er zu der Größe, deren eine menschliche Seele fähig ist, sich erheben, die Stärke des Geistes umfassen, und die Güte des Herzens, wie einen pierischen Quell, kosten könnte, da seine Ideen so hoch, seine Wahrheiten so stark, und seine Empfindungen so bezaubernd wären, als der größte Geist, die stärkste Seele, das beste Herz: — und er hiezu alle Macht der Dichtkunst aufböte — wie lebhaft hat nicht schon Abbt gedacht, der doch blos beobachten, nicht schildern; der insonderheit lehren, nicht rühren wollte, der vorzüglich die Geschichte zu seiner Gehülfinn machte, da dem Dichter alles zu Befehl steht.

Der Dichter würde da anfangen, wo der Philosoph aufhöret: er würde von seiner göttlichen Höhe den ganzen dunkeln Grund der Seele überschauen, aus diesem Chaos alle die Ideen aufrufen, die in ihm schlummern, aus diesem Ocean alle die Gedankenschätze heben, die der Zoll der ganzen Schöpfung sind, und in ihm versenkt liegen: auf diesem ungeheuren Felde alle Leichname mit Lebensgeist beseelen, so wie dort Riesen aus der Saat des Jasons entstanden. Wenn er alle Fähigkeiten des menschlichen Geistes: die Schöpfungskraft seiner Einbildung, die Zauberquelle zu Erdichtungen, die insonderheit in den jugendlichen Zeiten der

Welt so reich gewesen, die Hypothesen von der Göttlichkeit der Seele im Schlaf und Träumen, den Enthusiasmus der Leidenschaften und der Raserei, die Stärke, die sie anwenden muß, um Abstraktionen gegen die ganze sinnliche Welt, die auf sie stürmet, zu vertheidigen, ihre Feinheit in Zergliederung, und ihre Schnelligkeit in Zusammensetzung der Begriffe; ihr Nervengebäude, in Absicht des vergnügenden und moralischen Gefühls; die Macht ihrer Triebe, und alle Wirkungen ihrer Leidenschaften: die Freiheit ihrer Bestimmung, die sich über Schmerz und Plage und Tod erhebt — wenn er alle diese Seiten uns gegenwärtig machte, und alles, was er in der Seele siehet, selbst fühlte, und selbst in uns zu wirken wüßte; so wäre dies ein Gedicht, was alle Saiten des menschlichen Herzens treffen müßte; da Epopee und Drama nur immer eine oder wenige anrühren kann. Unsere ganze Seele würde ihm entgegen arbeiten, wenn wir theils seine ganze Seele in Aufruhr sehen, theils sein Objekt, eben auch die menschliche Seele, in aller ihrer Wirksamkeit erblickten. Wenn er sie uns, eingehüllt in die Strahlen Apolls, in dem Schmuck der Dichtkunst, von Musen umgeben und von Grazien begleitet, als eine Braut des Himmels, eine zweite Eva, unsere Hälfte, entgegen führte: wie Adam würden wir auf sie zueilen, und ihrer Umarmung entgegen jauchzen: das ist Fleisch von meinem Fleisch! Das ganze sympathetische Saitengewebe unserer Empfindungen würde in diesem Zuruf nachschallen; denn nie rührt uns das, wo wir nicht unser Bild erblicken: dies wäre der höchste und kühnste Weg über die unbetretnen Höhen der Vernunft in das Gebiet der Leidenschaften: es wäre vielleicht die größte Höhe des poetischen Genies in unserer Stufe der Cultur: und die originalste Ausgabe der menschlichen Seele. — Wie würde ich mich freuen, wenn etwa ein Genie, indem es dieses läse, erwachte, sich fühlte, seine Schwingen wiegte, um von ihnen den Staub der Systeme abzuschütteln, und alsdann seinen Flug zur Sonne nähme. Eine neue Sonnenbahn würde sich alsdann eröffnen; Zaunkönige auf seine Flügel setzen, um ihn ruckweise zu überholen; keichend der Neid ihm nachstreben und zurückfallen: wir aber würden, mit einem Fernglase in der Hand, ihm nachschauen, und ihn bewundern. — Sollte jemand so unglücklich seyn, zu denken, daß das Probstück, die Psychologie in Reime zu bringen, ihn so hoch bringe: der würde alsdann die Fledermaus vorstellen, die von Nachtphilosophen, und von den schönen Geistern des Tageslichts, den Sperlingen gleich, verfolgt wird.

Wie weit hat es Akenside gebracht, da er blos eine Seite der menschlichen Seele, die Vergnügen der Einbildungskraft, besang: mit welcher Stärke besingt Young blos einige Widersprüche des menschlichen Herzens; wie rührt

Shakespear in seinen Monologen, wenn blos eine
Leidenschaft kämpft: wie gefällt ein einziges Klop=
stockisches Gleichniß aus der menschlichen Em=
pfindung gehoben! — wenn nun alle Seiten, und
alle Widersprüche, und alle Leidenschaften, und alle
Empfindungen aufwachten, die zusammen seyn, und
auf einander folgen können — welch ein schöner
Aufruhr! —

3.

Von Nachahmung der Lateinischen Elegien.*

Es ist eine eigne Sache mit den Elegien. Man
kann nicht immer ohne Unverschämtheit fodern, daß
das Publikum sich soll Klagen vorwinseln lassen. —
Und wenn es vollends Klagen eines Verliebten sind!
— Mir hat es immer geschienen, daß die Aufmerk=
samkeit, die sich die alten Dichter durch ihre verlieb=
ten Elegien erworben haben, mehr durch unsre
Neugier, als durch derselben innere Kraft hervor=
gebracht worden. Man ist gleichsam nach den Anek=
doten eines solchen Mannes begierig, und will von
seinen besondern Angelegenheiten Nachricht haben.
Man betrachtet seine Elegien als einen kleinen Ro=

---

* Diese ganze Abhandlung, ein schätzbares Fragment zu einer
  Poetik, die noch zu den unbekannten Ländern gehört, ist
  aus den Literaturbriefen Th. 12 p. 69. — 83. Blos die kleinen
  Anmerkungen gehören mir.

allein, darin die Geliebte erst spröde, dann erweicht, dann eifersüchtig und ungetreu wird; und der Unterschied zwischen diesem Roman und den andern Romanen ist der, daß in den letztern die Ursache dieser Erfolge weitläuftig, in der verliebten Elegie aber nur die Wirkungen, die sie auf das Gemüth des verliebten Dichters hervorgebracht haben, erzählet werden. Die Kunst des Dichters besteht nun darinn, daß er diese Wirkungen rührend und angenehm beschreibe. Und hieraus läßt sich zugleich erklären, warum dem geliebten Gegenstande eine Elegie am besten gefalle. Es ist nehmlich schmeichelhaft für ihn, Wirkungen beschrieben zu sehen, davon er ganz allein die Ursache ist. Andere Leser, deren Eigenliebe nicht so gut ins Spiel gebracht wird, werden vielleicht gar darüber aufgebracht, wenigstens des Lesens überdrüßig, weil der Verstand bei der Erforschung der Ursache und ihrer Verbindung mit den Wirkungen gar nichts zu schaffen hat. *

Die meisten Dichter scheinen den Begrif der Ele-

***

* Alles dieses dachte ich auch bei der Mad. Klopstock hinterlassenen Schriften; und demohngeachtet träumte ich sie so angenehm durch, weil überall das Gewand des Außerordentlichen und Empfindungsvollen mich aufmerksam machte: ich las sie, nicht wie ein Jüngling an der Brautkammer der Verliebten lauscht, sondern wie ein Fremder, der als Freund in das Haus eines Ehepaares geführt wird, das er aus Hochachtung zu sehen wünschte. Wie verschieden ist das Denkmal, das ein Klopstock und ein Gottsched seiner Gattin aufrichtet.

gie allzusehr eingeschränkt zu haben*. Man könnte
sie überhaupt erklären, als die sinnlich vollkommene Beschreibung unsrer vermischten
Empfindungen. Was sie mit andern Gedichten
gemein hat, ist das sinnlich vollkommene; der Gegenstand nur, den sie bearbeitet, unterscheidet sie von
den übrigen Arten. Ich habe dazu die vermischten
Empfindungen** angegeben; und glaube, soviel
ich jetzt sehe, Recht zu haben. Die reinen, oder
richtiger, die merklich reinen Empfindungen der Lust,
gehören, so wie ihr Gegentheil, wenn sie die Seele
nicht ganz übermannet, und ihr zum Ausdruck gleichsam den Athem benommen haben, für die Ode. Alle
Arten der Empfindungen und Handlungen, die in
einem Gesellschaftlichen, das weder Zwang noch Verbrechen kennet, entstehen, gehören für das Schäfergedicht; wenn die elegischen Dichter sich hieran erinnert hätten; so würden sie einem der gewöhnlichsten
Vorwürfe, daß sie nehmlich unnatürlich werden, entgangen seyn. Allerdings ist es widersinnisch, bei
einem großen Schmerzen sich geschwätzig zu zeigen.
Wenn dieser die Seele auf einmal an allen Orten
angreift, wenn ihre Kräfte durch den plötzlichen An-
stoß niedergerissen werden, und der Schmerz sie also

---

* So wie man auch den Begrif der Ode, wie ich glaube,
immer zu sehr einschränkt.

** Von denen man in der Rhapsodie des Verfassers der Phil,
Schr. Th. 2, scharfsinnige Gedanken findet.

gleich den Fluthen des Meeres überschwemmet: so sind alle ihre schönen Auswüchse von angenehmen Bildern, alle Früchte nützlicher Ueberlegungen auf einmal verdecket *. Man erblickt nichts, als eine traurige Fläche, und hört nichts als das wilde Rauschen der Wehmuth. Es gibt Seelen, welche besser verwahrt, und gleichsam mit frischen Dämmen umgeben sind; an diese prallen die Wellen an und zerschellen. Diese Seelen brechen bei einem großen Schmerz nicht in Klagen, sondern in Rechtfertigungen, in Vorwürfe, in Drohungen, in unerwartete Entschlüsse aus. Ein solcher Schmerz zeigt sich im Trauerspiele; er kann aber auch in der Ode vorgestellt werden. Von der Empfindung der Lust lassen sich eben die Anmerkungen machen. Dem elegischen Dichter bleiben also nur Empfindungen übrig, die durch die gegenseitigen

---

* Hieraus, glaube ich, geht man der Frage entgegen, die unter einigen neuen Kunstrichtern, bald verneint, bald bejahet ist: Ob die Ode wahre Empfindung oder Nachahmung sey? Spielt man nicht mit der ganzen Frage, so muß man theilen, und fragen: ist die Ode ein wirklicher Ausbruch von Leidenschaft und Empfindung? Unmöglich, wenn ich eine Ode nach der gewöhnlichen Bedeutung verstehe, so ist sie schon immer künstliche Sprache. Kann die Ode ein poetischer Ausdruck einer wahren Empfindung seyn? Ja, und billig sollte sie es durchaus seyn. Kann der poetische Ausdruck einer wahren Empfindung Nachahmung heißen? Meinetwegen! nur den poetischen Ausdruck betrift das Nachahmende allein: die Empfindung bleibt die wahre, nur sie ist schon so gelindert, daß die Einbildungskraft gleichsam ihren natürlichen Ausdruck in einen Ausdruck der Kunst überträgt.

schon gemildert sind: Empfindungen, die in der Seele
nach und nach entstehen, nicht im Sturme der heftigen Leidenschaft; sondern wenn sie dieselben erhält,
so ists bei ihr öfters nur

> — ein Frühlingstag,
> der durch ein Wölkchen lacht.

Es versteht sich, daß es dabei auch auf die Verschiedenheit der Seelen selbst ankomme.

Die vermischten Empfindungen können entweder * aus der Betrachtung des menschlichen
Zustandes überhaupt, oder dieser und jener
Gesellschaft eines besondern Standes, einer
einzelnen Person entstehen, und bei der letztern
werden die verschiedenen Zustände in Erwä-
gung gezogen, die dergleichen Empfindungen nothwendig hervorbringen müssen. Der Satyrenschreiber
betrachtet auch den Zustand der Menschen überhaupt, bricht zuweilen in eine bittere Klage aus:
aber diese Klage entwischt ihm nur aus Ungeduld,
wenn er die Ungereimtheiten so gehäuft sieht, daß
fast alle Hülfsmittel dagegen mangeln. Der elegische
Dichter hingegen überläßt sich mehr einer mitleidigen
und jammernden Empfindung. Das Elend, das er
vor sich sieht, rührt ihn bis zur Klage, ohne daß

---

* Von hier fängt, wie ich glaube, die wahre Abhandlung an,
da das Vorige, wie fern sich Elegie von den andern Gedicht-
arten psychologisch und aus der Natur der Seele unterscheidet, sich nicht eben über alle Einwendungen erheben
möchte.

er es untersucht, wo die Ursachen dazu liegen, und
da die Gegenstände nicht nahe genug sind, um sein
Mitleiden in eine ganz unangenehme Empfindung
zu erhöhen: so genießt er des Vergnügens, das ihm
die Mäßigung desselben darreicht. *   —

                                                    Wenn

* Daß Elegien über den Zustand der Menschen überhaupt,
möglich sind — wer wird das läugnen, der es zugibt, daß
es leider! zu viel Uebel gibt, welche die Menschheit drücken
und Klagen erpressen können — Aber, daß diese Klagen nicht
so oft in Elegien zerfließen, daß eine so allgemeine und philosophische Elegie so ungebraucht ist — woher mag dies kommen? Wenn ich recht rathe, so bestimme ich zugleich diese
Art der Elegien besser, oder vielmehr, ich schränke sie ein!
Zuerst: Betrachtungen über das Elend des ganzen menschlichen
Zustandes gränzen zu sehr in das Gebiet des philosophischen Gedichts, um blos Elegie zu werden. Das Elend
des ganzen menschlichen Geschlechts liegt blos im Einzeln
vor uns: klagen wir über diese einzelnen Fußstapfen: so
ist's nicht mehr die Elegie über das allgemeine Elend, die der
Verfasser vorzeichnet. Soll diese letztere würklich werden, so
ist's beinahe unmöglich, " zu klagen, ohne daß man untersucht,
wo die Ursachen dazu liegen." Der allgemeine Gegenstand kann nicht anders in unsrer Seele lebendig werden, als
durch ein abgezogenes Bild. Dieses kann sich uns nicht
ganz darstellen, ohne daß die Ursachen gleichsam die einzelnen Züge vereinigen — und so wird ein philosophisches
Gedicht daraus, das zwar in einzelnen Tönen elegisch
wird, (wie in vielen Stücken unsrer philosophischen Dichter,)
aber nicht den Hauptton der Elegie annehmen kann, weil
dieser dem Gegenstande nach fremde ist. Und er ist's
auch zweitens nach der Würkung, die der Gegenstand
auf uns macht. Ich setze zum Voraus, daß er unsern Empfindungen nahe genug liege, denn sonst kann die Poesie
bildervoll und tiefsinnig, aber ganz und gar nicht elegisch werden.

                                                    Ich

Wenn die Schickſale einer beſondern Geſellſchaft dergleichen Empfindungen erregen ſollen; ſo
müſſen wir eine beſondere Neigung für dieſelbe ha-

Ich nehme an, daß er in dem Geſichtspunkte betrachtet
werde; daß er uns intereſſirt, daß er auf unſer Herz
würkt: — was wird geſchehen? Voll Gefühl über die Un-
vollkommenheiten der Menſchheit wird der Dichter in Klagen
ausbrechen, die eher ein tragiſches Selbſtgeſpräch, als Elegie
werden: ſo ſind die rührenden Selbſtgeſpräche Hamlets,
die nicht eigentlich voll Leidenſchaft, ſondern als Aus-
brüche einer düſtern Laune zu betrachten ſind. Ich
müßte die ganze dritte Scene: Oh that this too too ſolid
fleſh would melt u. ſ. w. die das Selbſtgeſpräch, da ihm der
Geiſt erſchienen, und welches mit dem Denkwort: remember
thee, ſo launiſch ſpielt: der rührende Kampf mit ſich, ob er
ſeyn oder nicht ſeyn ſoll, und das darauf folgende Geſpräch
mit der Ophelia, ſeine Unzufriedenheit mit ſich, bei Gelegenheit des Fortimbras, ſeine vertrauten Unterredungen mit
Horatio, ſeine Betrachtungen über die Hirnſchädel am
Grabe, kurz, ſeine miſanthropiſchen Geſinnungen, die er le-
bend und ſterbend äußert, herſetzen: ſie ſind über den Zu-
ſtand der Menſchheit; ſie ſind nicht Satyre, wenn ich
das Geſpräch mit der Ophelia ausnehme: ſie ſind nicht
ſchlagende Donner der Ode: ſondern von fern her dumpf
murmelnde Gewitterwolken — aber doch nicht Elegien. Denn
ſolche Klagen über das Allgemeine müſſen doch durch
einzelne Vorfälle veranlaßt werden, und da erheben ſie
ſich immer eher zu einem Tone, der unzufrieden mit
ſich, oder der Welt, jetzt mit ſeinem Selbſt, und jetzt
mit dem Schickſal hadert. Oder wem das Verderben,
und die Sünde als Mutter des Elends erſcheint,
(denn wer kann die eine ſehen, ohne Widerwillen an die
andere zu denken): ſo wirft ſich der klagende Dichter, der jetzt
die Geißel des Satyrs verachtet, auf dieſe Furie mit dem
Grimme der ſchäumenden Pythiſſe. Er ſieht die Erde rings
um ſich, als ein weites Grabmal, entweiht, von Verbrechen

ben: sie betreffen alsdann entweder unser Vaterland, oder unsere Geburtsstadt, oder das Land unserer Vorfahren, oder sonst ein Volk, für welches wir

rauchend, von Brüderblut und Frevel bedeckt, von einer giftigen schwarzen Atmosphäre umflossen, ein großer Garten voll Unkraut, und giftiger vielklauichten Plagethiere, die unter demselben kriechen, eine Einöde, wo die Sonne, wie Apoll unter den Griechen, mit jedem feurigen Strahle einen Pfeil des Verderbens sendet, wo das Geschrei der Laster die hinüberziehenden Donnerwolken herunterzieht, daß sie treffen — Bei diesem Elende wirft der Dichter seine thränende sanftwimmernde Leyer weg, sein Helikon wird ein Ebal des Fluchs: seine Klagen werden so schwere Lieder, wie die Lasten der prophetischen Weißagungen im alten Testament, wie die Klagen Youngs an verschiednen Orten, wie die Strafoden, z. E. das Ende der dritten Horazischen: audax omnia perpeti u. s. w. — Kurz! die Aussicht über das allgemeine Elend ist entweder zu kalt, um Elegien zu weinen; oder sie wird von einzelnem Elende erzeugt und unterhalten, und der Schmerz muß wahrhaftig mehr als elegisch seyn, der von mir Klagen über das allgemeine Elend erpreßt, der es mich als Unglück fühlen läßt, daß ich ein Mensch und der Mitbürger in einem Thale voll Thränen bin. Daher ist diese Elegie selten; aber nicht unmöglich, wenn ich einen mittlern Standpunkt annehme, wo mich nicht mein Unglück über den allgemeinen Jammer klagen lehrt; noch auch meine Betrachtung stoische Aussicht ist, und dieser Standpunkt ist — das Unglück Anderer. So kann bei der Wiege eines Neugebohrnen, und an dem Sarge eines Junggestorbnen eine Elegie angestimmt werden, wie ohngefähr das Geburtslied und Grablied unsers Kleist's ist: so kann vor dem Anblicke eines Hospitals voll Armer und Abgelebter, eines Schlachtfeldes voller Leichen und Sterbenden, eines Lazarethes voller Kranken ꝛc. eine Elegie Thränen weinen, die die Ehre der Menschlichkeit sind.

besonders eingenommen sind. Wenn also ein Krieg
das Vaterland verwüstet, die Wuth der Feinde eine
Vaterstadt in die Asche legt; Länder, wo die Musen
sonst gewohnt haben, durch Barbarei entheiligt sind:
so können dergleichen Empfindungen entstehen; nur
muß die Zeit den Bildern ihre allzugroße Lebhaftigkeit geraubt haben: die schwarzen Formen müssen nicht
mehr so gedrängt stehen, daß die Erinnerung nicht
zugleich einige angenehme dazwischen stellen könnte.
Eine Mutter, die ihr einziges Kind verloren hat,
sieht in den ersten Tagen nichts vor sich, als den
erblaßten Leichnam, nichts als eine Zukunft ohne
Trost, ein Alter ohne Stütze, Hoffnungen, die vergangen sind, Feinde, die sich freuen, und ist betäubt,
ohne Sprache, ohne Thränen: — so bald sie sich
erst wieder erinnert, wie viel Witz ihr Kind schon
gezeigt habe, was für lebhafte Antworten es gegeben,
wie artig es sich schon in Gesellschaften bezeiget: so
löset sich der Schmerz in Thränen auf: die Empfindung wird vermischt und zur Elegie weich genug. *

* Von der Elegie über die Schicksale einer besondern
  Gesellschaft gelten beinahe die vorigen Einschränkungen,
  damit sie weder prachtvolle aber empfindungslose Malereien,
  noch Ausrüfe eines patriotischen Enthusiasmus werden. Von
  dem ersten sieht man bei jedem öffentlichen Unglück einer
  Stadt und eines Landes leider! nur zu oft Spuren: so daß,
  wenn alle Götter ihren Zorn wider Stadt und Land ausge-
  leeret, man es für die letzte Zornschale anzusehen hat, wenn
  nachher Apoll elende Dichter erweckt, die unser Schrecken
  und Wehmuth in Ekel zu verwandeln wissen, oder uns durch

Zu dieser Gattung gehört der 137ᵗᵉ Psalm in dem Kirchenliede: "An Wasserflüssen Baby-"lons," den auch der Aufseher nach Sidneys Uebersetzung gegeben hat. Die Klagelieder Jeremiä werden ohne mein Erinnern hieher gerechnet werden.

Die besondern Stände unter den Menschen können auch zu solchen Empfindungen Anlaß geben; besonders denjenigen, welchen eine Art von Ungerechtigkeit von den Gegenseitigen widerfährt. Die Elegie auf dem Gottesacker in einem Dorfe, welche Dodsley in London bekannt gemacht hat,*

ihre Schilderungen, statt eine elegische Thräne abzulocken, einen sanften Schlummer zuträufeln, und den dunkelgrauen Mantel des Schlafs, (wie Sancho Pansa sich ausdrückt) über unser Antlitz leise und tröstlich verbreiten, daß wir die Scenen des Jammers nicht mehr sehen. — Auf der andern Seite stehen die begeisterten Oden über öffentliche Trauerfälle von Patrioten gesungen: sie mögen strafen oder lehren. So hat vielleicht Alcäus gesungen: so singt Horaz zum römischen Volk über das Verderben Roms, in der sechsten Ode des dritten Buchs, die uns Hagedorn übersetzt, und insonderheit in der prächtigen siebenten und sechzehenten Epode: so sind Uz Oden an Deutschland, die dritte, neunte und vierzehente in der neuen Ausgabe der Klotzischen Gedichte, und wie mich dünkt, ganze Bücher von den Gedichten mittlerer Lateinischer Dichter. Die Elegie steht mitten inne, und die Klaglieder Jeremiä und andere Stücke der Propheten sind in dieser Gattung die besten Beispiele, die ich kenne.

* Ich glaube, sie in einem Theile der Erweiterungen übersetzt gelesen zu haben; allein wie weit stärkern Eindruck empfand ich, da ich sie in den Dodsleyischen Sammlungen

ist hierin ein Meisterstück. Dieses Dichters Empfindungen entstehen aus der Betrachtung, daß mancher brauchbare Mann, manches Genie, das auf einem höhern Posten einen lichten Glanz, erquickende Wärme rings um sich würde verbreitet haben, auf diesem Gottesacker unbekannt und unerwähnt liege. Weil ich jetzt dies Muster in Gedanken habe; so will ich sogleich ein paar Anmerkungen, die ich dabei machen kann, hier mitnehmen.

Zeit, Ort und Umstände sind dem elegischen Dichter nicht ganz einerlei. Die Stunden, darin der einsame Vogel der Nacht aus seinem philosophischen Schlummer sich erhebt, und durch das mitternächtliche Echo seinen Flug ankündigen läßt, sind für ihn am bequemsten. Nicht allemal muß es eben ein Gottesacker auf dem Lande* seyn, ob ich gleich gestehe,

an der Seite eines Freundes las, der mit mir die stille Stärke im Ausdrucke des Originals empfand! Vielleicht werden viele mit mir wünschen, daß ein Ebert oder Meinhard aus diesen Sammlungen einige der vortreflichsten Gedichte uns mittheilte, unter denen mir jetzt vorzüglich einige schöne Stücke von Dyer im Andenken schweben, mit denen uns die Briefe zur Bildung des Geschmacks nicht bekannt gemacht haben.

* Mir fällt hiebei einer der besten Gellertschen Briefe ein, der seine Gedanken auf einem Landkirchhofe erzählet. — Ich glaube, daß eben so Zeit, Ort und Umstände dem Leser der Elegien nicht ganz einerlei sind. Nie habe ich Youngs Klagen und Creuzens Gräber mit so gleichgestimmtem Ton der Seele gelesen, als in einigen Sommernächten, unter einem bestirnten Himmel, in der schweigenden Laube

daß zu der von dem Engelländer ausgeführten Materie nicht leicht ein glücklicherer Ort hätte erwählet werden können. Aber Einsamkeit muß immer herrschen; die Lage selbst muß solche vermischte Empfindungen erwecken können. Daher sind einsame Zellen und Creuzgänge, wo Eloise ihre Briefe geschrieben: Ufer, wo ein Strom traurig dahinrauscht: (wo der Israelitische Dichter seine Elegie verfertiget,) Wälder*, Felsen, wo die Aussicht und Stille in der Seele die Vorstellung der Gefahr und das Bewußtseyn der Sicherheit wechselsweise hervorbringen,

eines Gärtchen, das an einen Kirchhof stieß, wo alte heilige Linden, vom Hauche der Nacht beseelt, Schauder in die Seele rauschten, und aus den etwas entferntern Trümmern eines sinkenden ritterlichen Schlosses, und aus ihren Wohnungen im alten gothischen Kirchthume die philosophische Eule ihre hohlen Accente manchmal darunter stieß — Alsdann findet man sich in einer Lage, da die Stürme von Gedanken herabbrausen und ruhen, und die Seele wird stille, wie eine stille See in der Sommernacht, und hört gleichsam die Stimmen aus den Gräbern der Todten, und präget sie in ihr Innerstes.

* Wem fällt hier nicht jener Hallersche Eingang zu seinem Gedichte über die Ewigkeit ein, wo er uns in dunkle Wälder, an rauschende Flüsse, in ein einsames Gehölz, in hohle Felsen führt, plötzlich den Schatten seines Freundes vor unsern verwirrten Blick stellet, seine letzten Worte und das unbekannte Gebiet der Ewigkeit in unsre Seele leitet — und jetzt in dieser ehrwürdigen Fassung unsern Geist erwischt. Dies ist das Kunststück, das der Genfische Bürger vorzüglich gebraucht, um seine Lehren einzudrücken, und der gute Savoyische Vikar würde seinen Schüler oft Jähnen gemacht haben, wenn nicht ihre Situation so lebhaft vorbereitete.

meistens dazu erwählt worden. Ein einsames Zimmer* kann aber auch dazu dienen; besonders wenn noch äußere Dinge dazu kommen, von denen die Seele etwas leidet. Ein trüber Himmel, ein aufsteigendes Gewitter, rauschende Winde**, zitternde Fenster, eine Leiche, die vorübergetragen wird, das Geläute der Sterbeglocken, eine Trauermusik***. — Ja,

* Nur nicht die einsame Stube eines Poeten, drei Treppen hoch, unter dem offnen Dach, bei zerschlagnen Fensterscheiben, wo Schnee und Kälte durchzeucht, weil hier so viel satyrische Nebenzüge sich aus den Dichtern und witzigen Köpfen mit in unsre Seele stehlen. — Indessen hat der Verfasser des Drama: das Gemählde der Dürftigkeit sich einiger dieser Züge glücklich zu bedienen gewußt.

** Das Klopstockische Stück im nordischen Aufseher (Th. 2. St. 94.), das seine Empfindungen aus einigen rührenden Naturscenen nimmt, drängt sich immer an ein gefühlvolles Herz, das auf diese Nüancen Acht hat und etwas anders sucht, als Malereien oder Non-sens von geistlichen Empfindungen.

*** Die brittischen Trauerspiele haben sich solcher äußern Mittel der Rührung sehr bedienet, wie einem jeden das Grab und der Leichenzug im Hamlet, die Todtenglocke und Ausführung zum Gericht im Kaufmann von London, und dergleichen beifallen. In den Trauerspielen des Rowe soll dieses Aeußere den Mangel des Innern rührenden ersetzen. — In vielen Gegenden wird der Sterbenstag des Erlösers durch solche Zeichen ehrwürdig gemacht, und vielleicht ists solchen frühen Eindrücken zuzuschreiben, daß ich in einer Stadt unter dem gemeinen Manne die herrschende Meinung gefunden, daß von den Zeiten ihrer Väter und Urväter her, dieser Tag traure, der Himmel meistens voll dunkler Wolken sey, und in den Sterbestunden gegen Abend eine Stille zu herrschen pflege, die diesem Tage den Namen: stiller Freitag gegeben. —

wenn von dergleichen Umständen mehrere auf einmal zusammenkommen: so kann die Seele auch in der größesten Versammlung in diesen Zustand der vermischten Empfindungen gesetzt werden. Man muß sich aber hüten, alle diese äußeren Sachen so schwarz zu machen, daß dadurch eher Schrecken, als süße Melancholei, in der Seele entstehen würde. So würde es widersinnig seyn, wenn jemand an einem Ort, wo er sich wirklich vor Gespenstern fürchtet, eine Elegie machen wollte. Die Schildwache im Hamlet war gewiß nicht dazu aufgelegt. Die Seele wird alsdann von einer ganz unangenehmen Empfindung, dem Schrecken, bemeistert.

Alle diese Regeln leiden einige Abänderungen,* wenn die vermischten Empfindungen aus der Betrachtung unsres eignen Zustandes** entste-

---

* Warum leiden sie Abänderungen? weil der Verfasser in der Parenthese von Zeit, Ort und Umständen sich von dem Elegischklagenden auf das Schreckhafttrübrende zu weit eingelassen. So sehr die Empfindungen von Mitleiden, Schrecken, Zorn, Furcht u. s. w. in einander zusammen fliessen: so muß doch in der Elegie das sanfte Gefühl, nicht aber Schauder der herrschende Ton seyn. Indessen als Vorbereitung und Nebensache betrachtet, hilft eins dem andern, und ich bin dem Verfasser auf seinem Spaziergange unbekümmert nachgeschlichen.

** Dies ist die Residenz der Elegie und alles vorige wird blos dadurch das Gebiet der Elegie, so fern es sich unserm Selbst nähert, so fern wir Antheil daran nehmen. Fehlt diese Beziehung auf uns selbst: so kann die Elegie ein schönes Exercitium stili werden; aber nie ein Meisterstück. Und hat

hen. Natürliches oder von der Einbildung geschaffenes Unglück kann alsdann in der Elegie angetroffen werden. Mitleiden mit uns selbst oder mit einem

man nicht Elegien genug, die offenbar in fremden Namen sind? — Du darfst nicht rathen, mein Leser! siehe die Heldenbriefe an, die Ovid in Gang gebracht: ein Dichter, der in mehr als einer Absicht mit der Poesie gespielt hat. Betrachte diese Heroiden als rührende Situationen: so sind sie eine dramatische Uebung, die für junge Dichter nützlich seyn können; aber höher stelle sie nicht, als unter Uebungen, denn sie borgen fremde Situationen und leyern im Ganzen ungefühlte Empfindungen, und zeichnen ungesehene Charaktere. Sie rauben also der Dichtkunst alle ihre Würde, eine Dollmetscherinn unsrer selbst zu seyn, wie sie es bei den Alten war, und verpachten unsre Talente in fremde Zeiten, Umstände und Personen. Dadurch gewöhnet man sich an jene erkünstelte Sprache der Leidenschaften, die mit Worten spielt, mit erdichteten Sentiments um sich wirft, und sich übt, von beiden Seiten Linsen durch ein Nadelöhr zu werfen. Wird aber so gar dieser Geschmack an Heroiden der herrschende Geschmack einer Nation und einer Zeit: so verfällt man auf unwichtige Situationen, auf spielenden Witz, und zeichnet aus fernen Zeiten nach dem Geschmack seiner Nation Charaktere, die von Herzen schief, und nach aller Kunst albern sind. Sollte man dies nicht von der jetzt in Frankreich herrschenden Mode sagen, wo man schon den Adam an die Eva, und Kain an Mehala, und Philomele an Procris und Procris an Philomele u. s. w. hat, und nächstens die Sonne an den Mond, und den lieben Mond an die liebe Sonne wird schreiben lassen. Daß viele unter ihnen nicht schöne Stellen haben, wer wollte das läugnen, der z. E. Dorats Poesie kennet; aber daß alle seine Nachahmer schön, daß dieses Feld einer Hauptbeschäftigung würdig sey, daß das Gedichte dieser Art vorzüglich nutzbar sey, wer wollte das behaupten!

andern kann darin herrschen. Es würde überflüßig seyn, alle verschiedne Fälle aus einander zu setzen. Die verliebten Klagen* gehören zu dieser Gattung, und fast scheint es, daß außer diesen und den Todesfällen die Meisten keinen andern Gegenstand der Elegie kennen**. Ich will nur noch dieses anmerken.

* Woher sind diese so allgemein für den einzigen Gegenstand der Elegie gehalten? Rathe ich recht, so möchten drei Ursachen seyn. Zuerst die lieben Alten, z. E. Ovid, Tibull und Properz haben sich meistens in diese Gattung eingeschränkt, und ihr Beispiel hat meistens Regel abgeben müssen. — Ferner die verliebte Empfindung ist der Elegie am paßlichsten: das stille Feuer in ihr, das selten stürmende Leidenschaft wird, aber desto mehr durch die Glieder schleicht: wie die Sappho in ihrem zweiten πομα aus Erfahrung singet, und Kleist seine Phillis am Damon singen läßt; diese stille Glut erhält sich am besten in dem Maasse, das die Elegie fodert. Drittens ist auch kein Misvergnügen uns so angenehm, als die verliebte Traurigkeit. Wenn ein andrer Schmerz bis zum Verdruß, ein andrer Verlust bis zur Verzweiflung, ein andrer Zorn bis zur Feindschaft, ein andres Schrecken bis zum Entsetzlichen, ein andrer Unwille bis zum Ekel übergeht: so unterhält uns der verliebte Schmerz noch mit Annehmlichkeit: der verliebte Verlust macht uns nicht untröstlich: der verliebte Zorn ist ein kleines Wölkchen in der Morgenröthe, der verliebte Schrecken läßt uns die Zunge zu sprechen, und die Hand zu schreiben frei: der verliebte Unwille wird erneuerte Liebe. Daher fließt diese bittersüße Empfindung in jene hinkende Verse aus, die halb sich, halb den andern rechtfertigt, hasset, liebet und ergötzet.

** Hier kommen die Elegien über Thiere, oder leblose Sachen, die uns lieb gewesen, zu stehen: Catulls Liedchen auf den Tod seines Sperlings, und Gleims sterbende Nachtigall, der Mad. Karschinn Klagen über einen

Auch ohne das Zuthun äußerer Zufälle kann jeder
zuweilen in die Gemüthsverfassung, etwa bei einem
einsamen Spaziergange gesetzt werden, daß er sein
ganzes Leben zusammenrechnet, das Gute und Böse
darin überdenket, und sich denen daraus entstehenden
Empfindungen überläßt. Mit einem Worte, die
Seele muß sich in der Gelassenheit befinden, wo ihr
weder die bittere Thräne des Leides ausgepresset,
noch der tiefe Seufzer der Angst entrissen, noch das
röchelnde Schluchzen der Wehmuth abgezwungen
wird. Wenn ja die Thränen fließen, so mögen sie
so milde fließen, und wenn Seufzer gehöret werden,
so mögen sie uns zum sanften Mitleid stimmen,
und nicht zur Bangigkeit quälen.

Die Gedanken nun selbst müssen der Würde
der Empfindungen angemessen* seyn. Es wird dabei

Canarienvogel u. s. w. Obgleich die Zeit ziemlich vergangen,
da die Helden Homers mit ihren Pferden sprechen, und
diese über den Tod ihrer Herren, „erstarret stehen, wie ein
„Leichenstein über dem Grabe eines verstorbnen Menschen,
„die, da sie die Häupter sinken lassen, und heiße Thränen
„fließen ihnen unter Seufzern über die Wangen zur Erde
„nieder: und die schöne Mähne sinkt aus den Locken herab,
„und wälzt sich im Staube:„ Ich sage, ob diese Zeit, da
sich Thiere und Menschen noch mehr kannten und verstanden
und liebten, ziemlich vorbei ist: so dörfte doch eine Elegie
auf ein treues und geliebtes Thier oft verdienter und herzli-
cher seyn, als manches stattliche Trauergedicht auf einen
Jost: ich nehme an, daß jenes und dieses nicht Satyre ist.

* Oder vielmehr der Weisheit der Empfindungen. Hiezu gehört
daß er sich ganz mit seinem Gegenstande beschäftige,

ein Geist vorausgesetzt, der sich weder durch den Ver=
lust eines schlechten Gutes dahin reißen läßt, noch
auch jedem Verluste frisch widersteht. Folglich wer=
den die erhabnen Gedanken* aus der Elegie weg=
bleiben. Da die Seele ferner in einer Art von
Erschlaffung ist: so ist ein geschärfter Witz, das

doch so, daß ich ihn nicht mit einem feurigen unverwandten
Blicke ansehe, wie in der Ode, sondern mit einem nassen
thränenden Auge, das auf seine verschiedne Seiten irret, und
die genoßnen Zeiten, die Gegenwart und die Zukunft mit
matten suchenden Blicken durchwandert. — Hiezu gehört zwei=
tens, daß er den Gegenstand nie anders als in Bezie=
hung auf sich, betrachtet: dies ist insonderheit das Zeichen
der wahren Empfindung; dies rührt, und ist statt aller beob=
achteten Regeln.

* Wohl kann sich unter die reichen Empfindungen hin und wieder
ein Gedanke mischen, in dem eine starke Empfindung einge=
hüllet liegt. Nichts aber ist der Elegie so entgegen, als der
geschraubte Witz. Eine von Thränen erschlaffte Saite tönt
nicht hell, und macht keine Bockstriller. Da man das Ner=
vengebäude der Empfindung sehr treffend mit einem Saiten=
spiel vergleichen kann: so merke ich hier an, daß wie eine
Saite blos mit einer gleichgestimmten harmonisch tönet: so
fodert das Wimmern der Elegie gleichsam einen Leser von
gleichem Ton der Seele. Weil nun ganz gleiche Bil=
dungen der Seele eben so unmöglich und selten sind, als völlig
gleiche Gestalten des Gesichts: — welche eigne Dreustigkeit ge=
hört dazu, das ganze Publikum für einen Abdruck seiner Seele
anzusehen und jedem Fremden den sympathetischen Zug zuzu=
trauen, ohne den unsre Klagen ihm langweilig, ekelhaft, oder
lächerlich werden können. Wenn man es bedenkt: daß wir
zwar im Denken uns einander so ziemlich ähnlich, aber im Em=
pfinden gewaltig verschieden sind: so muß ich dem Troste jenes
Autors fast recht geben, der zu sich sagte: „ich bin mein ei=
„ner, einziger und beßer Leser!„

Epigrammatiſche, das allzuweithergeſuchte in der Elegie unnatürlich. Hingegen finden Vergleichungen, kleine Geſchichten, Fabeln darin ihren Platz. Denn die Einbildungskraft iſt bei einem ſolchen Zuſtande der Seele faſt allein beſchäftiget*. Sie ſucht alſo alle vergeſellſchaftete Bilder auf, die mit ihrer herrſchenden Empfindung übereinſtimmen, um entweder ſich dadurch zu tröſten oder noch mehr zu betrüben.** Sie bleibt öfters bei einem einzigen Gedanken ſtehen und wiederholt ihn; ja macht unmittelbar die Anwendung auf ſich. Daher kömmt die Wiederholung einerlei Worte am Ende des vorhergehenden, und im Anfange des folgenden Verſes, welche die Elegiendichter öfters ſo glücklich anbringen. ***

* Ich kann hierin die Elegie nicht beſſer als mit einem Traume vergleichen: dieſe Vergleichung ſagt vielleicht viel. Die ganze Bilderreihe, die vor ihrem Auge vorbeiſtreichet, iſt in einem heiligen Schleyer halb verhüllt, der das dunkle Gewand der Traumgeſichte zu ſeyn pflegt: ſie iſt an ſich verbunden, ſo wie die Folgen der nächtlichen Gedanken, nur das Band iſt nicht ſo regelmäßig und ſichtbar, als im Wachen: dazu kömmt, daß in der Elegie, ſo wie im Traume, Einbildungskraft und Gegenwart zuſammengemiſcht wird: und hieher gehört jetzt die vorige Einſchaltung mit, wie viel Nacht, Zeit, Ort und Umſtände in die Elegie ſich eindrängen, nicht blos Gedanken nähren, ſondern auch erzeugen, die ſich alsdann unter die andern hinſtellen, anſchließen, und gleichſam elegiſch werden.

** So wie jede Leidenſchaft ſich der ganzen Welt mittheilen will: ſo ſucht auch die Betrübniß überall Zeugen und Begleiterinnen ihres Schmerzes: ſie will ſich nicht widerſprechen laſſen, und tröſtet ſich, wenn man ihr Recht gibt.

*** So bald dieſe Wiederholungen regelmäßig, und bei

Alle Gedanken, die ins Groteske fallen*, allzu=
häufige O und Ach und Weh! Verwünschungen,
die Abscheu erregen, zu heftige Betheurungen seines
Schmerzens tödten die Elegie. Die erstern erwecken
Gelächter; die andern sind entweder Zeichen einer all=
zuheftigen Traurigkeit, oder eines gänzlichen Man=
gels der Empfindung; die dritten bedeuten mehr
Wuth und Kummer, und die letztern sind entweder
verdächtig oder überflüßig. Die Traurigkeit muß sich
durch die Reihe von Gedanken, auf die der Dichter
verfällt, an den Tag legen. Vor allen Dingen muß
der elegische Dichter die kleinsten Umstände**, die
mit seinem Gegenstande verwandt gewesen, sammlen

diesem Regelmäßig noch dazu schleppend, eintönig und leer
werden; so ermüden sie, wie z. E. die Elegie Daphnis
und Daphne in der Sammlung verm. Schr. — So
verwirft auch die Elegie oft den Perioden, heftet sich auf
ein Wort, das sie wiederholt, und sich recht vors Auge stellet:
hierin ist sonst Klopstock sehr glücklich, nur in dem Trauer=
gesange Davids um Jonathan, den zwei Sänger seinem
Salomo singen, und wie ich glaube, in seiner neuern Ele=
gie: Rothschilds Gräber sind einige Versetzungen zu
gezwungen, einige Wiederholungen zu todt, und manches
O und Ach! ein Asteriscus, der da sagt: hier ist zu gähnen!

* Wenn jener Elegiensänger dem, der nicht mit ihm weint, den
Cypressenstrauch ins Gesicht werfen will: so muß man sich
vor ihm hüten, weil wenn unsre Augen sich thränend schlies=
sen, und unsre Thränen ihm nur nicht kugelrund genug sind,
wir nicht vor einem Wurf sicher seyn möchten.

** Man erinnere sich hier an das Lied unter Langens Ge=
dichten, da alles ein Zeuge vom Verluste wird, und jeder Um=
stand das Bild des Freundes zurückbringt.

und anführen. Dieses zeigt, daß seine Einbildungs=
kraft ganz damit angefüllt sey, und nicht das Ge=
ringste habe verloren gehen lassen.

Der Ausdruck wird so wenig als möglich prächtig
seyn dürfen. Reinlich und auch zierlich — sine squa-
lore, aber auch, auro absque ac gemmis. Je natür=
licher diese Empfindung ist, je weniger sind die
Worte gesucht. Ich will eine kleine Englische Elegie
hersetzen, die ich irgendwo in Musik gesetzt gesehen
habe: es ist die Anrede eines Mädchens an ihren
Geliebten:

> Gentle Youth, o, tell me why
> Tears are starting from my eye;
> When each night from You I part
> Why the sigh, that rends my heart?
> Gentle Youth, o, tell me true,
> Is it then the same with you?

Die Naivetät, welche hier herrscht, hat einen
ganz ungeputzten Ausdruck erwählet; und glücklich!
— Wenn nur das Aeußerste auf beiden Seiten ver=
mischt wäre: so wird die Verschiedenheit der Materie
den Ausdruck an die Hand geben.

Die verliebten Elegien* sind für die wenigsten

---

* Eins der schönsten Klaggedichte in dieser Art ist das Gleimische:
Mich, o Doris, willst du hassen ꝛc. Uebrigens gefällt
es mir, daß der Kunstrichter die Elegie in kein eigensinniges
Sylbenmaaß einkerkert: es kann elegische Oden in vielerlei
Sylbenmaaß, elegische Eklogen u. s. w. geben, nur wenn
einige das förmliche elegische Sylbenmaaß erwählt: so ist der
Pentameter, der freilich zu elegischen Wiederholungen gebildet

Leser. Wenn es ein Dritter schon überdrüßig wird, dem Gespräche zweier Verliebten zuzuhören: was für eine Dreustigkeit gehört nicht dazu, ein ganzes Publikum in die Gesellschaft zu bringen? Ueberhaupt sind die Elegien eben nicht die Gedichte, die man zu allen Zeiten lesen kann. Es wäre zu wünschen, daß die Dichter auch daran dächten.*

———————

4.
Von der Horazischen Satyre.

Noch immer ist an mir die Reihe, die Hand auf den Mund zu legen, und zu schwei= gen. Unserm Rabner habe ich es immer anzusehen geglaubt, daß er aus Swifts Schule der Erste seiner Zöglinge sey: hier ist ein Schriftsteller, der uns in seinen Satyren mit der Urbanität eines Ho= raz unterhält: der Verfasser, der Mores Erudito= rum, Genius seculi, Ridicula etc. geliefert. Ich urtheile nicht: sondern schreibe ab: **

"Es ist eben nichts neues, daß man den Ju= „venal vom Horaz unterscheidet, daß man des
letztern

———————

zu seyn scheint, mir immer im Deutschen noch sehr hart und gezwungen vorgekommen. —

* Wenn einigen meine Anmerkungen langweilig gewesen, so denke man daran, daß ich über die Elegie commentirt. — Elegische Noten, die sich nicht zu aller Zeit lesen lassen.

** Lit. Br. Th. 9. p. 82.

„letztern ridendo verum dicere, seine schalkhafte
„Verziehung des Mundes, seine vielbedeutende
„Miene, von den geißelnden Streichen des erstern,
„von seinem entflammten Gesichte, und von seinem
„zornigen Auge unterscheidet. Aber was macht denn
„diesen Unterschied? — Die alte Komödie brachte
„die Bürger mit ihren Sitten ganz, bis auf ihren
„Namen unverändert, auf die Bühne; dies ist Ju=
„venal, wenn man noch dazu setzt, daß er seine
„Mitbürger nicht blos von der lächerlichen, sondern
„auch von der lasterhaften Seite, und von dieser
„öfter, als von jener zeigt. Sein lebhafter Blitz
„dringt in das Innerste des Heuchlers; er reißt ihm
„die Maske ab, wenn auch sein Gesicht darüber blut=
„rünstig werden sollte, und gibt ihm nur einen an=
„dern Namen; aber niemand läßt sich betriegen. Der
„ist es, ruft man, nach dem Leben! — Zu dieser
„Satyre gehört so viel Anlage nicht! Man darf nur
„aufmerksam seyn, auf das, was um uns vorgehet.
„Wenn sie gut werden soll: so muß ich merken, daß
„der Mann vom Herzen weg redet, und daß er bei
„allem Eifer, den er hatte, doch Beurtheilungskraft
„genug besessen hat, mir unter den verschiedenen
„Originalen nur die wichtigsten, und an diesen nur
„das Merkwürdigste zu schildern.

„Mittelmäßige Köpfe fallen immer zuerst auf das,
„wovon sie bei sich empfinden, daß sie es vielleicht er=
„reichen könnten. Allein, weil es doch eine gefähr=

„liche Sache ist, Narren und Bösewichter kenntlich
„zu schildern: so vermeiden sie diese Gefahr, und
„machen, daß das ganze Stück nichts taugt. Sie
„mahlen uns platte Karaktere, die eckelhaft sind,
„und an denen man weder genaue Zeichnung, noch
„das lebhafte Colorit eines Juvenals findet. Bei-
„spiele davon können uns in unsern unzählbaren Wo-
„chenschriften nicht mangeln. — Unter den Franzo-
„sen ist vielleicht der einzige La Bruyere, der
„den Ausweg eines Genies gefunden hat. Er hat
„seine Zeichnungen übertrieben, um sie nicht kennt-
„lich zu machen. Aber für seine Zeitgenossen waren
„doch die Züge nicht verstellt, und für uns haben seine
„Farben noch nichts von ihrer Lebhaftigkeit verloren.

„Die Horazische Methode hingegen, eine
„Satyre zu schreiben! ich wollte wohl behaupten,
„daß man mit dem Talent dazu müßte gebohren
„seyn. Vielleicht ist dieses ein Grund, warum der
„satyrische Dichter auf dem Parnaß auch seine Stelle
„hat. Denn jene von der ersten Art sind, deucht
„mir, in nichts von dem prosaischen Schriftsteller
„unterschieden. — Dies Talent ist nichts anders, als
„die Naivetät, mit welcher der Dichter an sich
„auf eine lebhafte Art zeigt, was er an andern lä-
„cherlich gefunden hat, und es an seinem eignen sonst
„einfachen Karakter besonders auszeichnet. Oder auch:
„er weiset auf etwas, was lächerlich ist, aber ohne
„daß er es als ein solches zu kennen scheint — und

„eben weil es diesen sonst so simpeln Mann befrem=
„det: so werden die übrigen jetzt aufmerksam, und
„entdecken das Lächerliche. Nicht daß der Dichter gar
„niemals seine satyrische Geißel mit sich führte: auch
„Horaz, wenn er aufgebracht ist, gibt seinem in-
„eptus Fannius etwa einmal einen Hieb, und läßt
„ihn

    Discipulorum inter plorare cathedras.

„Aber es geschieht selten. Der satyrische Dichter ist
„seinem Temperament nach cupidus pacis, und dies
„macht ihn eben zu dieser Naivetät geschickt. Keine
„starke Leidenschaft, welche tobend ist, wohnt in der
„Seele, die einen naiven Gedanken ausdrücken, oder
„eine naive Handlung vornehmen soll. La Fontaine
„und Gellert haben nur dies satyrische Talent,
„und ich vermuthe sogar, daß sie durch dasselbe zu der
„Erzählungsart in ihren Fabeln sind gebracht wor=
„den, die ihnen beliebt hat. Fast allein ihre Aus=
„schweifungen, durch welche sie von der Aesopischen
„Kürze abweichen, und die unsre einfältige Nachah=
„merheerde für bloße Ausschmückungen der Erzäh=
„lung gehalten hat, sind satyrische Züge, die dem
„Dichter entwischen, und eben deswegen so sehr ge=
„fallen, weil er sich so blöde und unerfahren anstellt.
„Ein Mann, der so unschuldig ist, wie könnte der
„mir Schaden thun, wenn er mir auch die Wahrheit
„saget? Er sagt sie in seiner Unschuld. Dies ist der
„Grund der mannichfaltigen Erdichtungen, in welche

„ein gutes Genie seine Satyren einkleidet: Es muß
„sich Situationen erfinden, in welchen es diese Nai-
„vetät am besten zeigen kann. — —

„Die Mores Eruditorum und Genius seculi*
„zeigen auch diese Mannichfaltigkeit in Erfindungen,
„den feinen Spott, der aus der Unschuld des Herzens
„zu kommen scheint; aber auch eine Art von Ein-
„schränkung auf eine gewisse Gattung von Gelehr-
„ten. — Indessen gibt ihnen das Lateinische Kleid
„eine Neuigkeit, in der sie sich uns zum Vergnügen
„darstellen. Was mag wohl die Ursache davon seyn?
„Liegt es an dem Gedrängten der Lateinischen Wen-
„dungen, an den Ausdrücken, die uns durch das Na-
„türliche, und durch einige ihnen anklebende Neben-
„begriffe anreizen; oder entspringt dieses Angenehme
„aus dem Vergnügen, das wir über die glückliche
„Mittheilung der Gedanken unsers Verfassers in der
„Sprache der Römer haben? Ein Schriftsteller,
„der dieses ungezwungen erreicht, läßt uns gleichsam
„einen Zeitgenossen des Tullius hören, der sich
„über unsre Sitten in seiner Sprache ausdrückt.„

*   *   *

Ich unterschreibe im Ganzen das Bild, das man
von Juvenal, Horaz und unserm Kloß mahlt:
ohne aber auch die Naivetät des Horaz durch Fragen
affektiren zu wollen, muß ich doch folgendes frag-

---

* Lit. Br. Th. 10. pag. 197.

weise dazu setzen, weil ich mir selbst nicht antworten
will :

Sollte das Lächerliche der alten Komödie, mit
dem Lächerlichen des Juvenals einerlei seyn? Ich
meine nicht das Belachenswerthe, was beide schildern, denn da versteht es sich von selbst, daß dies
mit den Sitten und Zeiten sich ganz verändert
haben muß : sondern nur das Lächerliche, wie
beide es schildern? Ich will nicht an den Unterschied
denken, den schon die lehrende Satyre, und
ein pöbelhaftes Drama fodert : sondern ich rede
von dem charakteristischen Tone beider, unabhängig
von der äußern Einkleidung, blos an sich gegen
einander gesetzt.

Sollte Juvenal Sitten dergestalt in seine Satyre bringen, daß blos die Namen verändert sind :
so daß nur Aufmerksamkeit auf das menschliche
Leben, ein Eifer, der vom Herzen weg spricht,
und Beurtheilungskraft, das Wichtigste und
Merkwürdigste zu schildern, die Talente zur Juvenalschen Satyre wären?

Wäre Juvenals Charakter, daß er Narren
und Bösewichter kenntlich schildert; und er würde
nicht bei diesem Kenntlichen ein Pasquillant?
Sollte er von den schlechten Charakterschmierern
unserer Wochenblätter blos durch Genauigkeit
und Kolorit unterschieden seyn? Eine Satyre,
die das Kenntliche, das Genaue zu ihrem

Hauptzuge hat, verdient die den Rang, den doch Juvenal mit Recht fodert?

"Die Horazische Methode in der Satyre — mit
"dem Talente muß man gebohren seyn!" Muß denn
das Juvenalsche Talent nicht angebohren seyn? —
Sobald man das kindische Vorurtheil ablegt, die
Einkleidung sey das Vornehmste in der Satyre,
so kömmt Juvenal an Genie zur Satyre immer
über Horaz.

"Juvenal ist ein prosaischer Schriftsteller, und
"Horaz hat seine Stelle auf dem Parnaß, weil
"er mit dem Talente zur Satyre gebohren worden."
Dürfte ich nicht hingegen sagen: Horaz ist in seinen
Satyren ein prosaischer Schriftsteller, weil er vorzüglich als Dichter zur Ode gebohren ist. Juvenal
ist nach seiner Kühnheit, seinem Feuer, seinem Kolorit, und selbst seinem Sylbenmaaße nach, ungleich
mehr Dichter. *

* Denn "keine starke Leidenschaft wohnt in der Seele, die ei-
"nen naiven Gedanken ausdrücken soll," heißt es auf der
folgenden Seite, und Th. 18. pag. 119. heißt es gar: "Horaz
muß den Mißstand, kleine Thorheiten mit dem Schwunge
des Hexameters zu belachen, selbst empfunden haben, weil
er, der es so wohl verstand, einen recht wohlklingenden Hexameter zu machen, ihn gerade in seinen Satyren so nachläs-
sig bearbeitet, daß man glauben sollte, er habe es mit Vor-
satz gethan, um ihn dadurch seinem Inhalt mehr zu nähern,
und ihn mit dem Tone seiner Materie übereinstimmiger zu
machen." — Dieser Ton ist naive Prose, und eben wegen
dieser naiven Prose soll Horaz ein größerer Dichter seyn,
als andere, die feuriger schildern? —

Wäre La Bruyere unter allen Franzosen der einzige, der den Ausweg eines Genies gefunden, in der Zeichnung der Charaktere? Unter allen Franzosen, die in der Zeichnung des Lächerlichen auf so viel Schriftsteller stolz seyn können, von denen jeder eine eigne Art der Zeichnung hat — die vielleicht hierin, und hierin allein, Originale vor den Alten und Neuern sind? — Und hier wäre La Bruyere das einzige Genie? Und das einen Ausweg eben von der Juvenalschen Zeichnungsart gefunden hätte, mit dem er doch gewiß am wenigsten gemein hat? — Der Kopf thut mir bei diesen Fragen weh! Was muß ein Franzose denken, wenn er dies liefet?

Dürfte nicht die Anmerkung über La Fontaine und Gellert wichtig seyn? Wer zweifelt daran, daß ihre Ausschweifungen satyrisch sind? Und folgt hieraus, daß sie in einer Aesopischen Fabel etwas mehr als Ausschmückungen sind, "dafür sie die einfältige Nachahmerheerde gehalten hat?„ Hat denn La Fontaine seine lustige Schwaßhaftigkeit für etwas anders ausgegeben, als für Ausschmückung? Ja blos für eine kleine Schadloshaltung gegen die Kürze des Phädrus?

Und dann? Dürfte Kloß, wenigstens in einigen spätern Schriften und Streitigkeiten, völlig frei vom Zorne des Juvenals, der Horazischen Laune immer getreu bleiben, die ihm freilich eigner läßt.

Ich sage dies nicht, um ihn zu tadeln: denn freilich, zu unsrer Zeit, muß man oft sagen, nicht blos aus Juvenal, sondern auch mit seinem eifernden Tone: difficile est, satyram non scribere! — — Und in den meisten Stücken geben wir der Klozischen Freimüthigkeit unser geheimes und herzliches Plaudite. Ein Mann, wie er, der das Mark der Lateinischen Denkart und Sprache, insonderheit der Horazischen Laune, in sich gesogen, der durch seine Abhandlungen und Gedichte, durch Ausgaben und Beurtheilungen die in Deutschland so seltnen Lateinischen Musen bekannter und nutzender zu machen sucht: sein Name beschließe diese Fragmente von Lateinischen Dichtern.

5.

Haben wir Deutsche Ciceronen?*

"Erst müssen wir Beredsamkeit und Wohl"redenheit unterscheiden, und mit dem Cicero "bei der erstern diejenige, welche in der Feldschlacht "gegen die bloßen Schwerter anrückt, quæ in acie "versatur et ferro, von der absondern, die nur auf "der Uebungsbahn sich zeiget. Die erste mangelt uns, "und wir können keinen Redner haben, den wir mit "Cicero oder Demosthenes messen könnten.

"Wir haben keine politische Beredsamkeit;

* Dies ganze Fragment ist aus den Literaturbriefen, Th. 13. p. 106.

„nicht einen Schatten davon, und können sie auch
„nicht haben, weil unsere Staatsverfassungen gar
„nicht dazu eingerichtet sind. Wo ist das Volk?
„wo sind die versammleten Provinzen? Wo sind
„die angeklagten Feldherren und Fürsten? Wo ist
„öffentliche Berathschlagung über Krieg und Frieden?
„In unsern Verfassungen bezahlt das Volk seine Ab-
„gaben, und wird über den Gebrauch derselben nicht
„gefragt; die Vornehmen werden nicht angeklagt und
„vertheidigt, sondern fallen in Ungnade; und im
„Kabinette geschieht der Ausspruch: es soll Krieg
„seyn, weil wir es wollen, und Friede, weil wir
„nicht mehr können — und der Unterthan hört es.
„Nun kommt zu Haufen, ihr Demosthenen und
„Ciceronen! Nicht wahr, alles ist euch fremde; —
„verlaßt den kleinen Markt, und lernet — trockene
„Processe.

„Ich thue noch einen Schritt: die große Bered-
„samkeit kann nirgends, als in der gerichtlichen
„Art zu reden angebracht werden. Das Forum ist
„das einzige Treibhaus für sie, und jeder andere
„Boden zu kalt. Wir wollen sehen, was die gericht-
„liche Art für Vortheile habe; ob diese Vortheile
„die große Beredsamkeit zuwege bringen, und ob
„die andern Arten eben diese Vortheile verschaffen.

„Die Materien bei der gerichtlichen Art sind
„immer neu; immer höchstwichtig, selbst nach
„der Meinung der Zuhörer. Die Zeit zwischen

„der Ueberlegung und dem Erfolg ist kurz. Da-
„durch drängen sich die Gegenstände näher hinzu,
„und werden folglich grösser, sinnlicher und lebhaf-
„ter. Die Gründe, deren sie sich bedient, sind ganz
„aus dem Reiche der Wahrscheinlichkeit. Ein un-
„endlicher Vortheil! Denn aller Scharfsinn des Red-
„ners kann sich dabei üben: alle seine Erfindung.
„Ferner, weil das Wahrscheinliche seine Hülfe von
„allen kleinen Umständen zusammen sucht: so bereiten
„eben diese Umstände, folglich schon die Beweis-
„gründe, die Leidenschaften zu. Denn diese Um-
„stände liegen in den Seelen der Zuhörer, so zu
„sagen, neben andern verwandten, die dem Zunder
„zu vergleichen sind. Der Redner darf sie gleich-
„sam nur rühren, damit Luft hineinkomme, und
„alles fängt an zu glühen. Bläset er vollends an:
„so ist alles eine Flamme.

„Wenn Cicero einen Clodius verdächtig
„macht: so geht er sein ganzes voriges Leben durch.
„Wie viele Handlungen müssen darinn nicht gewesen
„seyn, wodurch diesem oder jenem von den Zuhörern
„Unrecht geschehen! Diese Erinnerung gibt in der
„Seele dieses Mannes dem Beweise des Redners
„schon ein grösseres Gewicht. Einen Aristides
„selbst würde es leicht gewesen seyn, anzuklagen, weil
„die Beweise seiner vorgeblichen Schuld in den Her-
„zen der Meisten schon vom Neide vergiftet lagen.
„Daher kam es auch, daß die meisten großen Männer

„sich vor den Anklagen so sehr fürchten mußten.
„Gründe hingegen, welche auf die Gewißheit gehen,
„haben diese Vortheile nicht.

„Endlich die Leidenschaften. Alle kann der
„gerichtliche Redner im höchsten Grade erregen. Er
„erweicht nicht blos zum Mitleid, er rührt bis zum
„Schluchzen. Er bringt den Zorn nicht nur zum
„Kochen, er läßt ihn auch zur Wuth ausbrechen.
„Der Zuhörer wird vom Schrecken nicht nur blaß:
„er läuft in der Angst wie ein Unsinniger herum;
„kurz, er macht nicht, daß der Zuhörer anfängt zu
„überlegen, sondern daß er sich auf der Stelle ent-
„schließt. In diesem Zeitpunkte steht er vor der
„beweglichen Menge fast wie ein Gott da, der die
„Herzen derselben gleich den Wasserbächen in Händen
„hat.

„Nun wollen wir die übrigen Redearten dage-
„gen halten. Wie die Menschen heut zu Tage von
„Homers Helden an Stärke verschieden sind: so
„stehen auch die bei uns üblichen Redearten von der
„alten gerichtlichen Art ab. Bei den panegyrischen
„und akademischen Reden erhellet es von selbst.
„Was sind die letztern? Abhandlungen abstrakter Sätze.
„Sie können schön vorgetragen werden: aber was
„ist dieser Schmuck gegen die Rüstung auf das
„Schlachtfeld? Der Panegyrikus? O laß
„die Zeiten noch so heldenreich seyn: er ist selten an-
„zurathen. Hundert Biographen; aber höchstens einen

»Panegyriſten. Boſſuet unter den Neuern iſt
»wohl das größte Muſter hierinn, (denn Fleſchier
»iſt meiſtens nur wohlredend) aber einmal hat er
»nicht viel Lobreden geſchrieben: und dann wird ſie
»auch niemand mit den größten Reden der Alten ver-
»gleichen. Wenn dieſe lobten: ſo war das Lob nie-
»mals ihr Hauptabſicht, ſondern nur ein Mittel zu
»derſelben: den Plinius ausgenommen. Einiges
»Mitleid und Bewunderung ſind die einzigen Rüh-
»rungen, die wir dabei fühlen können; und ehe uns
»der Redner dazu bringt, muß er bei einer einzigen
»Rede faſt alle ſeine Schätze verſchwenden.

»Nun bleiben noch unſre Kanzelreden übrig. Ohne
»mich durch die Frage zu ſchützen: ob es nicht viel
»beſſer wäre, auf der Kanzel Homilien als Re-
»den zu machen? — ſey es einmal angenommen,
»daß wir alle Beredſamkeit dabei anwenden ſollen,
»die in unſerm Vermögen iſt. Ich läugne es, daß
»wir dieſelbe zu dem Grade der gerichtlichen erheben
»können. * — Materie, Beweiſe und Affek-
»ten verweigern dem Redner ihre Hülfe, bis dahin
»zu ſteigen. Die Materien des Kanzelredners rüh-
»ren wohl ſelten durch ihre Neuigkeit **, wenigſtens

* Und ich läugne, daß ſie ſich mit der gerichtlichen vergleichen
laſſe, daß ſie dabei gar nichts verlöre, wenn ſie ihr auch in
allem folgenden nachſtände: eine wichtige Materie.

** Nie durch eine zum voraus anlockende Neuigkeit; aber ihre
Art iſt auch eben die entgegengeſetzte: ſo viel hineinzulegen,
daß die Materie neu werden muß.

„diejenigen gewiß nicht, die eine chriſtliche Erzie-
„hung genoſſen. Zu den Zeiten der Apoſtel und
„bei Völkern, die erſt bekehrt werden ſollen, iſt dies
„freilich ganz anders; daher läßt ſich auch menſchlicher
„Weiſe die Menge der Bekehrten in einem Tage be-
„greifen. Allein, wie kann unter uns der Kanzel-
„redner ſeine Materien neu machen? * Es bleibt ihm
„alſo nur das Intereſſe derſelben übrig; und dies
„werde ich doch nicht läugnen? Nein. Ohne daß man
„mir es zudeklamirt, begreife ich wohl, daß die
„Entſcheidung über unſer Wohl oder Elend auf eine
„Ewigkeit wichtiger ſey, als die Entſcheidung über
„Krieg und Frieden auf etliche Jahre. Iſt ſie es aber
„auch nach der Meinung aller Zuhörer, und
„zwar in dem Grade der Lebhaftigkeit **, welcher allein
„den Willen bewegen kann? Der Redner kann es viel-
„leicht dahinbringen, aber er muß es erſt thun, wenn
„es für den gerichtlichen Sprecher ſchon gethan iſt. ***
„— Deſto ſchlimmer für ſolche Weltkinder! — Zuge-
„ſtanden, und dieſe Weltkinder ſind der größte Theil

* Ich könnte es dem Verfaſſer mit einem Worte ſagen, wenn
der Homilet nicht über Worte, ſondern über das menſchliche
Leben ſpricht; allein dies eine Wort fordert zur Erklärung
viel andre.

** Der geiſtliche Redner hat es ſelten zum Zweck, augenblick-
liche Thaten, Zeitentſchlüſſe zu erwecken, wo er es zu ſeiner
wirklichen Abſicht hat, kann ers auch erregen.

*** Eben hier trennt ſich der politiſche vom geiſtlichen Redner:
dieſer fängt an, wo jener aufhört: keiner erreichet ſeinen Zweck,
wenn ſie beide einen Weg nehmen.

„der Zuhörer. Die meisten Seelen entschließen*
„sich nicht eher, bis aller Zwischenraum der Zeit von
„dem Entschlusse bis zur Wirkung gleichsam vernich-
„tet ist. Diese Trägheit hat sogar dem beredten
„Apostel einen Triumph entrissen. Felix und
„Drusilla entdeckten, daß sie noch wahrscheinlicher
„Weise Zeit hätten, neue Vorsätze zu fassen, und
„schickten den Redner von sich. Dies liegt in der
„Natur der Sache selbst und keine blos menschliche
„Kraft kann es bei dem undenkenden Haufen über-
„wiegen.

„Gleiche Unbequemlichkeit entsteht für die Kan-
„zel aus den Beweisen. Die Aussprüche der heil.
„Schrift, so bald es klar ist, worauf sie gehen,
„schneiden alle Erfindungskunst ab. Gott hat es be-
„fohlen: hier ist der ganze Beweis **. Nur selten
„zeigt sich eine Schwierigkeit in der Anwendung
„auf einen besondern Fall. Das freieste Feld für
„den Kanzelredner verschaft der Contrast der Hand-
„lungen mit der Ueberzeugung von den Gesetzen;

---

* Immer entschließen! In einen Taumel von Entschlüssen
ist der Zuhörer endlich noch zu stürzen; wenn das des Homileten Amt wäre; aber vom Entschluß zur That! die
Kluft überspringt der Kunstrichter, und sie ist die schädlichste.

** Diese Worte sind der schönen Abhandlung ganz und gar un-
würdig: ist das predigen, wenn man seine Materie mit
einer Kette biblischer Spruchstellen umflicht, und sie so auf-
führt? Hier verkennt der Verfasser die wahre Natur der geistlichen Beredsamkeit, und der menschlichen Seele.

„und zu diesem Felde öffnet ihm das Geschehene
„die Schranken. Daher sind unsre besten geistlichen
„Reden über dergleichen Materien geschrieben. Bour=
„daloue, Massillon, Mosheim — man
„wähle die besten ihrer Reden, und man wird mir
„Recht geben.

„Wie steht es nun mit den heiligen Affekten?
„Sie werden freilich eben so erregt, wie die übrigen,
„aber nicht eben so leicht, nicht eben so stark*,
„Freude, Traurigkeit, Liebe, Haß, Be=
„wundrung kann der Kanzelredner erregen, aber
„nur in einem gewissen Grade. Ja, die ersten wer=
„den vielmehr vermischte Empfindungen,
„und die letztere verliert sich in stille Anbetung.
„Steigt er über jenen Grad: so entgehen ihm die
„Seelen ganz aus den Händen, überlassen sich ihren
„ruhigen Empfindungen, und der übrige Theil seiner
„Rede ist verloren. Ja, je öfter einerlei Bild vor=
„gebracht wird: desto schwerer fällt es, die ihm zu=
„sagende Leidenschaft zu erwecken. Wie weit kann
„es also der geistliche Redner bringen? O wahrhaf=
„tig! Cicero könnte wohl vielleicht der beste Kanzel=
„redner unter uns seyn; aber ein Cicero würde er
„nicht seyn. Ja, wenn Cicero unter uns wäre er=

---

* Wenn der politische Redner kein Akteur an Rührung seyn
kann, so muß es der geistliche noch weniger seyn, wenn er
nicht alle Zwecke verfehlen will: — Doch alles dieses würde
theologisch!

„zogen worden: hundert gegen eins, nach seiner
„herrschenden Neigung der Eitelkeit würde er Ge-
„dichte herausgegeben haben, und ganz gewiß schlechte
„Gedichte. Aber die Theile in den Reden der Alten
„sind einerlei mit den unsrigen gewesen, und auf
„einerlei Art gemacht worden? Was kann das helfen?
„Es kömmt auf den Gebrauch dieser Theile an. Ein
„Haufen macht seine Kriegsübungen so wie ein gan-
„zes Heer. Er rückt fort, er lenkt sich, er hält
„zusammen, jeder Soldat handelt. Wird deswegen
„ein Stadthauptmann in einer Reichsstadt, der seine
„Bürgerkompagnien mustern kann, Feldherr seyn?
„Vielleicht bis auf die zwo Kleinigkeiten, daß der
„Feldherr ein ganzes Heer in Bewegung setzt, und
„gegen einen Feind in Bewegung setzt — Unsern
„Rednern fehlt die Materie, ein solches Ganzes zu
„machen, und der Feind, den sie überwinden müssen.
„Dies ist der Unterschied zwischen der acies und der
„palaestra des Cicero."

6.

Sollen wir Ciceronen auf den Kanzeln haben?

Ich suche die bisher vorgezeichnete Aussicht der
Literaturbriefe etwas weiter zu verfolgen. — Wenn
wir auf unsern Rathhäusern keine Ciceronen mehr
haben, da jetzt das Urtheil einer wichtigen Sache nicht
mehr

mehr vom Volk, und von dem Zuklatschen seiner Hände, nicht mehr von den Rednerfiguren eines Advokaten, nicht mehr von einer glücklichen Viertelstunde oder einem muntern Einfall abhängt: sondern von Richtern, bei denen Gesetze, Proceßformen, Rechtsgänge, oder höchstens Schmeicheleyen, die die Hand, und nicht das Ohr kitzeln, ihr Urtheil bestimmen: so ist die Beredsamkeit, wie es scheint, in die Tempel geflohen, und auf den Kanzeln stehen noch viele Ciceronen.

Ciceronen können sie nicht seyn, und darf ich dazu setzen; sie sollen es auch nicht seyn: denn sie sinds am unrechten Orte. Zuerst: da das Volk, dem sie reden, nie das römische Volk ist, nie jene Quiriten von stolzem Ohr und feiner Empfindung, nie jene versammleten Curien und Centurien, der Ausschuß von den Geschlechtern Roms, sondern nach der Menge zu rechnen, eine Versammlung von gesundem guten Verstande ist, so wie ihn die Natur gibt, eine mittlere Erziehung bildet, und den das gemeine Leben beschäftigt: so muß auch der innere Geist des Vortrags sich nie über diese Sphäre erheben. Es ist eine sehr alte Schwierigkeit, daß die Zuhörer bei keiner Versammlung getheilter und verschiedner an Geschmack und Cultur wären, als die Versammlung des Kanzelredners, und bei vielen, insonderheit jungen Rednern, hat sie den Schaden gethan, daß sie ihrem Vortrage die größeste Ungleichheit gegeben: hier verliert er sich in Wolken, dort schleicht er im Staube, um, wie man sich entschuldigt, beiderlei Denkarten zu umfassen. Allein, eine mitt= lere Höhe, die man zu treffen sucht, ist, nicht blos bequemer, sondern auch wirklich die einzige, und beste, und das ist der populaire, freundschaftliche und vertrauliche Ton, der sich zur feinern Sprache des gemeinen Lebens herabläßt, alle scharfe abstrakte Ideen lieber in fließende sorgsamere Bestimmungen auflöset, alle das spißige, aufgestußte, und concentrirte Allgemeine, das sich so oft hinter einzelne, willkührliche und wissenschaftli= che Worte verbirgt, zu dem glatten, unge= schmückten, undentwickelnden Tone herabstim= met, der es voraussetzt, aber nicht zeigt, daß man wissenschaftlich dachte, daß man für die Kan= zel dachte, daß man selbst einer Büchersprache ge= wohnt sey. Dieser Ton stiehlt sich sowohl dem Ge= lehrten, als gemeinen Mann ins Herz, denn es ist die Sprache des gesunden Verstandes und füh= lenden Herzens; weder die Sprache der niedri= gern Sinne, noch die Sprache der höhern Vernunft.

Zweitens: da der geistliche Redner nie mit den Ciceronen und Demosthenen einerlei Absicht hat, so können auch ihre Mittel nie einer= lei seyn. Jene wollten das Volk eine Viertelstunde übertäuben; es war ihnen genug, dasselbe auf eine kleine Zeit zu bezaubern, und ihren Vortrag und Fo=

derung gleichsam zu dem Element ihrer Gedanken und ihrer Entschlüsse zu machen, so lange sie sprachen: sie schlugen also an jede Saite ihrer Empfindungen, die mit ihrem Zwecke eintönig war: sie weckten den Haß, die Liebe auf, die in ihren Herzen schlummerte, weil sie ihnen **vortheilhaft**, nicht weil sie **mo- ralisch gut** war. Sie flößten ihnen Affekten ein, nicht weil ihre Seele in diesem Feuer schöner und besser würde: sondern weil diese, oft blinde, oft schädliche, und immer kurze Hitze ihren Zweck beförderte. Der Redner hätte in den wenigsten Fällen die Entschlüsse, die er wirkte, gleichsam zur beständigen Gesinnung, zur herrschenden Denkart machen können, theils weil die Entschlüsse Zeitentschlüsse waren und die Affekten, die er aufregte, oft **unmo- ralisch** seyn mußten. — Welch eine ganz andre Bewandniß mit den geistlichen Ciceronen unsrer Zeit! Reden sie, um eine Viertelstunde zu bezaubern, so predigen sie sicherlich nicht die Religion, sondern sich selbst. Regen sie die ganze Phantasie der Zuhörer auf: so bleibt ihr Verstand um so viel kälter: erfüllen sie die ganze Atmosphäre des Tempels mit Specereyen: so wird der Zuhörer um so freier athmen, wenn er in die frische Luft kömmt. „Der Begrif der Beredsamkeit aus den Schriftstellern des „Alterthums, nach welchen man sich auch eine geist„liche Beredsamkeit ausgedacht, und derselben ihren „Sitz auf unsern ordentlichen Kanzeln angewiesen

Z 2

„hat: scheint in seiner Anwendung so offenbar un-
„richtig, daß ich mich über ihren Beifall und Eingang
„wundern muß. Der Römische und Griechische Red-
„ner suchte gar nicht seine Bürger auf ihre Lebens-
„zeit zu moralisch guten Menschen zu machen, son-
„dern er wollte sie nur für jetzo zu einem Entschlusse
„bringen, der durch erregte Gemüthsbewegungen am
„besten gewirkt werden konnte. Wenn also auf jenen
„Versammlungsplätzen nur so in die Seelen gedon-
„nert ward, daß dieselben für dasmal nichts anders
„sehen und denken konnten, als z. B. die Gefahr
„vor einem macedonischen Philipp, oder einem
„Catilina: so hätte man alles, was man gesucht,
„und man ließ ihre übrigen praktischen Grundsätze
„so, wie sie immer seyn mochten. Der christliche
„Prediger hingegen hat einen ganz andern Zweck,
„und muß ihn haben. Es kömmt ihm darauf an,
„daß eine gewisse Denkungsart und Gesinnung bei
„dem Menschen auf immer das regierende Principium
„seiner Handlungen und seines Lebens werde: und
„das ist nicht das Werk einer bloßen Rührung. Es
„gehören klare und gewisse Erkenntnisse dazu, die
„in den stillen Stunden des Nachdenkens eine jede
„Prüfung aushalten. Dieses Licht aber entsteht nicht
„aus der Hitze der Gemüthsbewegungen, sondern er-
„fodert eine kältere Ueberzeugung.‟ Dies sind Worte
eines Gottesgelehrten, der selbst ein Kanzelredner ist. *

* f. Spaldings Werth der Gefühle. p. 195. 196.

Noch ein andres Zeugniß*, über eine Sache, von der ich gern andre rede lasse: „Die Kunst, die Affekten zu erregen, ist bei den Gottesgelehrten sowohl, als bei den fanatischen und enthusiastischen Predigern, in großer Hochachtung, und man wendet vielen Fleiß darauf.

„Die zwei großen Redner in Griechenland und Rom, Demosthenes und Cicero, beide Demagogi in einer demokratisch eingerichteten Republik, sind dennoch in Ausübung dieser Kunst sehr von einander unterschieden. Der erste, welcher mit einem polirtern, gelehrtern und witzigern Volk zu thun hatte, setzte den größten Nachdruck seiner Beredsamkeit in die Stärke seiner Beweisgründe, und suchte also hauptsächlich den Verstand zu überzeugen. Tullius hingegen sahe mehr auf die Neigungen einer aufrichtigen, nicht so gelehrten und lebhaften Nation, und blieb deswegen bei der pathetischen Beredsamkeit, welche die Affekten erreget.

„Allein, das Vornehmste, das man hiebei beobachten muß, ist, daß diese Redner in allen ihren Reden ein besonderes Vorhaben hatten: und alles wurde gleich auf der Stelle ausgemacht, nachdem der Vortrag des Redners Beifall fand. Hier war es unumgänglich nöthig, die Affekten der Zuhörer entweder zu erregen, oder zu besänftigen, insonderheit zu

---

* Lit. Br. Th. 1. p. 70. aus den moral. Beobacht. und Urtheilen. Zürich. 1757.

Rom, wo Tullius war. Mit dieses Letzten Reden machen sich junge Geistliche, (ich meine die, welche Autores lesen,) insgemein mehr bekannt, als mit des Demosthenes seinen, welcher doch jenen in vielen Stücken übertraf, was insonderheit die Redekunst anlanget. Allein, ich kann nicht sehen, wie die Kunst, die Affekten zu erregen, von großem Nutzen seyn könne, wenn man die Christen unterrichtet, wie sie ihren Wandel gebührend anzustellen haben, wenigstens in unsern nördlichen Climatibus, wo ich gewiß versichert bin, daß auch die größeste Beredsamkeit von dieser Art wenig Eindruck in unsre Gemüther haben wird, ja nicht einmal so viel, daß die Wirkung davon sich nur bis auf den andern Morgen erstreckte. Ich glaube gewiß, daß die Prediger, welche in lauter Epiphonematibus predigen, wenn sie sich umsehen, einen großen Theil ihrer Zuhörer in der Unachtsamkeit, und einen großen Theil schlafend finden werden. Und es ist auch kein Wunder, daß ein solches Mittel nicht allemal anschlägt, maßen es so viel Kunst und Geschicklichkeit erfodert, wenn man es darinn zu einiger Vollkommenheit bringen will, als mancher nicht im Cicero findet, geschweige aus ihm lernet.„

Drittens: kaum dörften unsre Kanzelredner mit Cicero die Redtheile gleich haben sollen: wenigstens ist die Sprache bei beiden sehr verschieden. Ich fange vom kleinsten an: Man hört auf der Kanzel leider zu oft zusammengeschlungene, verkettete,

und mit Bindewörtern verpallisadirte Perioden, die
einige junge Redner und unwissende Lobredner ciceronianische Perioden nennen; sie haben aber mit
Cicero nichts gemein, als den äußern Leisten, und
das dazu am ganz unrechten Ort. Wenn der Römer
in den asiatischen Stil sich ausbreitet: so ist dies
gemeiniglich eine Ueberschwemmung, die seine Sprache gestattet, das Ohr des Volks erlaubet, und
seine Leidenschaft fodert. „Die Römer mußten
„wegen der Kürze ihrer Worte die periodischen Theile
„ketten, wenn sie nicht in den abgeschnittenen Stil
„fallen wollten. Ohne Artikel, ohne Hülfswörter,
„reich an Participien fügte sich ihre Sprache so an
„einander, daß immer ein Satz in wenigen Worten
„da stand. Im Deutschen aber, welcher Unterschied!
„Wenn wir die Perioden nicht schleppen wollen, müs-
„sen wir sie mannichmal trennen *.„ Wo schleppt
sich aber die Sprache mehr, als auf den Kanzeln? —
Hier, wo man das Verständliche des Vortrages so
oft darein setzt, mit einem Schwall von Worten nichts
zu sagen, den Perioden in seine fürchterliche Glieder
zu ordnen, um einen panischen Schauder einzujagen.
Wie oft hört man einen Gedanken nach diesem Zuschnitt: „Wenn wir um uns umherschauen — wenn
„wir — wenn wir — weil es — — so werden wir
„gewahr, daß die Menschen Sünder sind:„ dies ist
die gewöhnliche homiletische Schlachtordnung, die

* Lit. Br. Th. 13. p. 120.

Bindewörter, und Beiwörter, und Hülfswörter und Synonymen, und periodische Theile in Ueberfluß hat, um den Mangel an Gedanken zu verbergen, die das Ohr übertäubet, um nicht die Leere des Verstandes zu zeigen; dies ist der fließende Vortrag, der vor dem Essen heilsamen Appetit, und nach dem Essen einen sanften Schlaf machet. Aber nicht blos bei diesen seichten Homileten, sondern selbst bei glücklichen Rednern muß man es oft beklagen, daß ihr Stil gleich von seiner zarten Jugend an, sich nach dem Latein gebildet, daß der periodische Cerimonienzwang, der in Schulen von lateinischen zu deutschen Chrien steiget, noch manchmal bei den besten Gedanken durchblickt. „Im Deutschen ist ja ein Stil immer schon „periodisch, wenn auch die Bindewörter der Lateiner „nicht so genau dazwischen gestellet, und die Absätze „so gekettet an einander gehänget sind *.„ So will es die deutsche Sprache, die von Hülfswörtern und wesentlichen Bestimmungswörtern so wimmelt, daß man die periodischen nicht nöthig hat.

Und was will das Ohr der Zuhörer, wenn es schon die Sprache an sich so fodert. „Weil bei den „Römern immer ein Satz mit wenig Worten dastand, „und die Seele also wenige Zeichen zu fassen hatte: „so konnten auch die folgenden Begriffe eher ange= „hänget werden, wenn nicht die Wichtigkeit der Be= „trachtung den Autor zwang, lieber dem Geist viel

Ruhe=

* Ebendaselbst.

„Ruheplätze zu verschaffen, als das Ohr zu füllen.„
Aber bei unsern deutschen Kanzelperioden, wie oft
leidet da der Verstand! Leute von einem Geschäft-
nicht aber Bücherverstande, wie können die das ganze
Gebäude eines solchen Perioden übersehen, wenn es
auch noch so stolz errichtet wäre? Ihre Aufmerksamkeit ermüdet durch den Zwang; da sie nicht mit dem
Gelehrten einerlei Schärfe des Auges, und wenigstens nicht einerlei Sehepunkt haben: so sind alle
die Schönheiten meistens für sie verloren, ja das
Ganze wird für sie dunkel. Diese Wendung sollte
den Zuhörer überraschen, und verwirrt ihn; jener
Umschweif soll ihm Gelegenheit geben, selbst einen
Vorsprung zu thun, und macht ihn irre: dieser kleine Schatten soll sein Auge reizen, und macht es
stumpf: die Gradation soll ihn stufenweise höher führen, und macht ihn matt; jene Inversion soll dem
Gedanken einen Schwung geben, und macht den Zuhörer schwindlich: wie viel rhetorischen Wendungen
des Cicero muß nicht also der geistliche Redner entsagen, um nicht ein tönend Erz zu seyn. — Und nun
setze man dazu, daß unsre ganze Wortfügung nicht
das periodische Bild erlaubt, das mit jedem Wort
den Gedanken weiter führt, besser ausmalt, und bei
dem Schlußwort ein Siegel der Vollendung darauf
drückt. Alle die feinen Künste der Lateiner gehen
verloren, die eine Saite nach der andern mit jedem
neuen Wort treffen, und mit dem lezten das ganze

Ohr und die ganze Seele füllen. Da nun die deutsche Sprache hierinn nie die lateinische erreichen kann;
warum entsagt sie denn ihrer eignen Freiheit, um
in römischen Fesseln sich periodisch im Triumph aufführen zu lassen?

Hat der Cicero auf der Kanzel mit dem Römer
nichts ähnliches, als: „viel Worte machen; einen
„kleinen Gedanken durch weitschweifende Redensarten
„aufschwellen, labyrinthische Perioden flechten, bei
„welchen man dreimal Athem holen muß, ehe man
„einen ganzen Sinn fassen kann *:„ so verkennet er
Cicero ganz. „Sein Stil ist alsdann der schlechte
„Kanzelstil eines seichten Homileten, der nur deswe-
„gen solche Pneumata herpredigt, damit die Zu-
„hörer, ehe sie ans Ende derselben kommen, den An-
„fang schon mögen vergessen haben, und ihn deut-
„lich hören können, ohne ihn im geringsten zu ver-
„stehen. — „Wenn solche Perioden, die man, ge-
„schrieben oder gedruckt, durch alle ihre verschränkte
„und verschraubte Glieder und Einschiebsel kaum mit
„dem Auge verfolgen kann, ohne schwindlicht zu wer-
„den, — wenn solche Perioden uns von der bedächt-
„lichen langsamen Aussprache eines Kanzelredners
„Wort vor Wort zugezählet werden; nimmermehr
„kann die feurigste Aufmerksamkeit, das beste Ge-
„dächtniß, sie in ihrem ganzen Zusammenhange fassen,
„und am Ende auf einmal übersehen **. Und im

---

* Lit. Br. Th. 9. p. 92.   ** Th. 6. p. 313.

„Grunde sind dies nichts weniger, als *ciceroni-*
„*anische* Perioden. Man suche die allerlängsten
„aus den Reden des Römers: man findet keinen
„einzigen, in welchem die Symmetrie in Gedanken
„und Worten vernachläßigt ist. Nur diese Symme-
„trie macht die langen zusammengesetzten Perioden
„erträglich, besonders wenn sie selten eingestreuet wer-
„den *."

Ich schreibe diese Anmerkungen mit Vergnügen
ab, weil sie wahr, nach dem Zustand unserer cicero-
nianischen Schulübungen nöthig, und wenn sie auch
nur einen einzigen schlechten Homileten, oder Schul-
rhetor überzeugten, schon nützlich genug wären. Ich
habe sie aber auslesen müssen, weil die Literaturbriefe
an diesen Stellen manchmal selbst in den weitschwei-
figen homiletischen Stil** unter homiletischstrenge
Gründe, und in homiletisch langweilige Rechtferti-
gung † sich zu verirren scheinen. Das erste und letzte
citire ich unten; zu dem mittlern rechne ich die Worte: „Welcher Prophet, welcher Apostel, welcher Kir-
„chenlehrer hat je das Wort des Herrn in ciceronia-
„nischen Perioden verkündigt †† „ Antwort: und
wenn kein Apostel, Prophet und Kirchenlehrer es
so verkündigt hätte: und der ciceronianische Periode
wäre nicht meiner Sprache, dem Licht, der Ordnung, dem Nachdruck einer Predigt entgegen; ja

wenn er alles dies beförderte — so ist er immer erlaubt und nöthig, denn kein Apostel, Kirchenlehrer
und Prophet hat das Wort des Herrn Deutsch,
auf Kanzeln siebzehn hundert Jahre nach
Christi Geburt, in Mantel und Kragen für unsre
Zuhörer geprebigt. Und Paulus macht in seiner Sprache, nach seiner Denkart, zu seinem Zwecke doch auch bisweilen Perioden, welche
mit allen ihren Parenthesen nie von uns nachgeahmt
werden können. Eben so mag ein andrer untersuchen:
"ob Cicero solche labyrinthische Perioden alsdann ge-
"flochten, wenn er die Ohren einer unwissenden Menge
"kitzeln, wenn er gerichtliche Ränke brauchen wollte
"u. s. w.*" Ich weiß nicht, ob Cicero solch ein
Sophist gewesen, ich breche gar vom Kanzelstil ab,
damit nicht, wenn dies wäre, ein witziger Kopf,
der gemeiniglich an der Homiletik zuerst zum Ritter
werden will, mir gar zu diesem Stücke der Parallele *salutire* mit jenen Worten aus Ovids Verwandlungen :

Nunc quoque in alitibus facundia prisca remansit
Raucaque garrulitas, studiumque immane loquendi.

Ich frage vielmehr : haben denn die Alten — haben selbst die Römer — haben sie selbst in der politischen Beredsamkeit ihren Cicero als solch
ein erhabenes Muster angesehen, in quo ingenii hu-
mani summa vis et quasi mensura eluxit et con-

* Lit. Br. Th. 3. pag. 317.

stitit, und der das größeste Vorbild seyn müßte, sich ihm nicht blos nachzubilden, sondern ihm nach= zuahmen, ihn zum Mittelpunkt der Nachahmung in allen Arten der Gelehrsamkeit zu machen — haben sie so gedacht? Es kann seyn; aber folgende Worte ste= hen auch in einem Römer, die seine Meinung von der alten Beredsamkeit enthalten, und die ich gleich auf unsere Homilien deuten kann. "Caßius „Severus lenkte sich zuerst von jenem gebahnten „Wege der alten Rednerei ab: aber ich behaupte, „nicht aus Schwäche des Genies, nicht aus Mangel „der Gelehrsamkeit, sondern mit reifer Ueberlegung „und mit Verstand. Er sahe nehmlich, daß mit dem „Geiste der Zeitalter, und mit der Veränderung „des Numerus für das Ohr (diversitate aurium) „auch die Form und Gattung der Beredsamkeit sich „ändern müsse. Damals konnte ein Volk, das un= „erfahren und ungebildet war, noch eine weitläuftige „Rede ausstehen, ja selbst das wurde dem Redner „zum Lobe angerechnet, wenn er einen ganzen Tag „mit seinem Vortrage hinbrachte. Daher konnten lange „Eingänge und Vorbereitungen, eine Reihe histo= „rischer weithergeholter Umstände, der prächtige Auf= „zug mit vielen Eintheilungen, die Steigerung von „tausend Beweisen, und was es sonst vor Regeln in „den trocknen staubichten Büchern des Hermagoras „und Apollodors gibt — alles konnte damals zur „Ehre gereichen: und hatte der Redner noch dazu —

„etwas von Weltweisheit genaschet, und brachte aus
„ihr ein Stück in seine Rede — o so wurde er zum
„Himmel erhoben! Und wer wird sich hierüber wun-
„dern? Dies alles war neu und unbekannt; selbst die
„wenigsten Redner sahen die Vorschriften der Rede-
„künstler und die Sätze der Weltweisen ein. Aber,
„mein Gott! jetzt, da alles dies bekannt ist, da
„kaum jemand an der Kirchenthür stehet, (der Römer
„sagt, in cortina) der nicht die Anfangsgründe der
„Religion, (im Lateinischen studiorum) wenn nicht
„verdauet, so doch gekostet hätte: ist da nicht eine neue
„Rednerbahn nöthig, um dem Ohr nicht verdrüßlich
„zu werden: insonderheit vor einer Versammlung,
„(der Römer sagt: vor Richtern, die nicht nach Ge-
„setz und Recht, sondern nach Gewalt und Ansehen
„ein Urtheil fällen,) die sich nicht immer nach Grün-
„den und Pflicht, sondern nach Bequemlichkeit und
„Neigung bestimmet, die sich nicht vom Redner
„vorschreiben läßt, sondern sie sich selbst nimmt.„
So urtheilten die Römer*, über einerlei Redegat-
tung, vor einerlei Volk, über einerlei Materie, in
einerlei Sprache, zu einerlei Zwecken; blos die Zeit
hatte sich geändert — Und wir, in einer ganz verschiednen Art von Beredsamkeit, vor andern Zuhörern, über andere Sachen, in einer andern Sprache,
zu andern Zwecken, wollen ihnen blind nachahmen? —
    Jetzt höre man des vorigen Römers Urtheil von

---

* De causs. corrupt. eloquent. dial.

Cicero, über den er doch besser urtheilen konnte, als wir: "Cicero hat ebenfalls der alten Beredsam-
"keit den Ausdruck seiner Zeit vorgezogen, und hat
"die Redner eines frühern Zeitalters in nichts so sehr
"übertroffen, als im Urtheil. Er ists, der die Rede
"zuerst ausgebildet, zuerst eine Auswahl in Worten,
"zuerst Kunst in Zusammensetzung der Theile gezeigt:
"blühendere Stellen versucht, einige nachdrückliche
"Sprüche erfunden — insonderheit in seinen spätern
"Reden, die er in seinem Alter aufgesetzt, als er
"durch Uebung und Erfahrung es schon gelernet hatte,
"welches die beste Art des rednerischen Vortrages
"sey. — Aber seine ersten Reden haben nicht ganz die
"Fehler der alten Beredsamkeit vermieden: er ist in
"den Eingängen schläfrig, im Erzählen weitschwei-
"fig, schweift müßig aus: kömmt spät in Hitze,
"und selten wird diese Hitze Feuer, u. s. w." Ich
führe diese Stelle an, nicht als wenn wir die Fehler
zu vermeiden hätten, die ihm Aper Schuld gibt,
die muste man damals vermeiden, da der Verfasser
dies schrieb, und in Absicht auf uns hat sich diese
jüngere Beredsamkeit ohnstreitig wieder sehr veräu-
dert. Ich will nur das ungeheure Vorurtheil be-
stürmen: Cicero ist ein Muster der Beredsamkeit,
schlechthin und ohne Einschränkung: ihn
nachahmen, heißt Original seyn! und zehn solche hoch-
trabende Ausdrücke, nach denen man in unsern Schulen, wie man sich rühmt, junge Ciceronen bildet,

und sie mit einem reinen gewässerten Stil zu einem Lateinischen Perioden in ihrer lieben Muttersprache gewöhnet. Ernesti in seiner nützlichen Vorrede zu Cicero, und Klotz in seinem Genius seculi *de Ciceronianis* haben einige im Schwange gehende Fehler der wörtlichen Nachahmung gerüget: wie weit der veränderte Geist der Zeiten und Situationen selbst dem Geiste der Beredsamkeit eine andere Gestalt gegeben — will ich nicht untersuchen, sondern kehre zu meinen geistlichen Ciceronen zurück. Mein folgendes Fragment betrachtet die Homiletik nicht zunftmäßig und theologisch: sondern als ein Stück der Literatur; in diesem Gesichtspunkte lese man es*. Es geht den vorigen Vergleichungen der Briefe nach, und zeigt: daß die Homiletik eine ganz andere Beredsamkeit fodere: daß sie allemal bei Ausbildung nach der politischen der Alten leiden müste: und an sich, ihrem wahren Begriffe nach, ihr ganz und gar nicht nachstehe.

---

* Da es hier unter Lateinischen Schriftstellern exuliren würde: so bleibts unter meinen Papieren.

IV.

IV.

Nachschrift.

Ich muß diese dritte Sammlung aus den Händen lassen, ohne noch zu wissen, wie ihre beiden ältern Schwestern aufgenommen sind; ich gebe ihr also einen Scheidebrief mit, den vielleicht schon die erste hätte vorzeigen solen.

Ich würde lachen, wenn man die erste Sammlung für eine sehr unvollständige Deutsche Grammatik; die zweite für eine sehr ungründliche Bibelerklärung, für eine sehr mangelhafte Abbildung der Griechischen Dichtkunst; und endlich diesen dritten Theil für gar keine standesmäßige Anpreisung der Römer, förmlich und feierlich erklärte. Das kann ein jeder sehen, daß ich blos Stückwerke von Materialien aufzeigen wollte, so fern die Gelegenheit es erlaubte, und eine Stelle es foderte, um über sie urtheilen zu können. Sagt man also: "meine Gesichtspunkte sind wahr, „aber noch nicht einleuchtend genug: sie sind nützlich, „aber nicht vollständig: sie reizen, aber wir wün„schen weiter zu sehen!„ sagt man dies, so lobt man mich, wie ich wünsche, über Fragmente gelobt zu werden.

Aber wenn man mich aus fremden Standorten

ansähe; das überginge, was ich zuerst nur von weitem zeige, ob man auch darauf merke? — auf das lobend oder tadelnd fiele, was ich hingeworfen; kurz! an meinem Bilde Fußzehen, Kolorit und Faltenwerfung betrachtete; alsdann habe ich vergebens geschrieben, und wie schmerzhaft ist dies für den, der als Liebhaber, als Patriot schrieb, über Sachen, von denen er weder Titel, noch Brod, noch Lohn hat.

Ich habe hier und da freie Urtheile eingestreuet: wie sie dastehen, scheinen sie leichtfertig, ich nehme dies Wort in seiner ursprünglichen Bedeutung; aber wie ich sie dachte, waren sie peinlich. Wer da sagt, daß ich um Beifall buhle; der hat mir nicht ins Gesicht gesehn: viele müßten sich selbst ablegen, wenn sie von meinen schlechten Fragmenten blos unpartheiisch urtheilen wollten. Wäre unser Bücherton in Deutschland republikanischer; wie manches hätte ich deutlich sagen können, wo ich jetzt, vielleicht dunkel, oder kühn in Parabeln und Anspielungen rede. Wer diese als Zwecke und Schönheiten meines Stils ansieht; der siehet mit mir nicht gleich; wer aber sagt, daß ich blos, um leichtsinnig zu tadeln, habe schreiben wollen, der thut mir Unrecht. Da die meisten Schriftsteller, über die ich rede, berühmter sind, als daß ich mit meiner schwachen Brust ihr Lob würdig ausrufen könnte, wie ich dies mit voller Ueberzeugung hinschreibe: so könnte ich von mir selbst es nicht fodern, sie im akademischen Leichentone zu loben: man nehme von einem Armen ein kleines herzliches Wort statt gleißender Complimente an. Ich rede blos von Schriften, die das Vergnügen und die Beschäftigung meiner Einsamkeit ausmachen, die ich nicht genug lesen kann, und deren Würde nicht in Fragmenten, sondern in prächtigen Ehrenmälern glänzen muß.

Macht sich indeß ein handvester Kunstrichter fertig, mich, wenn ich bisweilen geschlummert hätte, bei einer günstigen Stunde, über Bord zu werfen; armer Schlummernder!

O nimium coelo et pelago confise sereno
Nudus in ignota, Palinure, jacebis arena.

Wo wird ein Aeneas seyn, der dein Grabmal baue!

Ich werde kaum mehr als den vierten Theil liefern, weil ich corpulente Autorschaften nicht liebe. Die Materien also, vor denen diese nur Vorläufer hätten seyn sollen, werden aufgeschoben oder aufgehoben: wie das Publikum will. Ich wollte sie nennen: allein für wenige werden die Namen lockend scheinen: Philosophie und Aesthetik: die erste ist halb veraltet, die zweite hat man vielleicht noch nicht gesehen.

Sollte jemand meine dritte Sammlung der Deutschen Literatur nachtheilig, und es nach ihrer gegenwärtigen Lage für nothwendiger halten, anzus preisen, als abzuschrecken: der will mich nicht verstehen. Will ich jemand von Kenntniß der Alten abhalten, oder ihn in ihrem Studio ermüden, der werfe mein Buch ins Feuer. *

* Der Leser, welcher die Nachschrift mit der Vorrede der zweiten Ausgabe des ersten Theils vergleicht, wird bemerken, daß die ersten Sätze aus der Nachschrift bereits in jene ein gewebet sind. Es verdiente indessen auch die Nachschrift wegen des Uebrigen darinn enthaltenen aufbehalten zu werden.

Lightning Source UK Ltd.
Milton Keynes UK
UKHW05f1024050818
326743UK00024B/259/P